「好印象」と「失礼」のポイントが一目でわかる!

礼儀正しい人の手紙の書き方とマナー

高橋書店

目次

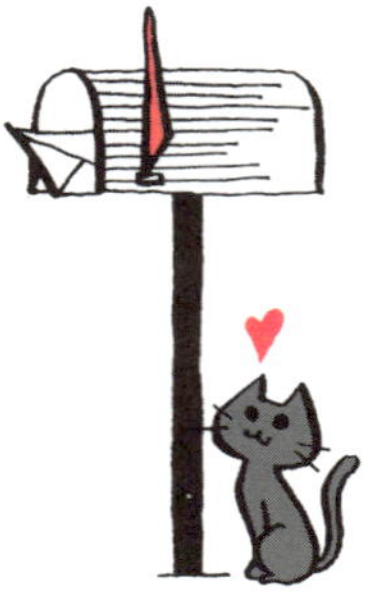

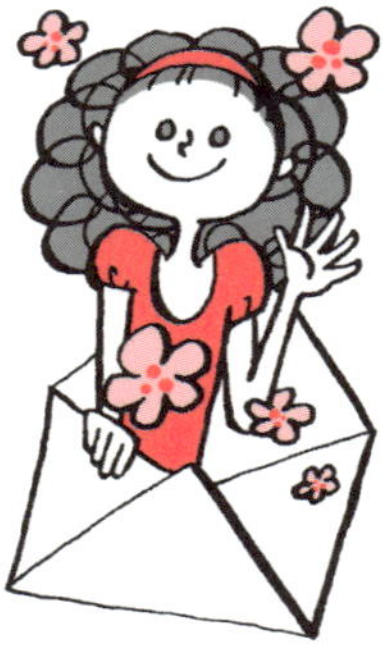

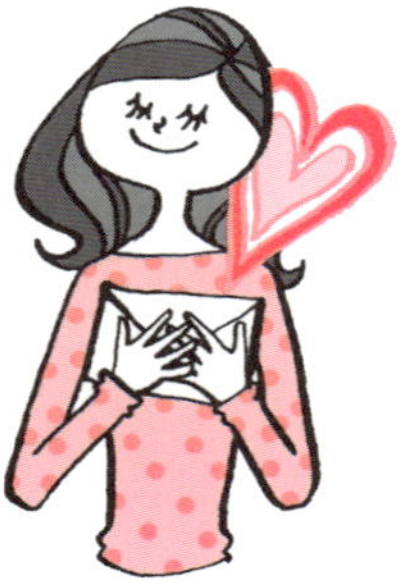

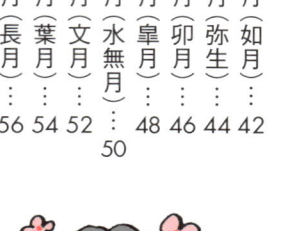

第14章 冷静に善処する 苦情・催促の手紙 239

第15章 心から、誠意を持って お詫びの手紙 253

第16章 正しく、厳粛に 弔事の手紙 271

第17章 ビジネス文書 289

第18章 巻末資料 311

本書の使い方

必要な項目を見つけたら、まずは各章の初めのページで
全体的なポイントを押さえましょう。次に、各文例ページを見ます。
状況やていねい度ごとに豊富な文例がそろっているので、
より自分の状況にふさわしいものを選んだり、
さまざまな文例を組み合わせたりして書くときの参考にしましょう。
各ページの下段にある「書き換え表現」「状況別書き換え」も大いに活用してください。

ていねい度

ペンの数が増えるとていねい度が上がります

は最もていねいにしたい場面、改まった相手宛ての場合

は一般的な場面、一般的な相手に宛てる場合

は最低限の礼儀を保ちながら親しみを込めて送る場合

好印象

もらって気持ちのよい手紙にするためのポイント。これを押さえることで、礼儀にかなった、相手に喜ばれる手紙になります

手紙を送る相手や場面

※前文、末文に入れる挨拶は、2章P40～63を参考に、季節にふさわしい言葉に書き換えましょう

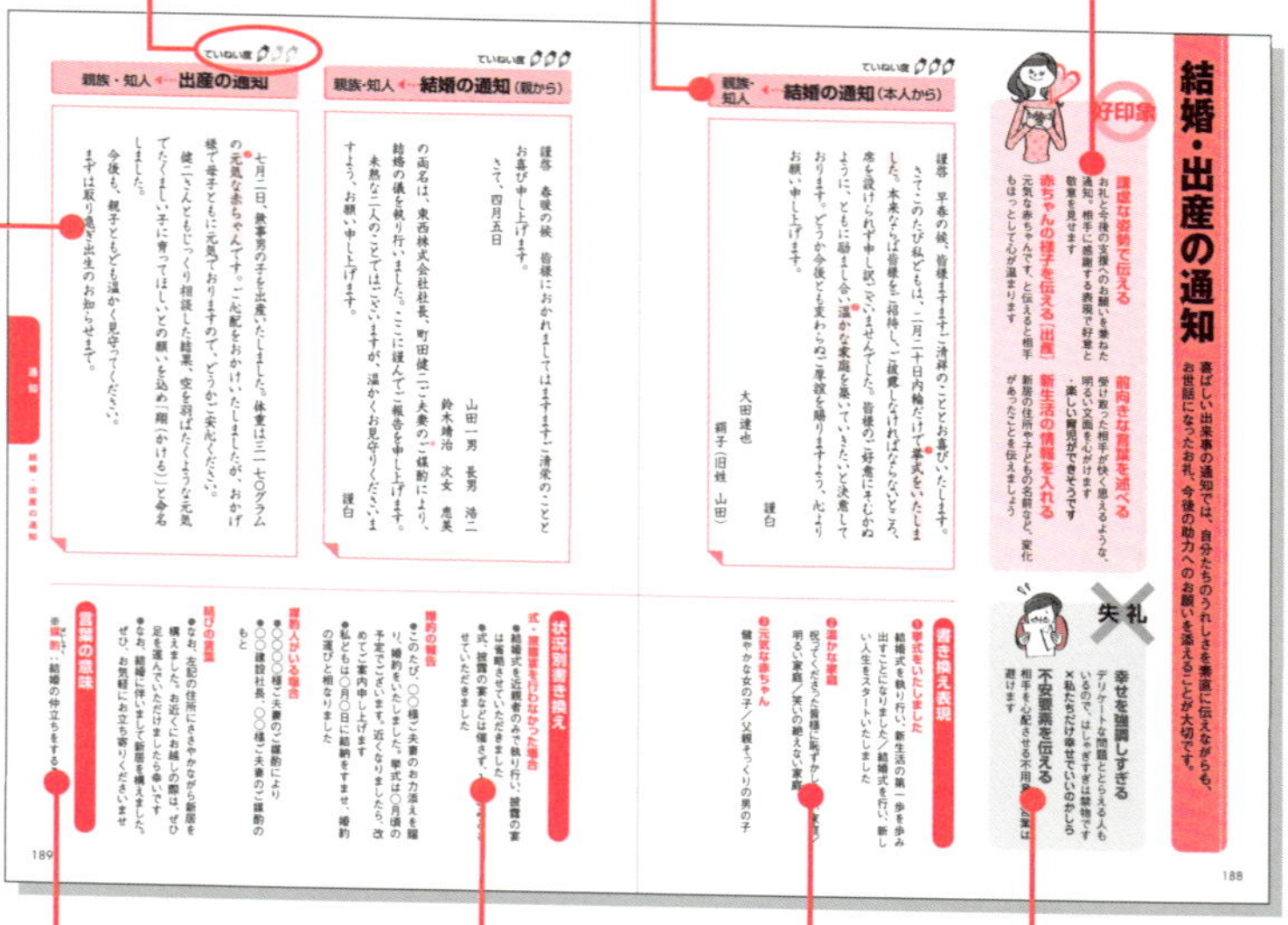

言葉の意味

文例の内容と関係が深い言葉や、手紙独特の難しい言い回しなどを解説

状況別書き換え

手紙文の主な要素となる部分の書き換え例、別の状況での言い回しを紹介

書き換え表現

単語や言い回しの書き換え表現。そのまま入れ替えて使用できます

失礼

相手を不快にしたり、困らせたりするポイントを紹介。おかしがちな間違いを事前にチェックし、相手の気分を損ねないようにします

第1章

手紙・はがきの基本マナー

■ 手紙の作法　6つのポイント
■ 手紙の構成とルール
■ 手紙用具の選び方
■ 封筒の書き方とマナー
■ 便せんの折り方と入れ方
■ はがきの書き方とマナー
■ 頭語と結語の組み合わせ
■ よく使う挨拶言葉一覧
■ 敬語の使い方
■ 手紙・はがき・FAX・Eメールの使いわけ
■ 言葉遣いのタブー～忌み言葉～

手紙の作法 6つのポイント

ポイント1 相手との関係

以前お世話になった人、親しくしている親戚、あまり会ったことのない目上の人、仲のよい友人。会話では相手によって話しかける言葉遣いを変えるように、手紙ではととのえるべき形式を変える必要があります。

関係に合った失礼のない手紙を心がけ、「あなたを大切に思っている」という敬意や好意を表しましょう。

ポイント2 正しい文字遣い

間違いによっては、誤解や誤伝達を引き起こすこともあります。身振りや表情が伝えられない文字だけのコミュニケーションだからこそ、その扱いには細心の注意を払いましょう。自信のない漢字は辞書で調べる、間違えやすい文字を知っておく、といったひと手間を惜しまないことです。

ポイント3 書く時期

お祝いの手紙やお悔やみの手紙など、手紙にはすべて「出すのに適した時期」があります。お祝い状は相手がいちばん喜ぶタイミングを考えて送り、災害などのお見舞いは相手が一段落ついた頃に送るのがマナーです。「相手の状況に合った時期」と「自分の気持ちを最大限に伝えられる時期」、この二つの兼ね合いを考えましょう。

ポイント4 簡潔さ

本当に伝えたいことを伝えるため、また相手の読みやすさを考えて、文面は簡潔を心がけます。要所を押さえてシンプルにまとめるには、何のための手紙かを頭におきながら書く習慣をつけるといいでしょう。

手紙の基本構成に沿って書くことが、礼儀を損なわない、簡潔な手紙を書くための近道ともいえます。

ポイント5 心を込める

言葉の選び方、宛名の書き方、手書きの場合は文字の一つ一つに、その人の気持ちが表れます。手紙という手段を取るメリットは、内容だけでなく、そのような手間や時間をかけることで、相手を大切に思う気持ちを伝えられる点にあります。

達筆さよりもていねいさ、文章の巧みさよりも心のこもった表現を大切にする、ということが、何より相手の心に響く手紙を書くポイントになります。

ポイント6 内容の適切さ

お祝いの手紙には、相手の幸せを祝福し、その喜びをさらに盛り上げるという目的があります。そこに相手が喜ばない内容や、こちらの一方的な思いをぶつけては、もらったうれしさも半減してしまいます。

目的にふさわしい内容と体裁か、封をする前に再確認する余裕が大事です。

手紙の構成とルール

手紙の構成は大きく【前文】【主文】【末文】【後付け】の四つにわかれます。この基本構成に沿って書けば、普段手紙を書き慣れていない人でも迷わずていねいな文章を書くことができます。

実際に書くときは相手との間柄や場面に応じて基本形を変化させたり、省略したりしましょう。また、親しい人に宛てる場合は【副文】を加えることもあります。

頭語と結語、前文と末文などは面倒なルールとして敬遠されがちですが、自然な流れで用件に入り、用件を結ぶための知恵と考えて、積極的に取り入れましょう。

タテ書き

目上の人への手紙、改まった手紙には、日本語本来のタテ書きがマナーです。

前文

❶拝啓　❷梅雨も明け、夏の暑さがますます厳しくなってまいりました今日この頃、❸皆様お変わりなくお過ごしのことと存じます。❹おかげ様で私どもも無事に暮らしております。ついつい雑事にまぎれ、無沙汰を重ね大変申し訳ありません。

前文（初めの挨拶）

❶**頭語**
いちばん初めの挨拶にあたる言葉で、行頭から書きます

❷**時候の挨拶**
天候や季節に応じた挨拶を、❶から1字分あけて続けるか、改行してから書き始めます

❸**安否の挨拶**
相手の健康や安否を気遣います。自分の状況を伝えることも

❹**お礼、お詫びの挨拶**
日頃の感謝や無沙汰のお詫びを伝えます

主文

⑤さて、⑥このたびは素敵なお中元の品を頂戴し、誠にありがとうございました。いつもながらのご芳志に、心より感謝申し上げます。日頃より何かとお世話になっておりますのに、このようなお心遣いをいただき、恐縮の限りでございます。

いただいた名産のお菓子は、家族一同で賞味させていただきました。甘いものに目がない父は特に喜んでおりました。

末文

⑦連日の猛暑ではございますが、夏バテなどなさいませんようお身体にはお気をつけくださいませ。

まずは書中にて御礼申し上げます。

⑧敬具

後付け

⑨七月十四日

⑩田村史雄

⑪川島裕志様
理絵様

主文（手紙の本題）

⑤**起語**　本題に入るきっかけの言葉です

⑥**本文**　用件をなるべく簡潔に書きます

末文（結びの挨拶）

⑦**結びの挨拶**

相手の健康を気遣ったり今後の親交をお願いしたりする文を、時候をからめて書きます

⑧**結語**

必ず頭語とセットで使います。⑦から改行するか、余裕があれば同じ行に、行末から1字分あけて書きます

後付け（日付、署名、宛名）

⑨**日付**

行頭から2、3字分下げ、事務的な内容の場合は年号から書きます

⑩**署名**

フルネームで書き、語末を⑧にそろえます

⑪**宛名**

行頭からフルネームで書きます。本文の文字よりやや大きくし、「様」「先生」などの敬称を付けます。相手方が夫婦なら連名にし、それぞれに敬称を付けます

ヨコ書き

親しい人への手紙で用います。頭語や結語が省略でき、口語的な文章に適しているといえます。ビジネス文書やEメールは、形式が異なるので留意してください。➡P289〜319

前文

❶小林裕美様

❷空は一段と高く、窓から見える街路樹の葉も色づいてまいりました。日々秋が深まるのを感じている今日この頃ですが、お元気でお過ごしでしょうか。

主文

❸さて、❹先日はお忙しいところお見舞いにきてくださってありがとうございました。たくさんの方にご心配をおかけいたしましたが、おかげ様で術後の経過も良好で、10月23日の退院が決まりました。通院をしながらにはなりますが、仕事場へも復帰できる見通しです。

今更ながら、健康の大切さを痛感しています。本日はとりあえずお礼のお手紙をと筆を執りました。

末文

裕美さんも私も昔から読書が大好きで、秋の夜長は楽しみなものですが、❺どうぞお身体には気をつけてお過ごしくださいね。

後付け

❻10月15日

❼水口陽子

副文

❽追伸　また改めてお会いしたいので、退院したら連絡します。

❶宛名
頭語を省略し、宛名を置いても構いません

❷季節の挨拶
1字分下げて書き始めます

❸起語
1字分下げて書き始め、前文との間を1行分あけてもよいでしょう

❹本文

❺結びの挨拶

❻日付
算用数字で記します

❼署名

❽追伸
書き漏らしたことや念を押したいことを、本文より小さめの字で書きます。目上の人宛て、また弔事や結婚など、重なるイメージを避けたい場合は失礼にあたるため使いません

※宛名は文末でも、手紙文のいちばん初めに持ってきても、どちらでも構いません

お知らせ文書

案内状や招待状、プリントなどに使います。情報を正確に伝えるため、詳細を別記にし、内容が一目でわかるタイトルを付けます。

❶営業一課　忘年会のお知らせ

前文
❷拝啓　❸師走に入り、いよいよ年の瀬も押しせまってまいりました。皆様にはますますご清祥のことと存じます。

主文
❹　さて、❺営業一課では、毎年恒例の忘年会を執り行う運びとなりました。本年を振り返り、わが社とわが課の一層の繁栄と新年への決意を新たにする所存です。

末文
❻　ご多忙とは存じますが、ぜひ皆様ご参加くださいますようよろしくお願い申し上げます。また、お手数ではございますが、出欠のご返事を川崎に15日(金)までにお知らせください。

❼敬具

後付け
❽12月7日

❾幹事　川崎健太

別記
❿記

日　時	12月22日(金)　19時～21時
会　場	割烹「吉乃」　電話　03-3420-XXXX ※別紙の地図参照
会　費	5000円
幹事連絡先	川崎(携帯)　080-8872-XXXX

以上

❶**タイトル**
前文の前に、何の案内かわかるようなタイトルを付けましょう

❷**頭語**
お知らせプリントなどでは省略もできます

❸**季節の挨拶**

❹**起語**

❺**本文**

❻**結びの挨拶**
出欠の連絡を求めるなら、期限を相手に知らせます。別記の後に書き加えるときは少し小さめに書きます

❼**結語**
頭語と同様、省略できます

❽**日付**

❾**署名**

❿**別記**
日時、場所、会費、連絡先などを明記します

※よりわかりやすくするため、❽❾は前付けとしてタイトルの前に付けてもよいでしょう

➡P192「お知らせのプリント」、P289～「ビジネス文書」参照

手紙用具の選び方

便せん

白無地、罫線なし

○すべての手紙

弔事や慶事の正式な手紙、改まった相手への手紙など、何にでも使えます。付属の下敷きを使って、行が乱れないよう読みやすさ、美しさに配慮します

白無地、タテ罫線

○すべての手紙

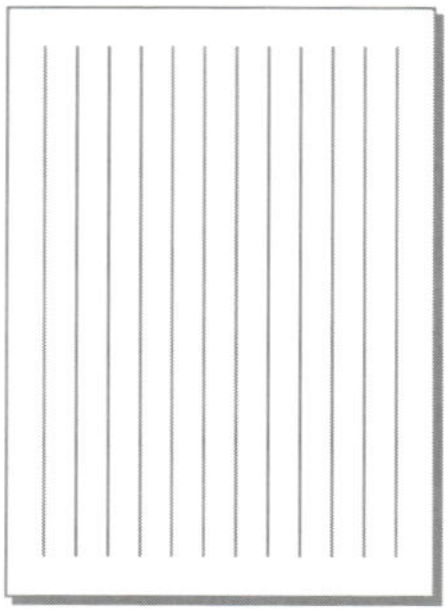

罫線なし同様、何にでも使えます。罫線が細かすぎると、書きにくく読みにくいため、避けたほうがよいでしょう。書く分量とのバランスも考えて

白無地、ヨコ罫線

○親しい相手への手紙
×正式な手紙
改まった相手にはNG

ヨコ書きはカジュアルな印象を与えるため、挨拶状、お礼状などの正式な手紙、目上の相手への手紙には使用を避けます

カラー、絵柄入り

○親しい相手への手紙
×弔事、お見舞い
正式な手紙にはNG

淡い色の無地を選べば改まった相手への手紙にも使ってよいでしょう。ただ、弔事、お見舞い、正式な手紙には白無地が原則です。見た目は華やかになりますが、親しい友人だけに送るほうが間違いないでしょう

切手

絵柄入り切手

季節感や情感を演出できます。春は桜、秋は絵画など工夫すると楽しいですね。キャラクターもの、ポップな絵柄は友人宛てにとどめるのが無難です

弔事用切手

弔事では派手な模様は避けます。必要に応じて弔事用の切手を使うこともありますが、お悔やみの手紙では準備をしていたかのような印象を与えてしまわないよう、弔事用でない通常切手のほうがよいでしょう

封筒

白無地の和封筒

○ すべての手紙
× 二重タイプは弔事
お見舞いにはNG

弔事、慶事を含め、何にでも応用がききます。裏紙のある二重タイプは「重なる」から繰り返しを連想させるため、弔事、お見舞いの手紙には使わないほうがよいでしょう

白無地の洋封筒

○ すべての手紙、カード
× 郵便番号枠のある
タイプは弔事にはNG

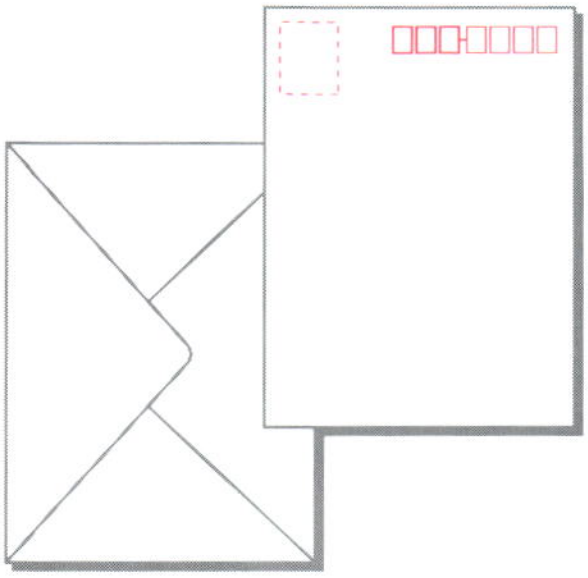

すべての手紙に使えます。幅があるので招待状、挨拶状などのカード類や写真を送るときに有効。とじ目を逆にする弔事の場合は、上下が逆にならないよう郵便番号枠のないものを選びましょう

カラー、絵柄入り

○ 親しい相手への手紙
× 弔事、お見舞い
正式な手紙にはNG

便せん同様、落ち着きのある淡い色の無地なら改まった相手へも使えます。弔事、お見舞い、正式な手紙には白無地が原則なのでNG。絵柄入りは親しい友人に限定しましょう

茶封筒

○ 大きめの郵便物
事務的な手紙
× 正式な手紙
改まった相手にはNG

事務用のイメージが強いので、改まった手紙、儀礼的な手紙はもちろん、親しい友人に対しても使わないほうがよいでしょう。何かを同封する場合や実務に関するときにだけ使うのが無難です

筆記用具

手紙に向いているもの

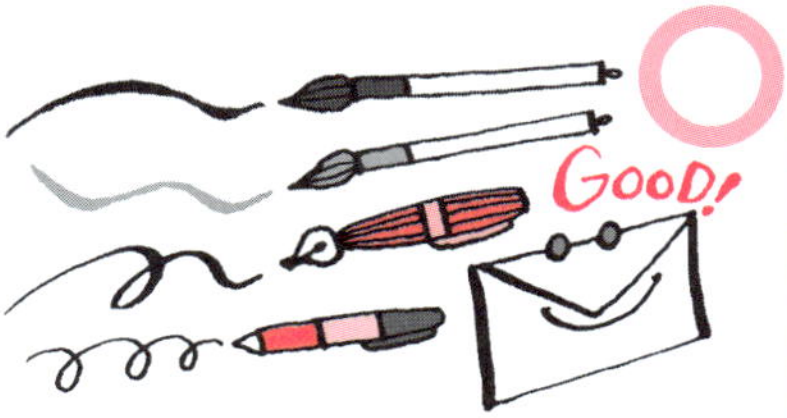

❶毛筆、万年筆、ペン…すべての手紙に使えます。万年筆が正式とされていましたが、今では書きやすく読みやすい水性ペンでもOK。黒色またはブルーブラックで

❷薄墨の毛筆…涙で墨がにじんでいるとの意味で、弔事の手紙で使います。弔事以外では使わないほうがよいでしょう

手紙に不向きなもの

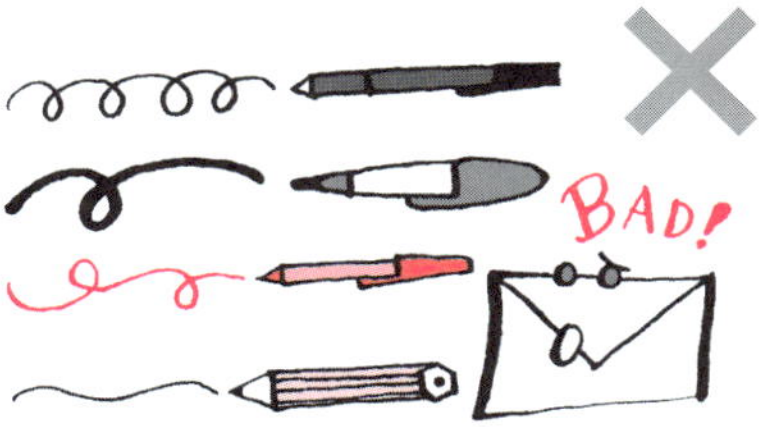

❶ボールペン…事務的なイメージなので失礼

❷太字のペン…読みにくくなるため不親切

❸カラーペン…幼い印象を与えるので、改まった手紙には不向き

❹鉛筆、シャープペンシル…下書きのときに使うものなので失礼

封筒の書き方とマナー

和封筒

※弔事、結婚祝いでは、二重のものはNG

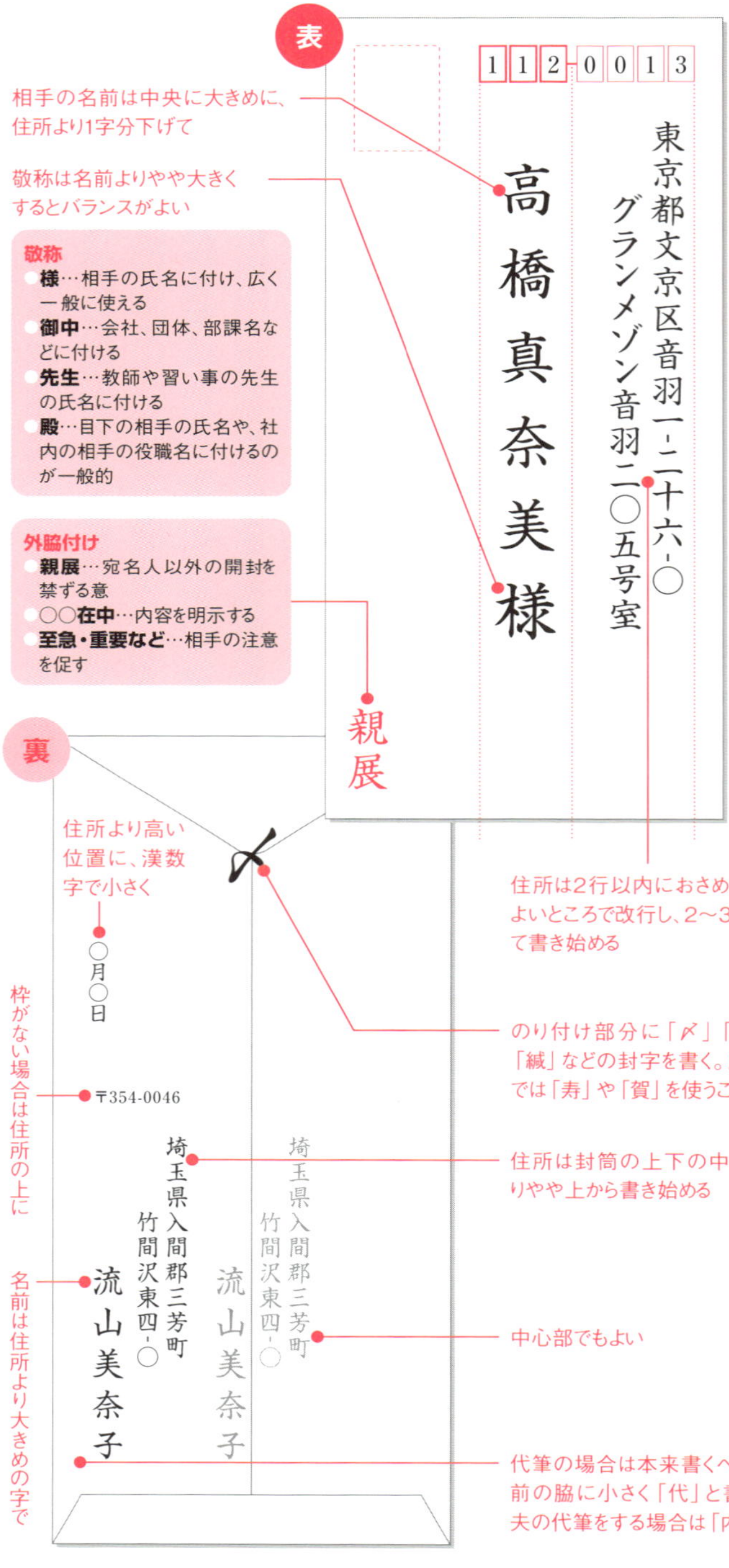

相手の名前は中央に大きめに、住所より1字分下げて

敬称は名前よりやや大きくするとバランスがよい

敬称
- **様**…相手の氏名に付け、広く一般に使える
- **御中**…会社、団体、部課名などに付ける
- **先生**…教師や習い事の先生の氏名に付ける
- **殿**…目下の相手の氏名や、社内の相手の役職名に付けるのが一般的

外脇付け
- **親展**…宛名人以外の開封を禁ずる意
- 〇〇**在中**…内容を明示する
- **至急・重要など**…相手の注意を促す

住所は2行以内におさめる。きりのよいところで改行し、2〜3字分下げて書き始める

住所より高い位置に、漢数字で小さく

のり付け部分に「〆」「封」「緘」などの封字を書く。慶事では「寿」や「賀」を使うことも

枠がない場合は住所の上に

住所は封筒の上下の中心よりやや上から書き始める

名前は住所より大きめの字で

中心部でもよい

代筆の場合は本来書くべき人の名前の脇に小さく「代」と書く。妻が夫の代筆をする場合は「内」

洋封筒

表

基本は和封筒と同じ。横幅が広い分、バランスを調整する

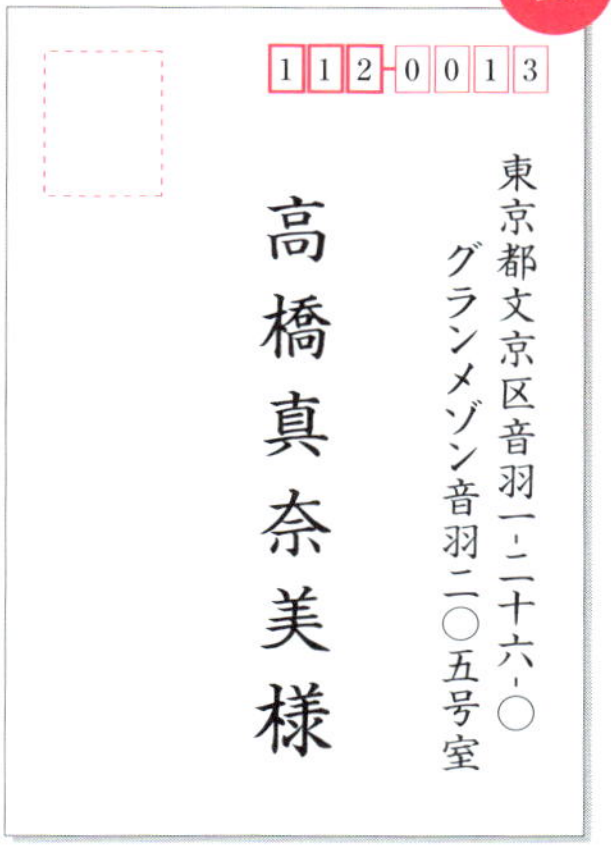

裏

開口部が右にくる

差出人住所・氏名は左に

弔事用

弔事では、ふくさや不祝儀袋同様、開口部を左にして住所などを右に

ヨコ書き

表

住所は封筒の上側3分の1程度におさめる

数字は算用数字でOK

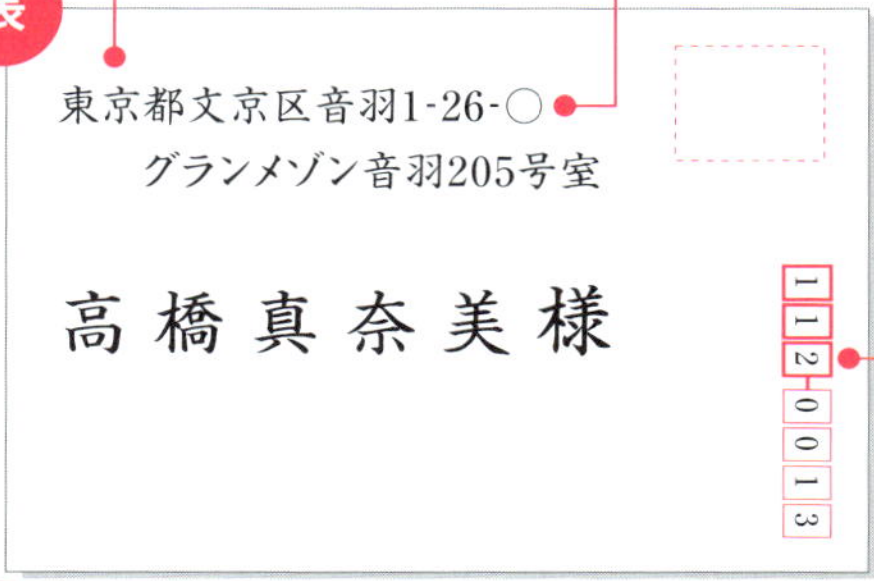

数字の向きに注意。枠がない場合は住所の上に書いてもOK

裏

ヨコ書きの場合、封字は書かなくてもよい

差出人の住所・氏名は下の三角部分におさめる

NG例

切手が曲がっている

(株)と略している

差出人を表に書いている

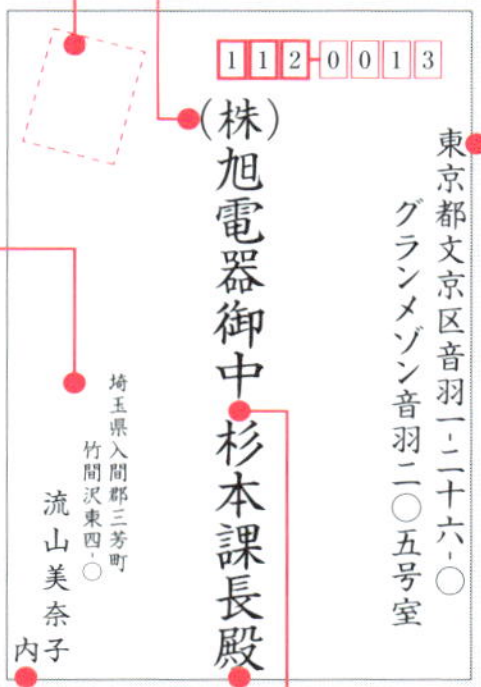

封筒の端すれすれから書いている

「内」の使い方が間違っている

敬称の使い方が間違っている

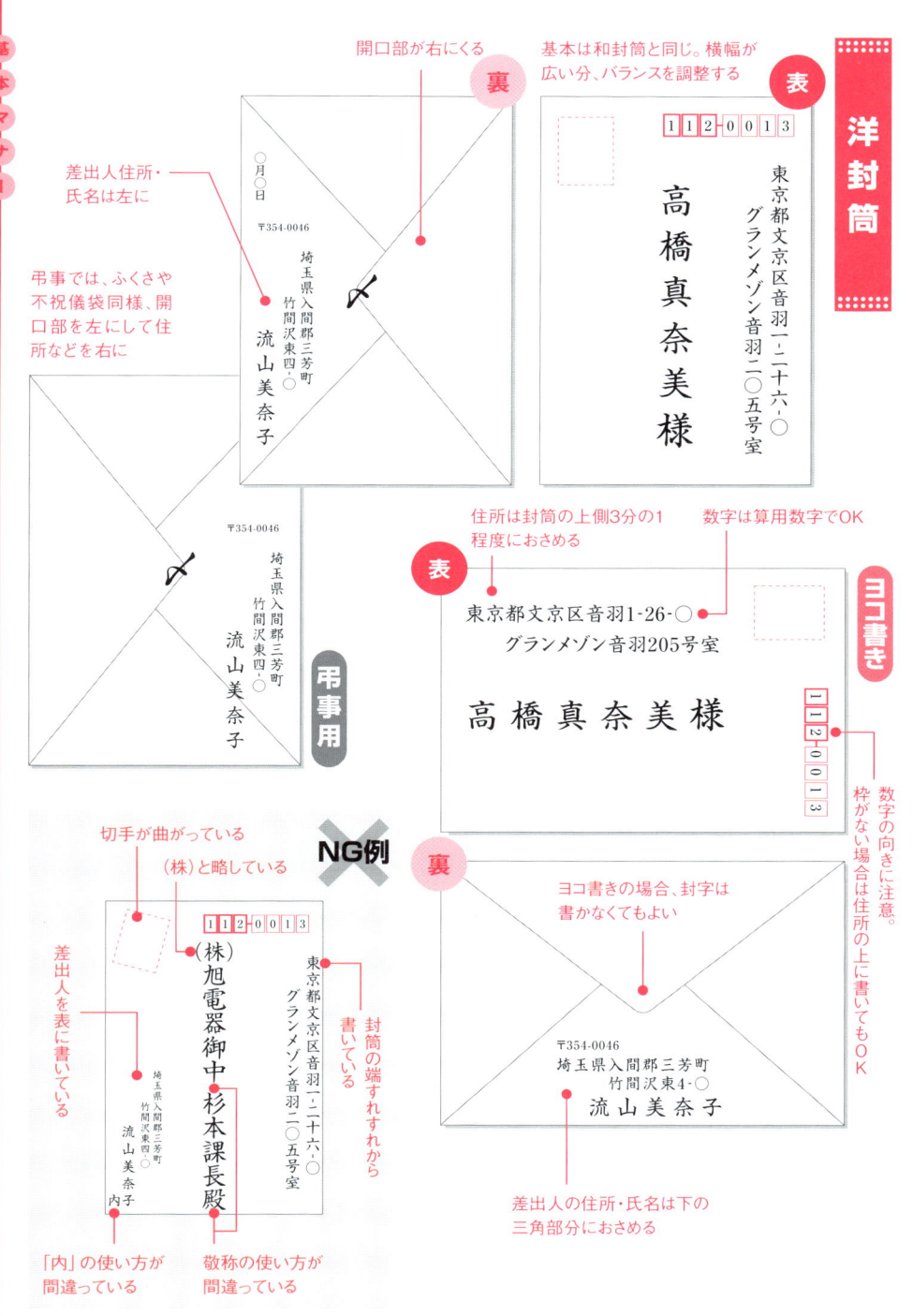

アメリカ式

差出人は封筒の左上。名前、住所は日本と逆の順番で書く
（部屋番号→番地→地名→市町村名→都道府県名・州名→郵便番号→国名）

自分で目立つように書くか、
郵便局でシールを貼ってもらう

宛名は封筒の中央に敬称付きで
書き、国名が目立つようにする

英語の敬称

相　手	敬　称
男性	Mr.
既婚女性	Mrs.
未婚女性	Miss
女性全般	Ms.
～様方○○	○○ c/o ～

エアメールの注意点

宛先や差出人の表記順は国によって異なります。欧米諸国は「氏名→国名」の順で上の例と同じ。中国、韓国は「国名→氏名」の順で日本と同じです。

海外から日本にエアメールを出す場合は日本の国名を、現地語もしくは英語で「JAPAN」と書き、以下は日本語で日本と同じ順序で書きます。

イギリス式

宛名は封筒の右下

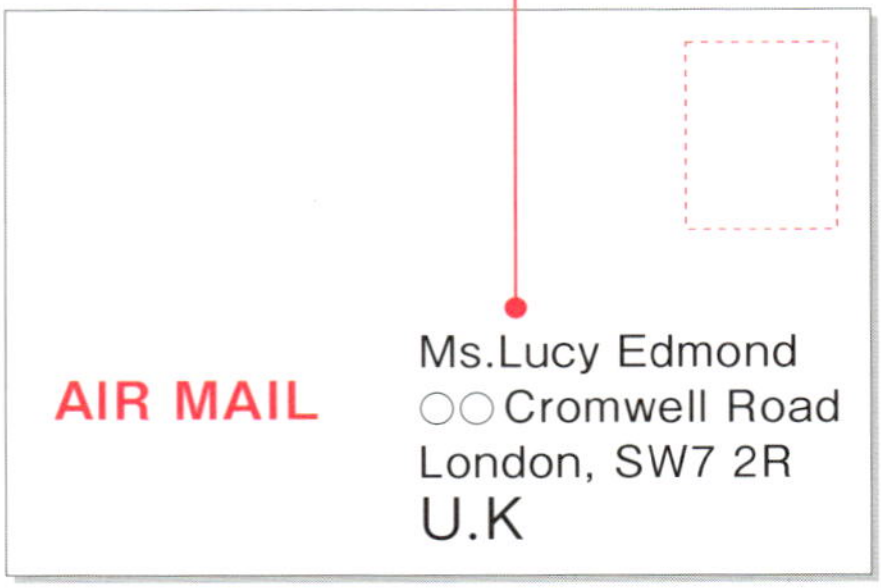

表

裏

差出人は封筒の裏、封の、
上の三角におさまるように書く

便せんの折り方と入れ方

洋封筒

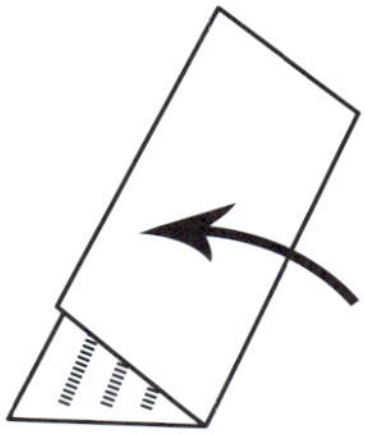

❶ 便せんをタテ半分に折る

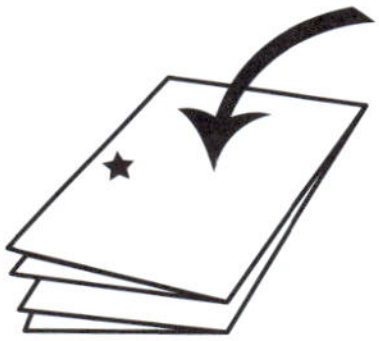

❷ さらにヨコ半分に折る

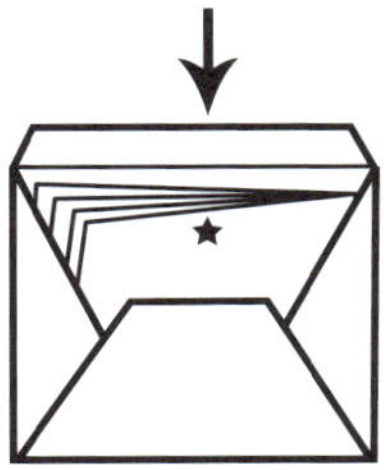

❸ 便せんの書き出しが左上になるように入れる

❹ のり（テープはNG）で封をする

和封筒（4つ折り）

❶ 便せんの下半分を折り上げる

❷ 折り重ねた上半分を、かぶせるように折る

❸ 便せんの上端が右になるように入れる

和封筒（3つ折り）

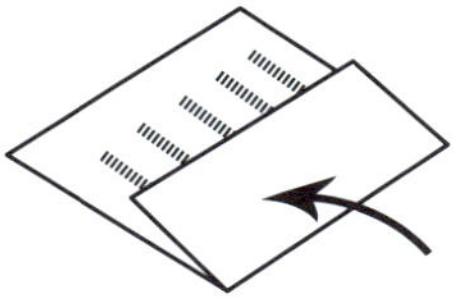

❶ 便せんの、下3分の1を折り上げる

❷ 上3分の1をかぶせるように折る

❸ 便せんの上端が右になるように入れる

❹ のり（テープはNG）で封をし、封字を書く

相手が右手で便せんを取り出したとき、すぐに読める

※相手が左ききの場合は逆になる

はがきの書き方とマナー

気軽に書けるはがきは、季節の挨拶、贈答の際の添え状・お礼状などのほか、引越し通知などにも使えます。

目上の相手へは手紙同様、前文や末文を入れますが、スペースが限られていることもあり、さまざまに簡略化するのが一般的。

見やすさを考え、タテ書きなら10行以内、ヨコ書きなら15行以内におさめましょう。

タテ書き

一般的にはタテ書きが基本。「前略ー草々」として前文を省略することが多い

通信面

前略❶　このたび❷は素敵なお歳暮の品をお贈りくださり、誠にありがとうございました。お心尽くしの日本酒はとてもおいしく、主人ともどもお正月まで楽しもうと、大切にいただいております。

❸ご家族そろって健やかな新年をお迎えくださいますよう心よりお祈り申し上げますとともに、今後とも変わらぬご交誼のほど、お願いいたします。

まずは書中にて、お礼まで。

草々❹

❶頭語は相手によって省略も可
❷主文は簡潔に
❸末文は今後の付き合いと相手の幸福を願って
❹結語も省略可（「かしこ」は頭語を省略した場合でも付けられる）

表

112-0013

東京都文京区音羽一-二十六-〇
グランメゾン音羽二〇五号室

高橋真奈美様

○月○日

埼玉県入間郡三芳町竹間沢東四-〇
流山美奈子

354-0046

日付は切手の左下

差出人の住所・氏名は切手の幅におさめる

「内」は妻が代筆したことを表す
➡P16参照

ヨコ書き

表

112-0013

東京都文京区音羽1-26-○
グランメゾン音羽501号室

高橋真奈美様

埼玉県入間郡三芳町
竹間沢東4-○
流山美奈子

354-0046

相手の住所は切手の1、2字分下から

宛名は住所にそろえるか1字分右から。はがきの上下中央かやや上くらいに

差出人住所は右下になるように

通信面

暑中お見舞い申し上げます
　暑い日が続きますが、お元気ですか。先日はわが家に遊びに来てくれてありがとう。おかげでとても楽しい週末になりました。そのうえたくさんの桃を送ってくださり、家族ともども感激しています。当分は、みずみずしくて甘い、極上のデザートが楽しめそうです。ぜひまた遊びに来てください。暑い日が続きますので、夏バテなどにはご用心を。

親しい相手にはヨコ書きで出してもよい。その場合でも前文、末文などは省略できる

NG例

差出人が宛名より目立っている

宛名の字間が詰まっている

112-0013

東京都文京区
音羽一-二十六-○
グランメゾン音羽二○五号室

高橋真奈美様

埼玉県入間郡三芳町竹間沢東四-○
流山美奈子

差出人の郵便番号がない

相手の住所が3行にわたっている

絵はがき

POST CARD

112-0013

東京都文京区音羽
一-二十六-○

三谷健二様
彰子様

グランドキャニオンにて
三谷秀和・英子

お元気でいらっしゃいますか。
とうとう本日、憧れのグランドキャニオンに到着しました。先ほど眺めのいいポイントから壮大な夕日を見て、早くも感動しています。明日は本格的にトレッキングを開始する予定です。秀和さんも私も準備に余念はありません。帰国するまで、二人の武勇伝を楽しみにしていてください。

こちらの夏はやはりとても涼しく、朝晩は冷え込むくらいです。今日は、お借りしたガイドブックで見つけた美術館と、海岸沿いのレストランに行ってきました。帰るまでには、心身ともにリフレッシュできそうです。お土産を楽しみにしていてくださいね。
襟裳岬にて　英子

POST CARD

112-0013
東京都文京区音羽
1-26-○
高橋真奈美様

➡返信はがきの書き方はP158参照

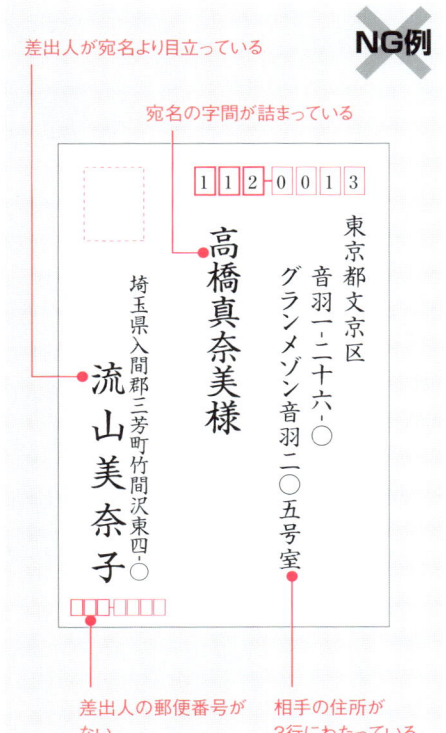

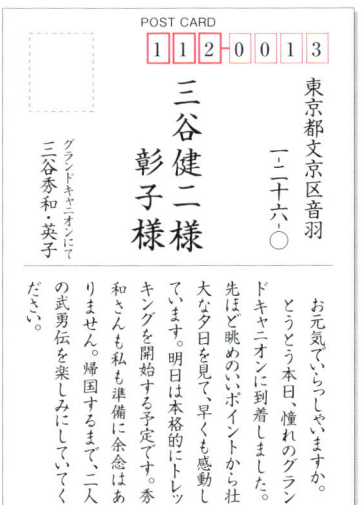

頭語と結語の組み合わせ

頭語とは挨拶の「こんにちは」にあたる書き始めの言葉で、結語は「さようなら」にあたる文の終わりの言葉です。はがきでは省略されがちですが、必ずセットで使い、相手や状況に応じて格を合わせるのがマナーです。

「拝啓」と「敬具」、「前略」と「草々」など組み合わせにも決まりがある（ただし「かしこ」は頭語を省略したときも単独で使えます）ので、ペアで覚えておくとよいでしょう。

また、文章をやわらげるはたらきがある「かしこ」や「さようなら」などの女性専用の言い回しは、ビジネス文書では使いません。

よく使われる組み合わせ

	頭語	結語
一般的な手紙	拝啓	敬具
改まった手紙	謹啓	謹言
前文省略の手紙	前略	草々
女性の一般的な手紙	一筆申し上げます	かしこ

組み合わせ例

太字……よく使われるもの
＊……女性特有の用語

種類	頭語	結語	備考
一般的な手紙　往信	**拝啓**　拝呈《はいてい》　啓上《けいじょう》　拝進《はいしん》 ＊一筆申し上げます	**敬具**　拝具　敬白 ＊かしこ	お祝い、お礼、依頼、案内など、ほとんどの場面に対応します
一般的な手紙　返信	**拝復**　復啓　拝誦《はいしょう》 お手紙拝見いたしました	**敬具**　敬答　拝答 ＊かしこ	往信のときには使いません
改まった手紙　往信	**謹啓**　謹呈　粛啓《しゅくけい》 ＊謹んで申し上げます	**謹言**　**謹白**　敬白 ＊かしこ	目上の人に宛てたお礼状や挨拶状など改まった手紙のときに使います
改まった手紙　返信	**謹復**	**謹言**　謹答　＊かしこ	往信のときには使いません
初めての手紙	**初めてお手紙を差し上げます** 突然お手紙を差し上げるご無礼をお許しください	**敬具**　拝具　謹言 ＊かしこ	見知らぬ人への手紙や依頼のときに使います
急ぎの手紙	**急啓**　急白　急呈 ＊取り急ぎ申し上げます	**不一**《ふいつ》　不備　早々　匆々《そうそう》 草々　不尽《ふじん》　以上　＊かしこ	お見舞いや急用のときなどに使い、前文を省きます
前文省略の手紙	**前略**　**冠省**《かんしょう》　略啓《りゃっけい》 ＊前文お許しください	**草々**　**不一**　匆々　早々 不備　不尽　＊かしこ	親しい相手やはがきのときに使い、前文を省きます
再度出す手紙	**再啓**　再呈 ＊重ねて申し上げます	**敬具**　拝具　敬白 ＊かしこ	一度出した手紙の返事が来る前に催促するときなどに使います

よく使う挨拶言葉一覧

「お元気ですか」と尋ねる

○○様
皆様
ご家族の皆様
ご一同様
皆々様
先生

は

いかがお過ごしでしょうか
お元気でいらっしゃいますでしょうか
お変わりなくお過ごしですか

お変わりなく
お元気（で）
ご無事（で）

（に）お過ごしのことと存じます
（に）お暮らしのことと存じます

には
におかれ
ましては

ますます
いよいよ
一層
一段と

ご清祥
ご清栄
ご壮健
ご健勝
ご活躍

のことと拝察いたしております
のこととお喜び申し上げます

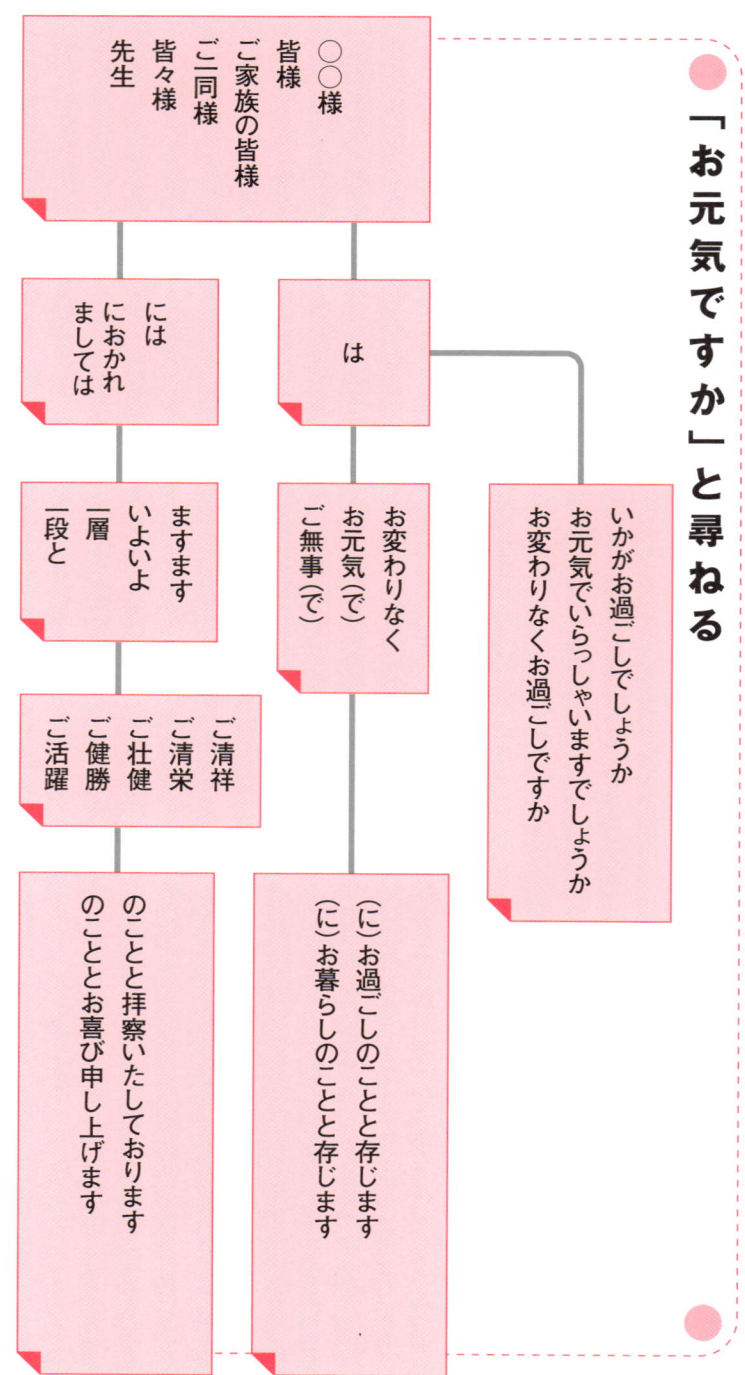

「私も元気です」と伝える

私も
私どもも（皆）
家族一同
こちらも
当方も

おかげ様で
相変わらず
おかげを
もちまして
おかげ様を
もちまして

元気に
健康に
無事に
変わりなく
何事もなく
平穏に
大過なく
つつがなく

過ごしております
暮らしております

「ありがとう」を伝える

常々
先般は
日頃は
いつも
平素は
このたびは
先日は
過日は
いつぞやは

何かと
いろいろと
大変に

格別の
ひとかたならぬ
並々ならぬ

お世話になり
ご心配をいただき
お気遣い（お心遣い）をいただき

ご指導をいただき
ご厚情（ご厚誼）を賜り
ご芳志を賜り
ご高配にあずかり

深謝申し上げます
誠にありがとうございます
本当に感謝しております
心より感謝申し上げます
厚く御礼申し上げます
誠に恐縮しております

「いつもすみません」と伝える

日頃は　平素は
心ならずも
長らく　久しく

ご無沙汰いたしまして（無沙汰を重ねまして）
雑事（多忙）にまぎれご無沙汰いたしまして

心苦しく思っております
心苦しく存じておりました

先日は
過日は
このたびは
その節は
先だっては
いつぞやは

大変（な）
多大な
ひとかたならぬ
心ならずも

ご迷惑をおかけいたしまして
お手数をおかけいたしまして
ご心配をおかけいたしまして
ご配慮をいただきまして
ご尽力をいただきまして

誠に申し訳ございません
深くお詫び申し上げます
深く反省しております
恐れ入ります
恐縮しております
どうかお許しください
何卒ご容赦ください

誠にありがとうございました
深く感謝しております

「今後もよろしく」とお願いする

今後とも
これからも
引き続き

よろしく　一層の
変わらぬ
末永く　何卒

お付き合い　ご交誼
ご指導　ご助言
お力添え　ご高配

くださいますようお願い申し上げます
のほどよろしくお願いいたします
賜りますようお願い申し上げます

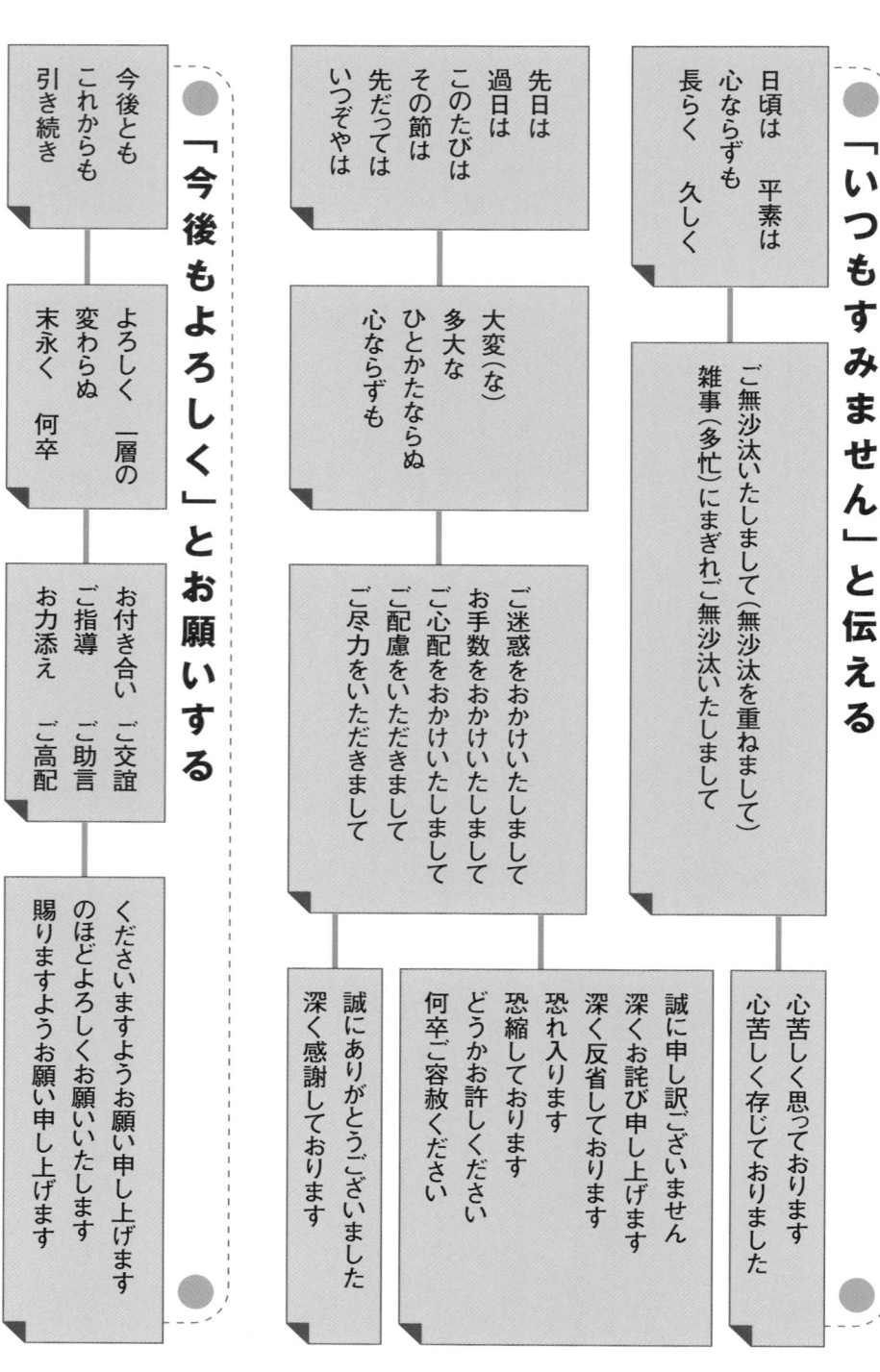

「どうかお元気で」と祈る

時節柄
まだまだ寒い（暑い）日が続きますが

どうかご自愛ください
お身体を大切にお過ごしください

お元気でお過ごしください
ご健康にはご留意ください

○○様の
皆様の
ご家族の
ご一同様の

ますますの
一層の
さらなる

ご健康を　ご健勝を　ご発展を
ご活躍を　ご多幸を

心よりお祈り申し上げます
お祈りいたします
祈念いたしております

主文を起こす

さて　このたび（は）
ところで　実は　今回は
突然ですが
さっそくですが　ときに
ついては　つきましては
ほかでもありませんが
すでにご存じかと思いますが

用件を結ぶ

まずは
取り急ぎ
略儀ながら

用件のみ
にて

書中にて
お手紙で

お礼
お祝い
お詫び
お見舞い
お悔やみ
お伺い
お願い
ご連絡

まで
申し上げます
まで申し上げます
いたします

敬語の使い方

呼称（ひと）		
種類	相手方・尊称	自分方・謙称
本人	○○様、先生、貴殿、貴兄（男性に）、貴君、貴女（後輩に）	私、私ども、手前ども、当方
家族	ご家族、ご家族様、皆様、皆々様、ご一家様、ご一同様	家族、家族一同、私ども
夫	ご主人、ご主人様、○○様、ご夫君	夫、主人、○○（名前）
妻	奥様、奥方、奥方様、令夫人、ご令室	妻、家内、女房
子ども	お子様、お子様方、お子さん	子ども、子ども達
息子	ご子息様、ご令息様、息子さん、坊っちゃん、○○君	息子、長男（次男など）、○○（名前）
娘	お嬢様、ご令嬢、ご令嬢様、ご息女、ご息女様、お嬢さん	娘、長女（二女など）、○○（名前）
父	お父様、お父上、お父上様、ご尊父様、御父君	父、舅（夫の父）、義父、岳父（妻の父）
母	お母様、お母上、お母上様、ご母堂様、御母君	母、姑（夫の母）、義母、外母（妻の母）
両親	ご両親、ご両親様、お父様お母様	両親、父母
祖父母	お祖父（母）様、おじいさま、おばあさま、祖父（母）君	祖父、祖母
おじ、おば※	伯父様、叔父様、伯母様、叔母様	伯父、伯母、叔父、叔母

※父母より年上だと「伯」、年下だと「叔」。伯父（母）の配偶者は年齢に関係なく「伯母（父）」

相手を敬う表現

ひと▼尊称を使う
もの▼尊称を使う、「ご」「お」を付ける
動作▼❶ご、お＋動詞＋なさる
❷ご、お＋動詞＋れる、られる
❸その他の尊敬語を使う（一覧参照）
※❶と❷、❷と❸など2種、3種を同時に使うと二重敬語となり、不適切
[例]✕ご参加なさられます
▼○ご参加されます
○ご参加なさいます
○ご来臨賜ります

自分がへりくだる表現

ひと▼謙称を使う
もの▼謙称を使う、「ご」「お」を付けない
動作▼❶動詞＋いたす
❷動詞＋させていただく
❸その他の謙譲語を使う（一覧参照）
※2種、3種を同時に使うのは不適切
※「**お手紙**を送ります」「**お電話**いたします」「**ご相談**したいことが…」など、相手と共有するものには「お」「ご」を付けて尊敬を表す

呼称（もの）

種類	相手方・尊敬語	自分方・謙譲語
品物、贈り物	ご厚志、ご芳志、お心尽くし、ご高配、佳品、美菓、お心配りの品	粗品、粗菓、心ばかりの品、ほんの気持ちの品　寸志（年下の相手に）
手紙	お手紙、ご書信、ご書面、ご書状、ご書簡、御状、貴書	手紙、お手紙、書面、書中、書状、寸書
名前	お名前、ご芳名、ご尊名	名前、氏名
住所、住居	ご住所、お宅、貴邸、尊宅	住所、住まい、私宅、拙宅、我が家
居住地	御地、貴地方、そちら、ご当地	当地、当方、こちら

動作

種類	相手方・尊敬語	自分方・謙譲語
する	**なさる**、される、あそばす	**いたす**、させていただく
いる	**いらっしゃる**、おいでになる	**おる**
みる	**ご覧になる**、ご高覧ください、見られる	**拝見する**、見せていただく
言う	**おっしゃる**、言われる	**申す、申し上げる**
聞く	お聞きになる、聞かれる	**伺う、承《うけたまわ》る**、拝聴する
行く	**いらっしゃる**、おいでになる	**参る、伺う**、参上する、お訪ねする
来る	おいでくださる、お見えになる、ご来臨賜る、お越しくださる、ご来訪いただく	**参る、伺う**
会う	お会いになる、会われる	お目にかかる、お会いする、拝眉する
与える、送（贈）る	くださる、賜る、ご恵贈いただく、お送りいただく、お贈りいただく	差し上げる、奉る、ご送付する、拝送する
もらう、受け取る	お納めください、ご受納ください、ご査収ください	いただく、賜る、拝受する、受領する

太字…積極的に使いたい敬語

手紙でよく使う表現

考えを伝える

思っています▼存じております／拝察いたします／考えております／承知しております

お礼する

ありがとう▼感謝しております／感謝の気持ちでいっぱいです／誠にありがとうございました／御礼申し上げます

お詫びする

すみません▼申し訳ありません／お詫びの申し上げようもございません／誠に申し訳ありませんでした／失礼いたしました／お詫び申し上げます

お願いする

お願いします▼お願い申し上げます／お○○ください／○○していただけますでしょうか／○○くださいますようお願い申し上げます／○○していただけると幸いです

断る

できません▼ご容赦ください／いたしかねます／今回はご遠慮させていただきます／辞退させていただきます／見合わせていただきます

手紙・はがき・FAX・Eメールの使いわけ

使いわけのポイント

それぞれの特性に、内容・相手との関係性を照らし合わせて、最適な方法を選びましょう。

	メリット	デメリット	○適　×不適
手紙	●気持ちが込められる ●改まった印象を与える ●内容が人目につかない	●書き始めてから届くまでに時間がかかる ●場合によっては仰々しい印象に ●一定の形式がある	○儀礼的な文書　○目上の人宛て ○人目を避けたい込み入った用件 ×急な用件　×気軽に送りたいとき
はがき	●文章量が少なくてすむ ●気軽に書ける ●親しみが持てる	●文章量が限られる ●他人の目にふれやすい ●手紙より略式の印象を与える	○簡単なお礼状や添え状 ○通知・案内　○季節の挨拶 ○旅先からの便り ×儀礼的な文書　×急な用件
FAX	●図やイラストが送れる ●控えが残る ●すぐに相手に届く	●夜中や早朝には送れない ●FAXのない人には送れない ●相手の用紙を使わせることになる	○地図、イラスト ○親しい相手へのお礼など ×枚数の多いもの （事前に相手の了承を得る）
Eメール	●その場で届く ●控えが残る ●一度に大勢に送れる	●印象が事務的 ●正式な用件には向かない	○仕事上の連絡　○友人宛ての連絡 ×儀礼的な文書　×深刻な内容

言葉遣いのタブー

～忌み言葉～

「忌み言葉」とは、慶事や弔事の場面では、縁起が悪いので使ってはいけない言葉のこと。不幸の繰り返しを連想させる「重ね言葉」や、死や別れをイメージさせる言葉はタブーとされています。受け取る側を不快にさせる表現は避け、書き換えるようにしましょう。

結婚・婚約

離別や何度も結婚することを連想させてしまう

別れる　わかれる　別々になる　壊れる　終わる
離れる　破れる　割れる　切れる　飽きる
枯れる　冷える　流れる　戻る　帰る　返る
出る　放す　去る　薄い　短い　繰り返す　再び
再度　重ね重ね　返す返す　近々

例　**×新しいスタートを切る**
○新しいスタートラインにつく

出産・懐妊

流れる、失うなど死を連想させてしまう

死ぬ　死　四　流れる　落ちる　逝く　苦しむ
破れる　滅びる　だめになる　弱い　枯れる
消える　失う　崩れる　衰える

例　**×月日の流れは早いもので**
○早いもので二年の月日がたとうと…

新築・開業・開店・起業

火災や先行きの不振を思わせてしまう

火　煙　焼ける　燃える　倒れる　壊れる　流れる
傾く　つぶれる　崩れる　さびれる　閉じる
飛ぶ　散る　赤　緋　詰まる　行き詰まる

例　**×年の瀬も押し詰まり**
○年の瀬も押し迫って

病気・けが・災害

病気やけがが長引いたり繰り返したりすることを連想させてしまう。重ね言葉も厳禁

四　死　死ぬ　九　苦　苦しむ　苦しい　根付く
寝込む　長引く　長い　続く　また　滅びる
衰える　枯れる　落ちる　離れる　見失う　失う
繰り返す　再び　再度　再々　さらに　またまた
重なる　重ねて　重ね重ね　返す返す　たびたび
離れ離れ　ばらばらになる　皆々様

例　**×仕事が長引きお見舞いにも伺えず**
○仕事の都合でお見舞いにも伺えず

長寿

死や病気を連想させてしまう

死　折れる　切れる　朽ちる　病気　寝る
根付く　枯れる　衰える　倒れる　曲がる

例　**×大きなご病気もなさらずに**
○いつもご壮健で（お元気で）

弔事

不幸の繰り返しを連想させてしまう。死ぬ、生きるなどの直接的な言葉や、うれしいなどの場に合わない表現も避けましょう

たびたび　ますます　重ねて　重ね重ね　さらに
引き続き　近々　続いて　次々　早々　追って
再び　再三　返す返す　繰り返す　しばしば
いよいよ　ときどき　しみじみ　くれぐれも
まだまだ　ようやく　待ちに待った　やっと
皆々様　死ぬ　死亡　死去　生存　生きる　四
死　九　苦　喜ぶ　うれしい　楽しい　穏やか

例　**×まだまだ長生きしてほしかったのに**
○ご回復をお祈りしておりましたが

基本マナーQ&A

Q 切手を何枚も貼るのは失礼ですか？

A

見た目に美しくない、差出人の記されたスペースが見にくい、ありあわせで間に合わせたようで不愉快、などの理由から、あまり好感は持たれません。特にていねいにしたいのであれば、1枚でおさめるのがよいでしょう。どうしても、という場合でも、2〜3枚を目安にするのが無難です。

Q 手紙でよく見る「お喜び」と「お慶び」の違いは？

A

「喜」は物事をうれしがるときに、「慶」は、めでたいことを祝うときに使います。自分側のことには普通「慶」は使わず、新年などのおめでたい状況や、相手の吉事を祝福する場合には「慶」が一般的。「喜」はどちらの場合にも使えるので、本書ではこちらで統一しています。

Q 頭語や時候の挨拶など、なぜ面倒なルールがあるの？

A

用件だけを的確に簡潔に伝えたいのなら、内容を箇条書きにして、敬語なども取り払ったほうがわかりやすいというものです。とはいえ、そこに「相手を敬う」「相手を思いやる」心があるからこそ、形をととのえ、ていねいな言葉を添える必要が生じてくるのです。

手紙の書き出しで「これから申し上げます」と宣言する頭語、季節を伝え安否を気遣う時候の挨拶。これらは手紙特有の面倒なルールと思われがちですが、どちらも相手への思いやりなのです。

ルールに即して書けば、誰に出しても失礼にならない、ていねいな手紙が書けるようになります。便利な作法と考えて、気楽に覚えていきましょう。

第2章

手紙上手の基本

季節の挨拶

- 年賀状
- 暑中・寒中見舞い
- 1月(睦月)
- 2月(如月)
- 3月(弥生)
- 4月(卯月)
- 5月(皐月)
- 6月(水無月)
- 7月(文月)
- 8月(葉月)
- 9月(長月)
- 10月(神無月)
- 11月(霜月)
- 12月(師走)

季節の挨拶

四季の移り変わりを味わい、知人の安否を気遣う習慣は、日本人が昔から大切にしてきたもの。思いついたときに近況報告を添えて送れば、相手にとっても思いがけない喜びになります。

こうすれば好印象に

季節感を出す
季節を感じさせる要素を盛り込むとさわやかな印象になります
・**梅香る季節**

身近な変化を伝える
季節や身の回りの変化を伝え、相手と時間を共有するつもりで書きましょう
・**すっかり日が伸びました**

明るい話題を選ぶ
深刻な内容は避け、明るい話題や相手が喜びそうな話題にすることが大切です
・**念願の海外赴任が決まりました**

相手の状況にふれる
相手や相手の家族の安否、近況を尋ね、気にかけていることを伝えます
・**ご主人もお変わりありませんか**

これは失礼にあたります

自分のことばかり書く
自分側の報告だけで終わる手紙は、一方的で、自慢や愚痴のための手紙という印象を与えてしまいます

何枚も書き連ねる
長い手紙は季節の挨拶に向きません。込み入った内容を知らせるものではないので、気軽に読める短めの文を心がけます

暗い話題
相手に手紙を受け取る喜びを届け、今後の関係継続を願って送るものです。相手を不安にさせる話題は避けましょう

時期を逃す
年賀状や寒中見舞いなど送るべき時期が限られているものは、期間内に届かないと間が抜けた印象になります

季節感の盛り込み方

時候の言葉を使う
初夏の候、春爛漫の折など、季節に合った表現を使うと、それだけで趣のある手紙になります
・**向寒の候、いかがお過ごしですか**

折々の自然を織り込む
季節とともに移り変わる動植物や天候など、身の回りの変化を伝えて季節の到来や去就《きょしゅう》をわかち合います
・**庭の辛夷《こぶし》が咲きました**

季節の行事を織り込む
雛《ひな》祭り、端午の節句、クリスマスなど、季節感のある行事にふれて相手の近況を尋ねたりこちらの近況を伝えたりします
・**お盆の帰省はされましたか**

気候に合わせて体調を気遣う
寒い時期には寒さや足元の悪さ、暑い時期には日射病、季節の変わり目など、その季節らしく安否を尋ねることができます
・**日に日に涼しくなってまいります。体調を崩されませんように**

年賀状の起源
平安時代の学者、藤原明衡《あきひら》が書いた手紙の例文集に年始の挨拶の文例があったことから、当時の貴族社会には年賀状がやりとりされていたことがわかります。

平安貴族たちが季節の和歌を送り合っていたことも有名で、どちらの手紙文化も時代を経て一般民衆に広まっていきました。

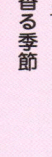

季節の挨拶のマナー

年賀状や暑中見舞いなどは決まった時期を逃さぬように。
また、喪中などのルールを知っておくことも大切です。

出す時期

種類	時期	ポイント
年賀状	1月1日～1月7日(元日～松の内)の間	なるべく12月20日頃までに投函し、元日に届くように送る
寒中見舞い	1月8日～2月4日頃(松過ぎ～立春)の間	この時期より前は年賀状、過ぎたら余寒見舞い
余寒見舞い	2月4日頃～2月末日(立春以降)の間	寒冷地では2月いっぱいまで寒中見舞いとしてもよい
暑中見舞い	7月7日頃～8月8日頃(小暑～立秋)の間	実際に梅雨が明けてからがよい
残暑見舞い	8月8日頃～8月末日(立秋以降)	期限は処暑(8月24日頃)までともいわれ、あくまで目安
喪中欠礼	12月上旬～中旬	⬇文例はP286参照

喪中のマナー

- 近親者(一般的には父母、子、配偶者、兄弟姉妹、祖父母)に不幸があった場合、その後一年間を喪中とし、年賀状のやりとりをしません
- 年賀状の準備が始まる12月上旬から中旬までに、これまで年賀状のやりとりがある相手を中心に喪中欠礼を出します
- 年末の不幸で喪中欠礼が間に合わない場合や、相手から年賀状が届いてしまった場合は、松の内が明けてから寒中見舞いを出してお詫びやお礼をします

季節の挨拶 基本の形

挨拶状

前文 / 主文 / 末文

❶拝啓　❷梅花の匂う季節となりましたが、❸お義父様、お義母様にはお変わりなくお過ごしでしょうか。日頃はなかなかご挨拶ができず、申し訳ございません。❹こちらでは皆で元気にしております。

❺子どもたちが春休みに入りましたら遊びに伺いたいと思っております。そのときはまた改めてご連絡いたしますが、取り急ぎ書中にて、ご無沙汰のお詫びも兼ね、ご挨拶申し上げます。

❻朝晩の寒さがまだまだ身にしみるこの頃です。お風邪など召されませぬよう。

敬具

❶頭語
❷季節の言葉
❸健康・安否を尋ねる
❹安否を知らせる
❺報告・お礼など
❻結びの言葉・結語
※結びの言葉にもなるべく季節をからめる

年賀状

これだけは書くという人も多い挨拶状の一つ。パソコンを使い、自宅でプリントしたものを使う例も増えてきました。気軽に作成できるようになった分、添えるメッセージには心を込めたいものです。

好印象

相手に合った賀詞を使う
目上の人には失礼のないよう、改まった賀詞を使います（下記参照）

近況報告を添える
相手に応じた報告やメッセージを添えれば、もらってうれしい年賀状になります

元日に着くように出す
新年の挨拶が相手にもすがすがしさを感じさせます

手書きの一言を添える
印刷した文面でも、メッセージが一言あるだけで温かみが増します

失礼

新年にふさわしくない言葉
病、倒、亡などの不吉な文字はおめでたい新年に水をさします。また、一日に着かないことが明らかな場合に「元旦」はふさわしくありません

印刷の文面だけ
簡単に作成できる分、それだけでは味気ない印象に

ていねい度 ✎✎✎

上司◀…年賀状

謹賀新年
皆様にはさわやかな新年をお迎えのこととお喜び申し上げます。
旧年中はひとかたならぬご厚誼にあずかりまして、厚くお礼申し上げます。
本年のご多幸を心よりお祈り申し上げます。
□□○年　元旦
〒107-0052
東京都港区赤坂○○一-二-五
長居法子
旧年中はお世話になりました。
本年も何卒よろしくお願い申し上げます。

賀詞の使いわけ

目上の相手
- 謹賀新年
- 恭賀新年
- 謹んで新年（年始、年頭、初春）のお喜び（ご祝詞）を申し上げます
- 明けましておめでとうございます
- 新春を寿《ことほ》ぎ謹んでご挨拶申し上げます

親しい相手
- 賀正　●慶春《けいしゅん》
- 迎春　●頌春《しょうしゅん》
- A HAPPY NEW YEAR

ていねい度

恩師◀…年賀状

謹んで新年のご祝詞を申し上げます
お元気でお過ごしでしょうか。
今年一年が、先生にとって幸多き年になりますよう、
心よりお祈り申し上げます。

〒114-0000
東京都北区〇〇十三-二　パレス十条二〇一
遠藤京子

ていねい度

先輩◀…年賀状

明けましておめでとうございます
旧年中は公私ともに大変お世話になりました。
よき新年を迎えられたのも、熱心なご指導のおかげと喜んでおります。
本年も変わらぬご指導のほどをお願いいたしますとともに、新しい年がご一家にとってよい年でありますよう、お祈り申し上げます。

状況別書き換え

相手を気遣う

●ご家族おそろいで、輝かしい新年をお迎えのことと存じます
●皆様には、健やかに新春をお迎えのこととお喜び申し上げます

ご無沙汰している相手へ

●すっかりご無沙汰しており、申し訳ありません
●今年こそお会いできるのを楽しみにしております

お世話になった相手へ

●昨年中に賜りましたご厚情に深く感謝いたします
●昨年中はお世話になりました。本年もよろしくお願い申し上げます
●本年もよろしくご指導くださいますようお願いいたします。私もさらに邁進するよう努めてまいります

親しい相手へ

●お互い、よい年にしたいものです
●先日はとても楽しかったですね。今年も、変わらぬお付き合いをお願いします

結びの言葉

●本年も皆様にとりまして幸多き年でありますようお祈り申し上げます
●皆様のご健康とご活躍をお祈り申し上げます

暑中・寒中見舞い

暑さ、寒さが厳しい折に相手の体調を気遣って出すのが暑中・寒中見舞い。寒中見舞いは、相手やこちらが喪中の場合に、年賀状に代わる挨拶状とすることもあります。

好印象

期限を守って出す

暑中見舞いは立秋まで、寒中見舞いは立春までと、それぞれ期限が決まっています。もっともふさわしい時期に送ることが大切 ⬇P35参照

体調を気遣う

暑さ・寒さの厳しい季節には、健康を思いやる一言が胸に響きます

季節感のある文面・デザイン

年賀状のおめでたい雰囲気に対し、夏らしさや冬らしさを演出したものが喜ばれます

お詫びとお礼をしっかりと

挨拶とともに日頃の感謝やお詫びを改めて伝えることで、今後の付き合いにつながる手紙になります

失礼

季節を無視する

梅雨が明ける前に残暑見舞いを出す、新年早々に寒中見舞いを出す…。このように季節を考えていない手紙は相手に違和感を与え、非常識な印象を持たれてしまいます

ていねい度

上司◀…暑中見舞い

暑中お見舞い申し上げます

猛暑が続きますが、お変わりなくお過ごしのことと存じます。

平素は何かとお世話になり、ありがとうございます。おかげ様で、私どももつつがなく暮らしております。

暑さはまだまだおさまる気配がありませんが、ご自愛のほど、お祈り申し上げます。

□□○年 ❶盛夏

書き換え表現

❶ **盛夏**
七月／文月／八月／葉月
※残暑見舞いの場合…晩夏／立秋／葉月

❷ **お年始のご挨拶**
お年始状／新年のご挨拶／年頭のご挨拶／年末年始のご挨拶
※喪中の場合、「年賀状」というおめでたい表現は控えます

❸ **遠慮させて**
辞退させて／控えさせて

ていねい度

寒中見舞い（喪中に賀状を出した）

寒中お見舞い申し上げます

このたびはご服喪中とは存じ上げず、②お年始のご挨拶を申し上げてしまい、大変失礼いたしました。

ご家族の心中はいかばかりかとご拝察申し上げます。遅ればせながら、ご尊父様のご冥福を心よりお祈り申し上げます。

酷寒の折から、くれぐれもお体を大切になさってください。

ていねい度

寒中見舞い（喪中に賀状を受けた）

寒中お見舞い申し上げます

先日はごていねいなお年始状をいただきまして、誠にありがとうございます。

昨年十一月に祖母が急逝いたしましたため、年頭のご挨拶を③遠慮させていただきました。ご通知が遅れましたお詫びを申し上げますと同時に、例年と変わらぬご交誼のほど、何卒よろしくお願い申し上げます。

寒さ厳しき折、どうかご自愛専一に。

状況別書き換え

体調を気遣う

●連日の猛暑です。熱射病にはお気をつけください

●厳しい冷え込みが続きます。どうかご自愛専一に

喪中を知らずに年賀状を出したお詫び

●存じ上げなかったとはいえ、新年のご挨拶を差し上げてしまい、大変失礼いたしました

●お父様のこと、何も存じ上げず、大変な無礼をいたしました

喪中欠礼が行き届かなかったお詫び

●本来ならば旧年中にお知らせしなければならないところ、ご通知が遅れましたこと、深くお詫び申し上げます

●ご挨拶が行き届かなかった不手際、どうかお許しください

喪中の相手に出す年頭の挨拶

●ご服喪中と存じ、新年のご挨拶を控えさせていただきました

故人に届いた年賀状への返事

●このたびは、ごていねいなお年始状をいただきありがとうございました。実は、父○○は昨年の九月に他界いたしました。誠に申し訳ございません。ご通知が遅れましたこと、故人との生前のご交誼に感謝申し上げますとともに、△△様のご健康を心よりお祈り申し上げます

1月（睦《む》月《つき》）

January				1 元日 ▶上旬	2 書き初め	3
4 官庁御用始め	5	6 小寒	7 七草がゆ→松の内	8 成人の日（第2月曜日）	9	10
11 鏡開き ▶中旬	12 宮中歌会始	13	14	15 小正月	16 やぶ入り	17
18 初釜	19	20 大寒	21 ▶下旬	22	23	24
25	26 文化防災デー	27	28	29	30	31

※年により日が変わる可能性あり

書き出し

改まった相手へ

・上旬・

- 皆様におかれましては、よき初春をお迎えのことと存じます
- 新春を寿ぎ、謹んでお喜びを申し上げます
- ご家族おそろいで、和やかな初春をお迎えのことと存じます
- 初春にふさわしい、まさに穏やかな日々が続いております

・中旬・

- 松の内の賑わいも過ぎ、寒さもひとしお厳しくなってまいりました
- 鏡開きの時期も終わり、平常の慌ただしさに戻った昨今でございます
- 寒に入り寒さも厳しくなりました。皆様、風邪などお召しではいらっしゃいませんか
- 暖冬とは申しましても、朝晩の冷え込みは身体にこたえます

・下旬・

- 大寒を過ぎ、寒さも極まれりの感が否めません

親しい相手へ

・上旬・

- ご家族おそろいで、よいお正月をお迎えのことでしょう
- 新年を迎え、身も心も新たな気分でお過ごしのことと思います
- お屠蘇でも飲んで上機嫌な日々をお過ごしのことでしょう
- 初日の出が思いのほか美しく照り輝く今年の幕開けでした

・中旬・

- 正月気分もようやく薄れ、いつもの平常な日々が戻ってきました
- 新成人のまばゆいくらいの晴れ着姿についつい懐かしい頃のことを思い浮かべてしまいました
- いよいよ本格的な寒さも到来、何かと厳しい日々が続きます
- 強烈な寒さと乾燥した空気、風邪をひきやすい季節となりました

・下旬・

- 大寒の文字どおり、まさに寒さの極みの日々です

自然・動植物

本格的な寒さ到来、自然の様を冒頭や結びに盛り込みましょう

寒波　冬晴れ　雪晴れ　吹雪　南天　福寿草　寒椿
葉牡丹　寒菊　みかん　鶴　白鳥　初雁《はつかり》　寒雀《かんすずめ》

風物詩

お正月、新年ならではの行事を文章にからめると、雅趣です

初日の出　初詣　おみくじ　初夢　事始め
年賀状　門松　しめ飾り　松竹梅　年始回り
書き初め　お年玉　お節料理　お雑煮　お屠蘇《とそ》
初釜　祝い箸　七草がゆ　鏡餅　鏡開き　小豆がゆ
福笑い　かるた取り　凧揚げ　羽根つき　こま回し
すごろく　初荷《はつに》　初売り　福袋　箱根駅伝　初場所
大学入試センター試験　成人式　やぶ入り

時候の言葉

▼初春の候　▼新春の候　▼厳寒の候
▼仲冬の候　▼大寒の候　▼酷寒の候
▼寒冷の候

※「～のみぎり」「～の折」という表現を用いてもOKです

●時折の陽光がうれしい今日この頃でございます

●久し振りの積雪、お子様から雪だるま作りなどせがまれていませんか

結び

改まった相手へ

・上旬・

●本年の皆様のご多幸とご健康を心よりお祈り申し上げます
●今年も変わらぬご厚情のほど、よろしくお願い申し上げます

・中旬・

●寒さ厳しい折、お風邪などお召しにならぬよう、ご自愛くださいませ
●朝夕は道路なども凍るほどの寒さです。お足元にご注意くださいませ

・下旬・

●本格的な寒さが身にしみる昨今、くれぐれもご自愛ください
●寒さもますます激しくなりそうです。お風邪など召されませぬように

親しい相手へ

・上旬・

●新しい年の始まりです。お互い、切磋琢磨で頑張りましょう
●昨年同様、本年もどうかよろしくお願いします

・中旬・

●季節柄風邪などひかぬように、お身体にはご注意ください
●もう松の内も過ぎました。お酒はそろそろ控えめでいきましょう

・下旬・

●一月ももう終わり。くれぐれも早すぎる時の流れに惑わされぬように生きたいものです
●春まだ遠い季節ですが、お互い寒さに耐えて頑張りましょう

2月（如月《きさらぎ》）

February				1 プロ野球キャンプ解禁 ▶上旬	2	3 節分
4 立春	5 初午	6 さっぽろ雪まつり（北海道）	7	8 針供養	9	10
11 建国記念の日 ▶中旬	12	13	14 聖バレンタインデー	15 涅槃会（ねはんえ）	16	17
18 雨水	19	20	21 ▶下旬	22 世界友愛の日	23	24
25 道真忌	26	27	28	29 うるう日＊		

※年により日が変わる可能性あり　＊…4年に一度の29日

書き出し

改まった相手へ

●上旬●

●暦の上では春とはいえ、寒い毎日が続きます。いかがお過ごしですか

●節分も過ぎ、そこかしこで春の訪れを感じます

●突然の大雪で春が遠のく思いです

●寒気去りがたい今日この頃ですが、体調はいかがでしょうか

●中旬●

●日一日と恋しかった春の気配が忍び寄る昨今でございます

●ようやく寒気もやわらいで、のどかな季節が近づいてまいりました

●梅の花もちらほらとふくらみ始め、春の訪れを感じる今日この頃です

●余寒なお厳しき折、皆様、お変わりありませんか

●下旬●

●桃の節句も近づき、うららかな日差しが差し込む季節となりました

●日々の寒さの中にも、幾分か春の気配を感じるこの頃です

親しい相手へ

●上旬●

●立春とは名ばかりの寒さ厳しい毎日です

●節分に初めて恵方巻きを試しました。なかなか楽しいものです

●節分に食べる豆の数も、お互いまた一つ増えましたね。時の早さを感じます

●部屋にこもってのんびり熱燗で一杯がいちばん、といった毎日です

●中旬●

●溶け出した雪がまるで雨音のように響き、春の訪れを感じます

●バレンタインの飾り付けで街中が華やかな今日この頃です

●時折、窓から心地よい風が吹き込む昨今となりました

●待ち望んだ春がもうそこまで来ている、そんな陽気が感じられます

●下旬●

●梅に続き桃も咲き始め、ようやく訪れる春をすぐそこに感じます

自然・動植物

暦上は春ですが、寒気厳しい2月の様子を文章に織り込みましょう

立春　寒明け　残寒　余寒　キタキツネ
ふきのとう　梅　猫柳　雪割草《ゆきわりぐさ》　水仙

風物詩

節分などの行事や冬ならではのスポーツも盛ん。季節感を出して

節分　豆まき　鬼　恵方巻き　柊　いわしの頭
バレンタインデー　チョコレート　愛の告白
針供養　紀元節（建国記念の日）　文化勲章令
うるう日　草花の種苗の注文　スキー　スケート
雪合戦　かまくら　雪だるま
鍋料理　金柑　初午　稲荷神社
涅槃会《ねはんえ》　お釈迦様の命日

時候の言葉

▼余寒の候　▼残寒の候　▼向春の候
▼晩冬の候　▼立春の候　▼春寒の候
▼梅花の候

※「〜のみぎり」「〜の折」という表現を用いてもOKです

●日中はコートなしでもしのげるほどの陽気になってきました

結び

改まった相手へ

・上旬・

●暦では春といえ寒さはまだまだ本格的。お身体、おいといくださいませ

●春はまだ遠そうですが、お身体ご自愛ください

・中旬・

●如月の風はまだまだ冷たいようです。風邪にご用心くださいませ

●雪解け水でぬかるむ道もございます。お足元などには、ぜひとも、ご注意くださいませ

・下旬・

●過ごしやすい春の陽気の春になりましたら、久し振りにお目にかかりたいものです

親しい相手へ

・上旬・

●春とはいえど、寒さ厳しい毎日です。風邪などにご注意くださいませ

●そこかしこに春の便りを感じる季節が待ち遠しいですね

・中旬・

●ご都合がつくようでしたら、温かい鍋でも囲んでじっくりとくつろぎたいものですね

●まだまだ寒さが残るこの頃です。健康にはご留意くださいませ

・下旬・

●春はすぐそこです。くれぐれも風邪にはご用心くださいませ

●近づく春を待ちわびながら、お互い元気で過ごしましょう

3月（弥生《やよい》）

March				1 ▶上旬	2	3 桃の節句 （雛祭り）
4	5	6 啓蟄	7 消防記念日	8 国際婦人 デー	9	10
11 ▶中旬	12	13	14 ホワイト デー	15	16 所得税確定 申告期限	17
18 彼岸入り	19	20 動物愛護 デー	21 春分の日 ▶下旬	22	23 世界気象 デー	24 彼岸明け
25	26	27	28 利休忌	29	30	31 会計・学年 年度末

※年により日が変わる可能性あり

書き出し

改まった相手へ

・上旬・

●余寒もようやく薄れ、ひと雨ごとに暖かさが増す季節となりました

●桃の節句も過ぎ、季節はすっかり春めいてまいりました

●弥生となり、樹木のつぼみもふくらむ頃です

●春一番が吹いたと同時に、空気も暖かくなってまいりました

・中旬・

●三寒四温の言葉どおり、ようやく季節も春めいてまいりました

●お水取りも過ぎ、ようやく本格的な春を肌に感じるこの頃です

●そこかしこに早春の息吹を感じる頃です。お変わりありませんか

●小川のほとりに猫柳を見つけました。こんなところにも春を感じる昨今でございます

・下旬・

●彼岸を境に日ごとに暖かくなる今日この頃です

親しい相手へ

・上旬・

●思いもよらない春の大雪に、季節が逆戻りかと思ってしまいました

●卒業シーズンを迎えられ、何かと気ぜわしいことでしょう

●桃の節句も過ぎ、ようやく過ごしやすい季節となりました

●ようやく待ちに待った春です。いかがお過ごしでしょうか

・中旬・

●水ぬるむ頃となりました。そちらの花便りはいかがですか

●小川のせせらぎにも、暖かさを感じる今日この頃でございます

●厚手のコートも不要な季節となってまいりました。お元気ですか

●季節はもう春です。そろそろ花便りも聞こえてくる頃でしょうか

・下旬・

●お彼岸が過ぎ、本格的な春の訪れです。お元気でいらっしゃいますか

●一月、二月、三月は早く過ぎると申

自然・動植物

ひと雨ごとに寒さが緩む季節です。手紙の文章もやわらいだ気分で

早春　花見月　春寒　春暖　三寒四温

菜の花　桃の花　つくし　牡丹　沈丁花

風物詩

卒業式、雛祭り、春の訪れ、明るい手紙になりそうな季節

雛祭り　雛人形　ひし餅　雛あられ　白酒

お彼岸　ぼた餅　お墓参り

お水取り　東大寺二月堂　お松明

卒業式　卒業証書　卒業旅行

ホワイトデー　耳の日

春休み　桜前線

時候の言葉

▼早春の候　▼浅春の候　▼春寒の候

▼浅暖の候　▼孟春の候　▼弥生の候

▼春陽の候

※「〜のみぎり」「〜の折」という表現を用いてもOKです

●新学期、入学シーズンが近づき、街中も活気づく昨今でございます

しますとおり、あっという間に花の季節となりました

結び

改まった相手へ

・上旬・

●残雪の中から春の息吹が聞こえる昨今、暖かい季節もすぐそこです

●朝晩はまだまだ冷え込みます。ぜひともご自愛ください

・中旬・

●季節の変わり目です。体調など崩されないようお祈り申し上げます

●春とはいえ、朝晩はまだまだ冷え込む季節。お身体お大事に

・下旬・

●すぐそばに立派な桜がございます。桜前線の便りがささやかれる頃には、ぜひ、皆様でお越しください

●花時は天候不順の季節でもあります。風邪にご用心くださいませ

親しい相手へ

・上旬・

●暖かいといっても季節の変わり目。体調にはご注意をお願いします

●気分も華やぐ春はすぐそこ。お互い、元気で頑張りましょう

・中旬・

●三寒四温と申します。今しばらくで春の過ごしやすい季節となることでしょう

●暖かい陽気に誘われて、出かけたくなりますね

・下旬・

●また新しい季節が始まります。お互い、楽しみですね

●桜前線の便りが届くころに、ぜひ一献お付き合いくださいませ

4月（卯《う》月《づき》）

April				1 エープリルフール ▶上旬	2	3
4	5 清明	6 春の全国交通安全週間	7 世界保健デー	8 花祭り	9	10
11 ▶中旬	12	13 水産デー、十三参り	14	15	16	17
18 発明の日	19	20 穀雨、郵便週間	21 ▶下旬	22 アースデー	23	24
25	26	27	28	29 昭和の日	30 図書館記念日	

※年により日が変わる可能性あり

書き出し

改まった相手へ

●上旬●

●まさに春爛漫、心も華やぐ季節となりました。いかがお過ごしですか

●花便りが聞かれる頃と相なりました。お元気でいらっしゃいますか

●風に舞う花びらが目にまぶしい今日この頃です。ご機嫌いかがですか

●新入学の初々しい子どもたちの姿につい笑顔がこぼれます

●中旬●

●春光うららかな季節となりました

●花散らしの雨が降り、もう行く春を惜しむ頃となりました

●春眠暁を覚えずと申しますとおりの心地よい季節と相なりました

●穀雨と申します。降る雨にも、やさしい温かさを感じます

●下旬●

●新芽の緑が鮮やかに照り映える頃でございます

●若葉萌えいづる頃、皆様、いかがお過ごしでいらっしゃいますか

親しい相手へ

●上旬●

●足早に北上する桜前線に心弾む毎日です。皆様、お元気ですか

●お花見で久し振りにお酒を楽しみました。そちらはいかがですか

●ピカピカのランドセルで通学する子どもたちを見ていると、こちらまで心弾んでしまう今日この頃です

●中旬●

●春風が素肌に心地よく、ついふらりと散歩にでも出たくなる毎日です

●小川のせせらぎ、鳥のさえずり、木々の緑、まさに春真っ盛りです

●続く春雨ですっかり桜花も散りました。行く春は早いものですね

●夜になっても、おぼろ月夜がやさしく心を和ませてくれます

●下旬●

●近づく連休に心躍るこの頃です。楽しいご計画などはありますか

●若葉まばゆい、過ごしやすい毎日です。皆様にはお変わりありませんか

自然・動植物

待ち望んだ季節の到来。春たけなわの自然の様子を文章に

春爛漫　陽春　桜　タンポポ　菜の花
チューリップ　山菜　筍　ツバメ　スズメ

風物詩

新学期の始まり、お花見など、春らしい話題を盛り込みましょう

入学式　新品の制服　ランドセル
桜、お花見　三色団子　桜餅
花祭り　お釈迦様の誕生日　甘茶
エープリルフール
春の全国交通安全週間　郵便週間
昭和天皇ご生誕の日(昭和の日)
読書　図書館記念日

時候の言葉

▼陽春の候　▼春暖の候　▼仲春の候
▼麗春の候　▼春爛漫の候　▼春風の候
▼桜花爛漫の候　▼清和の候

※「〜のみぎり」「〜の折」という表現を用いてもOKです

●花盛りが過ぎ去り、野山の緑が濃さを増しております

●心地よい風と鮮やかな緑。旅行にうってつけの季節です

結び

改まった相手へ

●上旬●

●このところ花冷えの夜が続きます。つい薄着になりがちな季節ですが、お身体、おいといください

●新天地でさらなるご手腕を発揮されますことをお祈りいたします

●中旬●

●温かい春の雨も、時折冷たい雨に変わると申します。ご自愛専一に

●花冷えの頃とも申します。お風邪などお召しにならぬように

●下旬●

●連休はすぐそこです。ご家族で楽しい計画などご立案くださいませ

●行く春は早いものでございます。惜しみつつ季節を見送りましょう

親しい相手へ

●上旬●

●つい眠くなる季節ですが、新年度につき、お互い、気を引き締め頑張りましょう

●桜の季節はあっという間、見頃が終わらぬうちに出かけましょう

●中旬●

●春雨も、ときに冷たいこともございます。お身体、ご自愛のほどを

●心地よい春風に誘われて、久し振りにお話でもしたいですね

●下旬●

●待ちに待った連休のシーズン、楽しい計画でリフレッシュしましょう

●はや皐月《さつき》の声も聞こえる頃です。お互い、健やかに過ごしましょう

5月（皐《さ》月《つき》）

May				1 メーデー ▶上旬	2 八十八夜	3 憲法記念日
4 みどりの日	5 端午の節句（こどもの日）	6 立夏	7	8 世界赤十字デー	9	10 愛鳥週間
11 ▶中旬	12	13 母の日（第2日曜）	14	15 沖縄復帰記念日	16	17
18	19	20	21 小満 ▶下旬	22	23	24
25	26	27	28	29	30	31 世界禁煙デー

※年により日が変わる可能性あり

書き出し

改まった相手へ

●上旬●

●風薫るさわやかな季節、ご機嫌麗しくお暮らしのことと思います

●目には青葉　山ほととぎす　初かつおの句どおり、大変よい季節です

●雨上がりの若葉が、やさしい五月の光にきらめく様も美しい頃です

●八十八夜も過ぎ、誰もが活動的で意欲みなぎる季節となりました

●中旬●

●桜に代わって街路樹のツツジが盛りを迎えた今日この頃です

●あざやかなバラが華やかに咲き誇る季節、お変わりありませんか

●行く春が惜しまれる今日この頃でございます。ご機嫌いかがですか

●若葉の緑が目にしみる好季節、貴家ご清祥のことと存じます

●下旬●

●残春の一時、皆様には、大変ご無沙汰いたしております

●晩春の一時、お変わりなくお過ごし

親しい相手へ

●上旬●

●家に初めて鯉のぼりを立ててみました。とても優雅に泳いでおります

●皆様、ゴールデンウィークは有意義にお過ごしでしたか

●五月晴れの澄みきった青空を泳ぐ鯉のぼりが気持ちよさそうです。その後、いかがお過ごしですか

●中旬●

●暑からず寒からず、一年のうちでも特に過ごしやすい季節となりました

●五月晴れの好天が続く昨今です。お元気でいらっしゃいますか

●緑照り映える季節です。連休の疲れなどお残りではありませんか

●暦上は夏の始まり。日中など汗ばむほど気温も上がってまいりました

●下旬●

●街には半袖姿も見受けられるようになり、はや初夏の足音が聞こえてくる季節となりました

●少し汗ばむほどの陽気に、初夏の足

自然・動植物

活動的な自然の様や旬の食材を上手に盛り込んで

風薫　新緑　青葉　晩春　立夏
菖蒲　バラ　レンゲ　初鰹

風物詩

大型連休、子どもの行事などの予定を尋ねてもよいですね

メーデー　労働者集会　八十八夜、茶摘み
大型連休　ゴールデンウィーク　博多どんたく　葵祭
端午の節句　鯉のぼり　かぶと　武者人形
菖蒲湯　ちまき　柏餅　鐘馗様《しょうきさま》
金太郎　児童福祉週間　母の日　カーネーション
贈り物　愛鳥週間

時候の言葉

▼新緑の候　▼薫風の候　▼若葉の候
▼晩春の候　▼青葉の候　▼薄暑の候
▼立夏の候　▼梅夏の候

※「～のみぎり」「～の折」という表現を用いてもOKです

のことと存じます

音を感じてしまう昨今です

結び

改まった相手へ

●上旬●

●木の芽時は体調を崩しやすい季節と申します。皆様のご健康の段、お祈り申し上げます

●連休疲れなどで体調をお崩しにならぬよう、ご自愛ください

●中旬●

●新緑のようにすがすがしいお気持ちでお過ごしください

●新茶をいただきながら一筆したためた次第です

●下旬●

●初夏の風に吹かれ、散歩になど出かけたいものですね

●向夏の折、暑さも増す頃です。御身おいといくださいませ

親しい相手へ

●上旬●

●さわやかな季節の半面、五月病などという言葉もございます。お互い、心の疲れも十分に癒しましょう

●季節柄菖蒲湯でも立てて、全身のリフレッシュに努めましょう

●中旬●

●このさわやかな季節にこそ、身も心もしっかり調整しておきたいですね

●何かと活動的な季節の到来です。お互い楽しみましょう

●下旬●

●春から夏へ、季節の変わり目です。健康には十分留意しましょう

●衣替えの時期もすぐそこ。慌てないよう準備は早いうちがいいですよ

6月（水無月《みなづき》）

June				1 衣替え ▶上旬	2	3
4 虫歯予防デー	5 世界環境デー	6 芒種	7	8	9	10 時の記念日
11 入梅 ▶中旬	12	13	14	15	16	17 父の日（第3日曜）
18	19 桜桃忌	20	21 ▶下旬	22 夏至	23 オリンピックデー	24
25	26	27	28	29	30 大祓（おおはらえ）	

※年により日が変わる可能性あり

書き出し

改まった相手へ

・上旬・

●道行く人の服装も軽やかで、初夏を感じる今日この頃でございます

●報道によれば入梅も間近のようです。体調ご万全でお過ごしですか

●雨に似合う紫陽花の花が咲き始め、梅雨の入りを感じます。お変わりなくお過ごしですか

●初夏の風がさわやかな季節となりました

・中旬・

●六月ももう半ば、梅雨空が続きますが、気温はもう夏の蒸し暑さです

●長雨の合間に見事な青空が見えた本日でした。すがすがしい気分です

●梅雨明けかと思えば、再び連日の雨。晴天を待ちわびる毎日です

●今年もはや半年を過ぎてしまいました。ご無沙汰ばかりですみません

・下旬・

●梅雨明けが待たれる毎日です。体調などお変わりございませんか

親しい相手へ

・上旬・

●街で学生の真っ白な夏服を見かけ、初夏の始まりを感じてしまいました

●教会で華やかな結婚式が行われていました。ジューンブライドの言葉どおり結婚シーズンのようです

●梅雨入りの報道が気にかかる季節になってきました。お元気ですか

●冬物の整理収納はもうおすみですか。毎年、本当に面倒で困ります

・中旬・

●今年は空梅雨《からつゆ》で雨が降りません。全国的な異常気象が気になります

●本日は、梅雨を通り越して夏を思わせるほどの好天でした

●久し振りの澄みきった青空に、すがすがしい気分の一日でした

●本日まさに梅雨入りでした。例年のように当分はうっとうしい日々ですね

・下旬・

●梅雨明けを心待ちにする今日この頃です。ご機嫌いかがですか

自然・動植物

紫陽花など、うっとうしい天候を素敵に演出する自然を文章に

初夏　入梅　梅雨　そら豆　蒸し暑さ
カエル　カタツムリ　紫陽花　花菖蒲

風物詩

6月の手紙に欠かせないのが梅雨、雨関連の挨拶です

衣替え　夏服
田植え　入梅　梅雨　てるてる坊主　雨　傘
空梅雨　梅雨晴れ
父の日　白いバラ　贈り物
結婚式　ジューンブライド　夏至
薪能　一年の半分
虫歯予防デー　時の記念日

時候の言葉

▼初夏の候　▼向暑の候　▼向夏の候
▼入梅の候　▼梅雨の候　▼麦秋の候
▼薄暑の候　▼青葉の候

※「〜のみぎり」「〜の折」という表現を用いてもOKです

●昨日は、照り輝く太陽の日差しが夏のように強烈な一日でした

●こちらは先週から梅雨入りでした。そちらのご様子はいかがですか

結び

改まった相手へ

・上旬・

●梅雨入り前ではありますが、気温は夏の陽気です。体調などお崩しにならないよう願っております

●天候不順が続きます。ご健康にはぜひともご留意くださいませ

・中旬・

●梅雨明けには今しばらくの辛抱です。お元気でご活躍くださいませ

●当分は雨続きになりそうですが、気分まで滅入らぬよう祈っております

・下旬・

●今年は各地で梅雨冷えのようです。お風邪などお召しにならぬように

●季節はまさに夏に向かっています。お身体、ご自愛くださいませ

親しい相手へ

・上旬・

●軽やかになった服装に合わせて、気分もリフレッシュでいきましょう

●梅雨入り報道が気になる毎日ですが、夏の到来を願って待ちましょう

・中旬・

●時折朝晩冷える日もございます。薄着の就寝にご注意を

●うっとうしい天候が続きますが、夏の訪れを願って頑張りましょう

・下旬・

●うっとうしい天気につられて気分まで滅入らぬよう、お互い、しゃきっといきましょう

●梅雨明けで天気も回復しましたらぜひとも一献傾けましょう

7月（文《ふ》月《づき》）

July				1 山開き、海開き ▶上旬	2 半夏生	3
4	5	6	7 七夕	8 小暑	9 ほおずき市（東京）	10
11 ▶中旬	12	13	14	15 お盆（新暦）	16 海の日（第3月曜）	17 勤労青少年の日（第3土曜）
18	19	20 土用入り	21 ▶下旬	22	23 ふみの日、大暑	24 河童忌
25 天神祭（大阪）	26	27	28	29	30	31

※年により日が変わる可能性あり

書き出し

改まった相手へ

・上旬・

- 暑中お見舞い申し上げます。本格的な夏到来です
- 梅雨が明けたとたん、うだるような猛暑続きの毎日です。
- 本格的な暑さを迎え、ますますご壮健のこととお喜び申し上げます
- 都会ではなかなか天の川も見られませんが、ふと夜空を見上げ、気分だけでも七夕に浸ってみました

・中旬・

- 梅雨にはあれだけうっとうしかった雨が恋しくなるような暑さです
- 家の周りに打ち水をしました。気分だけでも涼しさを感じます
- セミの鳴き声が夏の暑さと相まって、灼《や》けつくような毎日です
- 今年は冷夏とのこと。例年になく過ごしやすい気温ですね

・下旬・

- お子様も夏休みに入られ、うれしさひとしおの時期でしょう

親しい相手へ

・上旬・

- 本格的な暑さ、ビールがおいしい季節となりました。飲んでますか？
- 外出する際にも日焼けが気になるこの頃です。日傘が欠かせません
- 軒につるした風鈴の音を聞くだけで、ほっとしてしまうこの頃です
- 海に山にと活動的な季節となりました。ご計画などありますか

・中旬・

- 仕事終わり、キンと冷えた生ビールがたまらなくおいしい季節です
- 冷房に頼りっきりの毎日ではありませんか。お気をつけください
- 例年にないほどの高温を記録した先日でした。お変わりありませんか
- 今年は本当に涼しい冷夏です。行楽地の方々もかわいそうですね

・下旬・

- 子どもたちが夏休みに入り、騒がしい毎日となってまいりました
- ひと雨が恋しい季節です。夏の暑さ

自然・動植物

酷暑ですが、夏は何もかもが活動的です。明るい文章で

盛夏　酷暑　大暑　夕立　雷　セミ
うなぎ　金魚　ほおずき　ひまわり　枝豆

風物詩

暑さの便りが定番です。涼しさを誘う表現に留意しましょう

山開き　川開き　海開き　プール開き　夏休み
七夕　天の川　織姫　彦星　笹飾り　短冊
お中元　暑中見舞い　海の日　ふみの日
祇園祭　お盆　迎火　送火　精霊流し
土用干し　土用の丑　うなぎの蒲焼
打ち水　ほおずき市　日傘
風鈴　うちわ　扇子　生ビール

時候の言葉

▼盛夏の候　▼炎暑の候　▼盛暑の候
▼酷暑の候　▼烈暑の候　▼猛暑の候
▼仲夏の候　▼極暑の候

※「〜のみぎり」「〜の折」という表現を用いてもOKです

●大暑といわれるとおりの酷暑です。貴方のご健康をお祈り申し上げます

に負けてはいませんか

結び

改まった相手へ

●上旬●

●夏は始まったばかり、今後ますますの酷暑に耐えて頑張りましょう
●酷暑のみぎり、何卒ご自愛くださいますようお祈り申し上げます

●中旬●

●文月、ふみの日にちなんで手紙をしたためてみました。夏の暑さに負けないよう祈っております
●夏の風邪は性質が悪いと申します。ご自愛のうえ、ご活躍ください

●下旬●

●暑さますます厳しき折、ご家族の皆様のご健康をお祈りいたします
●報道によると、今後さらに暑さが増すそうです。体調にはご注意を

親しい相手へ

●上旬●

●暑さの折、冷房の効きすぎで夏風邪など召されぬようご注意ください
●風鈴、打ち水、うちわなど、暑さをしのぐ方法はいろいろあります。クーラー頼りにご注意ください

●中旬●

●時節柄、うなぎで精でもつけて、ますますご活躍くださいませ
●ご都合の調整がつくようでしたら、ぜひ生ビールでもご一緒しましょう

●下旬●

●海へ、山へ、家族そろってよいご計画を立案してお楽しみください
●夏の夜は思いがけず冷えます。寝冷えにはご注意のうえお休みください

8月（葉月《はづき》）

August

				1 ▶上旬	2 青森ねぶた祭り（青森）	3
4	5	6 広島平和記念日	7	8 立秋	9 長崎原爆忌	10
11 山の日 ▶中旬	12 阿波踊り（徳島）	13 迎火（旧暦）	14	15 終戦記念日、お盆（旧暦）	16 送火（旧暦）	17
18	19	20	21 ▶下旬	22	23	24 処暑
25	26	27	28	29	30	31 富士山お山閉じ

※年により日が変わる可能性あり

書き出し

改まった相手へ

上旬

●暦上は秋といえ、まだまだ厳しい暑さが続く毎日です

●立秋とは名ばかりの厳しい暑さの毎日です。いかがお過ごしですか

●夏の夜空を華々しく彩る花火を観賞し、一時の涼を味わいました

●残暑ひときわ身に染む昨今、お変わりありませんか

中旬

●打ち水も効果なく、暑い日が続いておりますが、そちらはいかがですか

●通勤途中で見かけるプールの情景がとても羨《うらや》ましく思えます

●夏も盛りを過ぎたとはいっても、ことのほか厳しい残暑が続きます

●例年にない暑さが続いておりますが、お変わりなくお過ごしのご様子、お喜び申し上げます

下旬

●近所の河原ですすきを見つけました。秋の気配が忍び寄ります

親しい相手へ

上旬

●連日の熱帯夜に身も心も負けてしまいそうな昨今でございます

●久し振りに子どもたちと海に行き水と戯れてまいりました。少しは生気が取り戻せたようです

●仕事終わりのビールが欠かせない毎日です。お変わりありませんか

●例年にない猛暑を記録しています。夏バテなど大丈夫でしょうか

中旬

●残暑厳しい折、お元気でお過ごしですか

●そちらは夏祭りの真っ盛りでしょう。ご無沙汰ばかりですみません

●セミの声に見守られ先祖のお参りをしました。そちらはいかがですか

●初めて盆踊りに参加しました。よい暑気払いになりましたよ

下旬

●朝夕は心なしか過ごしやすい毎日です。ご機嫌いかがですか

●涼しい季節が待ち遠しい今日この頃です

●セミの鳴き声が切なげなヒグラシに変わりました。じきに秋です

自然・動植物

暑さの中にも秋の気配が忍び寄る状況を上手に文面に

処暑　残暑　晩夏　立秋　土用波《どようなみ》
スイカ　ヒグラシ　ひまわり　朝顔

風物詩

花火や盆踊りなど、日本の夏の風情を手紙に盛り込みましょう

お盆　盂蘭盆会《うらぼんえ》　迎火　墓参り
帰省ラッシュ　渋滞　甲子園　高校野球
終戦　平和
夏祭り　盆踊り　青森ねぶた祭り　高知よさこい祭
仙台七夕まつり　徳島阿波踊り　大文字の送り火
花火大会　生ビール　地蔵盆
夏休みの宿題

時候の言葉

▼残暑の候　▼晩夏の候　▼立秋の候
▼秋暑の候　▼早涼の候　▼暮夏の候
▼新涼の候　▼残炎の候

※「～のみぎり」「～の折」という表現を用いてもOKです

結び

改まった相手へ

・上旬・

●残暑厳しい毎日ですが、お身体を大切にお過ごしくださいませ

●寝苦しい夜が続きます。健康にはぜひともご留意くださいませ

・中旬・

●帰省のご予定はいかがですか。この時期の移動は混雑します。お疲れにならぬようご注意ください

●暑さも彼岸までと申します。涼しい秋の訪れを待ちましょう

・下旬・

●そこかしこに秋の気配を感じます。過ごしやすい季節もすぐそこです

●涼しい秋の気配を心に思いながらこの手紙をしたためてみました

親しい相手へ

・上旬・

●残暑とはいえ、きつい高温が続きます。健康にはご留意を

●機会がありましたら、ご一緒に生ビールで生気回復といきましょう

・中旬・

●暑さはまだしばらく続きそうです。熱暑病にはお気をつけください

●よい夏期休暇は過ごせましたか。今年後半戦がスタートします。お互い気を引き締めて頑張りましょう

・下旬・

●お盆も終わり夏の疲れがどっと噴き出す頃です。ご自愛ください

●涼しくなった時期を見計らって、ぜひとも一献お付き合いください

9月（長《なが》月《つき》）

September				1 防災の日 ▶上旬	2	3
4	5	6	7	8 国際識字デー、白露	9 重陽の節句	10
11 ▶中旬	12	13 世界法の日	14	15	16	17 敬老の日（第3月曜）
18	19 子規忌	20 動物愛護週間	21 賢治祭 ▶下旬	22	23 秋分の日	24 清掃の日
25	26	27	28	29	30	

※年により日が変わる可能性あり

書き出し

改まった相手へ

●上旬●

●九月に入りましてもなお、日差しの強い毎日です。ご機嫌いかがですか

●日中はともかく朝夕はしのぎやすい気候になってまいりました。いかがお過ごしでいらっしゃいますか

●夕暮れの涼風が肌に心地よい頃です

●空には入道雲に代わりいわし雲が顔をのぞかせる昨今です

●中旬●

●朝夕はめっきり秋めいてまいりました。本当に過ごしやすい季節です

●秋らしい晴天が続いておりますが、いかがお過ごしでしょうか

●都会では珍しい赤トンボを見つけました。秋を実感できた気がします

●天高く馬肥ゆる秋と申します

●下旬●

●虫たちの鳴き声が涼しさを運ぶ、本当に過ごしやすい毎日です

●じっくりと読書など最適の季節となりました。ご機嫌いかがでしょう

親しい相手へ

●上旬●

●残暑も日ごとにやわらぐ今日この頃、お変わりありませんか

●風にそよぐコスモスやすすきを見ていると心から秋の訪れを感じてしまいます。いかがお過ごしですか

●晴れ渡る秋空の中、赤トンボの群れに遭遇しました。もう秋です

●心配された大型台風の上陸も免れたようでほっと一息ついております

●中旬●

●続け様に発生する台風の進路が気がかりですね。お元気ですか

●すっかりと日暮れが早くなった昨今、夜長を有意義にお過ごしですか

●先日は秋の七草がゆを堪能し、久し振りに故郷の味を思い出しました

●暑さのせいで落ちていた食欲は回復なさいましたか？

●下旬●

●気がついてみると、街行く人たちの服装はすっかりと長袖。秋ですね

自然・動植物

おいしい食材、美しい風景など、秋のよさを文面いっぱいに

初秋　台風　いわし雲　夜長　白露　鈴虫　コオロギ
赤トンボ　紅葉　コスモス　すすき　曼珠沙華

風物詩

暑さ寒さも彼岸まで。心から過ごしやすい季節を表現します

敬老の日　十五夜　お月見　団子
防災の日　動物愛護週間　秋祭り
お彼岸　お墓参り　おはぎ
秋の七草　食欲の秋　読書の秋
二百十日　台風　新学期　野分
秋日和　豊作　稲穂

時候の言葉

▼初秋の候　▼新涼の候　▼新秋の候
▼清涼の候　▼爽秋の候　▼秋涼の候
▼白露の候　▼秋冷の候　▼孟秋の候

※「〜のみぎり」「〜の折」という表現を用いてもOKです

●先日はおはぎなどをこしらえてみました。そちらはいかがでしょうか

結び

改まった相手へ

●上旬●

●残暑なお厳しき折でございます。お身体、十分にご自愛ください
●秋とはいえ日中は連日の残暑です。健康に注意のうえ、ご活躍ください

●中旬●

●もう少し涼しくなりましたら、ぜひ皆様でお越しくださいませ
●皆様、さわやかな秋を満喫されますことをお祈り申し上げます

●下旬●

●秋の夜長と申します。じっくりと読書でもお楽しみくださいませ
●ちょうど台風の進路がそちらのようで心配です。ご安全を心よりお祈り申し上げます

親しい相手へ

●上旬●

●夏バテが顔を出すのはこの時期です。くれぐれもお気をつけください
●台風が近づいております。ご家族の皆様の安全を祈っております

●中旬●

●まさに食欲の秋です。お互い食べすぎには注意しましょう
●虫たちが心地よい鳴き声を響かせる夜には、読書が似合いますね

●下旬●

●例年になく秋雨の多い今年です。お足元にはご注意ください
●紅葉も美しく彩りを深める頃です。夏の疲れを癒やしてくれるようなよい旅に出かけたいものですね

10月（神《かん》無《な》月《づき》）

October				1 衣替え ▶上旬	2	3
4	5	6	7 長崎くんち（長崎）	8 スポーツの日（第2月曜）	9 国際郵便デー、寒露	10 目の愛護デー
11 ▶中旬	12	13	14 鉄道の日	15 神嘗《かんなめ》祭《さい》	16	17
18	19	20	21 ▶下旬	22	23	24 国連の日、霜降
25	26	27 読書週間	28	29	30	31 ハロウィン

※年により日が変わる可能性あり

書き出し

改まった相手へ

上旬

●秋の夜長、落ち着いたよい時間をお過ごしのことと存じます

●一年の中でも過ごしやすい季節となりました。ご機嫌いかがですか

●木々の紅葉も日々色づいてまいります。いかがお過ごしでしょうか

●心落ち着く秋です。ご健勝でお過ごしのことと存じます

中旬

●秋日和と申します。好季節を迎えお元気でお暮らしのことと存じます

●秋晴れの下、元気のよい運動会の歓声が響いています

●秋の長雨が続く昨今、お変わりありませんか

●紅葉を見に出かけました。美しい秋の風景が見事でした

下旬

●気候も味覚も申し分ない昨今、皆様にはご健勝のことと存じます

●秋風もすっかり冷たく、初雪の便り

親しい相手へ

上旬

●味覚の秋、おいしそうな旬の食材が店を賑わすこの頃。つい食べすぎで太ってしまいそうです

●秋の夜は静かです。読書など有意義にお過ごしのことと存じます

●本当にさわやかな秋晴れが続いております。調子はいかがですか

●まさに絶好の行楽のシーズンです。よいご計画などはありますか

中旬

●スポーツの秋と申します。運動など、なさっていますか

●はや季節は秋です。すっかりご無沙汰ばかりで申し訳ありません

●食欲の秋です。食べすぎで調子を崩されてはいませんか

●今まで読めなかった本たちを引っ張り出して読み始めました

下旬

●冬の風とも思えるほど冷たい秋風です。ご体調はいかがですか

も間近に迫る昨今となりました

●深まる秋の気配に、心静かな毎日です。いかがお過ごしですか

自然・動植物
深まる秋を美しい文面で表現しましょう

夜長　爽涼　時雨　長雨　名月
紅葉　まつたけ　栗　柿　さんま

風物詩
運動会などの行事を挨拶文に盛り込むことで季節感を出せます

スポーツの秋　体育の日　運動会
赤い羽根共同募金の開始　目の愛護デー
ハロウィン　かぼちゃ
読書週間　行楽のシーズン　ハイキング
きのこ狩り　栗拾い　ぶどう狩り
二十日戎《えびす》　収穫期

時候の言葉

▼秋冷の候　▼秋晴の候　▼錦秋の候
▼清秋の候　▼寒露の候　▼涼寒の候
▼紅葉の候　▼朝寒の候　▼秋麗の候

※「～のみぎり」「～の折」という表現を用いてもOKです

結び

改まった相手へ

•上旬•
●気候も味覚も最高の、快適な季節を心ゆくまでお楽しみください
●秋冷の折でございます。ご健康のほどお祈り申し上げます

•中旬•
●日に日に夜の冷え込みも増す頃です。お風邪にはご注意ください
●冷え込みも厳しくなりました。お風邪などお召しになりませんように

•下旬•
●冷たい風が吹く日もございます。ご自愛ください
●冬に備えてくれぐれも体調は万全にととのえておきたいものです

親しい相手へ

•上旬•
●食べ物がおいしい季節ですが、お互い、食べすぎには注意しましょう
●出かけるのにも最適な季節。楽しいご計画をお立てください

•中旬•
●食欲の秋とは申しますが、お互い食べすぎには注意しましょう
●行楽には絶好の季節です。旅行がてら、こちらにも遊びにいらしてください。大歓迎します

•下旬•
●快適な季節です。貴兄のご活躍を大いに期待しております
●また厳しい冬が近づいています。風邪などにご注意ください

11月（霜《しも》月《つき》）

November				1 灯台記念日 ▶上旬	2	3 文化の日、文化勲章授与式
4 ユネスコ憲章記念日	5	6	7	8 立冬	9	10
11 世界平和記念日 ▶中旬	12	13	14	15 七五三	16	17
18	19	20	21 ▶下旬	22	23 勤労感謝の日、小雪	24
25	26 ペンの日	27 ノーベル賞制定記念日	28 芭蕉忌	29	30	

※年により日が変わる可能性あり

書き出し

改まった相手へ

・上旬・

●冷気が肌をさすような季節です。お加減いかがですか

●立冬を迎え、まさに冬到来を感じる昨今の寒さです

●日中の穏やかな日差しを恋しく思ってしまうこの頃です。大変ご無沙汰いたしております

●木枯らしの季節になりました。いかがお過ごしでしょうか

・中旬・

●吐く息も白く漂うほどに寒い日が続きます。お変わりありませんか

●久しぶりの小春日和。やわらかな日差しに包まれ、手紙をしたためました

●去る秋をしみじみ偲ぶ深秋の頃と相なりました

●つるべ落としの秋の黄昏、静かにお酒を楽しむのに絶好の季節です

・下旬・

●冬の足音がすぐそこで聞こえます。皆様にはお変わりありませんか

親しい相手へ

・上旬・

●晩酌もお燗が似合いの季節です。おいしく飲まれていますか

●味覚の秋です。旬の味覚を満喫していらっしゃいますか

●先日息子の文化祭に出かけました。そちらのお子様方はいかがですか

●ここ数日は小春日和が続きました。そちらの様子はいかがですか

・中旬・

●旬の食材も数多く、鍋料理のおいしい季節となりました

●街路は落葉一色の昨今です。皆様にはお変わりありませんか

●軒下につるされた干し柿を秋の夕日が照らし出して、美しい風景でした

●生まれて初めて酉の市に出かけ、小さな熊手飾りを買いました。来年はよいことがあるでしょうか

・下旬・

●冬そのものというほどの氷雨に降られ、秋の終わりを実感しました

自然・動植物

寒さも厳しさを増す頃です。暖かい文面を届けたいもの

晩秋　初霜　木枯らし　落葉　小春日和
つるべ落とし　初冠雪　野菊　山茶花　鱈　太刀魚

風物詩

冬到来へ向けての行事が盛ん。上手く文面に盛り込みましょう

七五三　千歳あめ　記念写真
芸術の秋　絵画鑑賞　文化の日　文化祭
文化勲章授与式
酉の市　一の酉　二の酉　三の酉
露店　熊手飾り
初霜　新そば　みかん狩り

時候の言葉

▼晩秋の候　▼向寒の候　▼暮秋の候
▼冷秋の候　▼寒冷の候　▼季秋の候
▼落葉の候　▼初霜の候

※「〜のみぎり」「〜の折」という表現を用いてもOKです

●今朝がた初霜が降りました。例年にない寒さでございます

●コタツにもぐり込んでうたた寝、の似合う季節となりました

結び

改まった相手へ

・上旬・

●暦上はもう冬です。寒さには十分にご注意くださいませ

●朝夕の冷え込みはまさに本格的です。温かくしてお休みください

・中旬・

●向寒の折、皆様のご健康を心よりお祈り申し上げます

●初雪の便りも聞かれるほどの寒さです。体調を崩されないようにご自愛ください

・下旬・

●冬はもうすぐそこまで来ています。お健やかにお過ごしください

●寒さ身にしむ季節となりました。お身体、ご自愛くださいませ

親しい相手へ

・上旬・

●今後ますますの寒さに身を切られる思いですが、お互い、頑張って乗り切りましょう

●暖房が欠かせない毎日です。調子を崩されないことを祈っております

・中旬・

●温かい鍋でも囲んで、ぜひ一杯やりたいですね。改めてご連絡します

●芸術の秋と申します。たまには絵画鑑賞もよいものです

・下旬・

●富士の山頂に初冠雪のニュースを見ました。風邪にはご注意ください

●じきに冬の到来です。温かくしてお過ごしください

12月（師走《しわす》）

December				1 映画の日 ▶上旬	2	3
4	5	6	7	8 大雪、針供養	9 漱石忌	10 ノーベル賞授与式
11 ▶中旬	12	13 すす払い	14	15 年賀郵便特別受付開始	16	17 羽子板市（東京）
18	19	20	21 ▶下旬	22 冬至	23	24 クリスマス・イブ
25 クリスマス	26	27	28 官庁御用納め	29	30	31 大晦日

※年により日が変わる可能性あり

書き出し

改まった相手へ

●上旬●

●師走を迎え、何かと慌ただしい日々をお過ごしのことと存じます

●夜などは底冷えのする毎日ですが、皆様お変わりございませんか

●師走の声を聞いたとたん、寒さに拍車がかかる毎日でございます

●歳末のご多端の折、お変わりなくご健勝のことと存じます

●中旬●

●慌ただしい年末です。年賀状などのご準備はおすみでしょうか

●残り一枚となったカレンダーを見つめ、改めて年末を実感しております。時の流れは早いものです

●寒風吹きすさむ師走の毎日です。お変わりありませんか

●年の瀬もいよいよ押し迫ってまいりました。いかがお過ごしですか

●下旬●

●今年も残すところ後わずかとなりました。ご無沙汰しております

親しい相手へ

●上旬●

●この間は、こちらも初雪が降りました。本格的な冬将軍の到来です

●月初めから街を歩く人々の風情にせわしなさを感じる師走です

●はや今年も終わりが近づいています。貴方は、どんな一年でしたか

●街を歩けばクリスマス・ソングばかりが響いております

●中旬●

●忘年会など飲む機会の多い時期です。お身体、万全ですか

●ご無沙汰しております。恒例の忘年会にはご参加の予定でしょうか

●何かと飲む機会の多い季節です。調子など崩してはいませんか

●街もすっかり年末ムードです。クリスマスのご予定などございますか

●下旬●

●月ごとのカレンダーも残り一枚となりました。結局、今年はお会いできませんでしたね

自然・動植物

本格的な冬将軍の訪れで、寒さ厳しい季節となります

冬将軍　師走　初冬　初氷　歳末
南天　ふぐ　寒ぶり　新のり

風物詩

年の瀬を迎え慌ただしい時期です。恒例の行事などを文面に

お歳暮　すす払い　冬休み
クリスマス　サンタクロース　ツリー　プレゼント
歳末大売出し
大晦日　年越しそば　除夜の鐘　餅つき
ノーベル賞授与式

時候の言葉

▼寒冷の候　▼初冬の候　▼歳末の候
▼歳晩の候　▼厳冬の候　▼師走の候
▼季冬の候　▼霜夜の候

※「～のみぎり」「～の折」という表現を用いてもOKです

●お正月のご準備はおすすみですか。こちらはまだまだです

●クリスマスが終わったとたん、街はいっせいに年末のムードです

結び

改まった相手へ

•上旬•

●月の初めだというのに何かと慌ただしいのが師走です。お身体の具合など悪くなさいませんように

●相変わらず寒い毎日が続きます。お身体大切になさってください

•中旬•

●何かとご多用な毎日でございましょうが、ご自愛ください

●師走の段、ご家族そろってお幸せな新年をお迎えください

•下旬•

●新しい年のさらなるご活躍を心からお祈り申し上げます

●皆様おそろいでよい新年をお迎えになることを祈っております

親しい相手へ

•上旬•

●今年は暖冬といわれますが、油断は禁物です。健康にはご留意のほど

●慌ただしく日々が過ぎる師走ですが、機会を作って、ぜひとも年内に一度くらいお会いしたいものです

•中旬•

●何かとご多用な年末につき、体調管理はしっかりと

●心ばかり急かされる毎日ですが、マイペースでまいりましょう

•下旬•

●貴兄にとって来年がすばらしい一年であることをお祈りいたします

●来年もますますご活躍されますことをお祈り申し上げます

季節の挨拶

Q&A

Q

カレンダーにある「啓蟄」や「白露」って何ですか？

A

「二十四節気」といい、一年を24等分して、それぞれに気象や天文、季節の様子を表す名称を付けたものです。

古い暦をもとに、中国の気候に合わせて作られたため、現在の日本の気象事情にそぐわないものも多く、「暦のうえでは…」といった前置きが入るのは、その理由からです。

二十四節気とその意味

二十四節気	日付	意味
春		
立《りっ》春《しゅん》	2月4日頃	春の始まり
雨《う》水《すい》	2月18日頃	雪が雨に変わる
啓《けい》蟄《ちつ》	3月6日頃	冬眠の虫が外に出る
春《しゅん》分《ぶん》	3月21日頃	昼と夜の時間が同じ
清《せい》明《めい》	4月5日頃	春の心地よい季節
穀《こく》雨《う》	4月20日頃	穀物を育てる雨が降る
夏		
立《りっ》夏《か》	5月6日頃	夏の始まり
小《しょう》満《まん》	5月21日頃	植物が育ち、茂る
芒《ぼう》種《しゅ》	6月6日頃	雑穀をまき、田植えをする
夏《げ》至《し》	6月22日頃	昼間の時間がもっとも長い
小《しょう》暑《しょ》	7月8日頃	梅雨が明け、暑さが増す
大《たい》暑《しょ》	7月23日頃	暑さがきわまる
秋		
立《りっ》秋《しゅう》	8月8日頃	秋の始まり
処《しょ》暑《しょ》	8月24日頃	暑さがおさまる
白《はく》露《ろ》	9月8日頃	秋が深まり、露が増える
秋《しゅう》分《ぶん》	9月23日頃	昼と夜の時間が同じ
寒《かん》露《ろ》	10月9日頃	寒さで露が冷える
霜《そう》降《こう》	10月24日頃	霜が降り始める
冬		
立《りっ》冬《とう》	11月8日頃	冬の始まり
小《しょう》雪《せつ》	11月23日頃	雨が雪に変わる
大《たい》雪《せつ》	12月8日頃	雪が降り積もる
冬《とう》至《じ》	12月22日頃	昼間がもっとも短い
小《しょう》寒《かん》	1月6日頃	寒の入り。寒さが増す
大《だい》寒《かん》	1月20日頃	寒さがきわまる

第3章

喜びをわかち合う

お祝いの手紙

- 結婚祝い
- 出産祝い
- 入園・入学・合格祝い
- 卒業・就職祝い
- 昇進・栄転祝い
- 新築・引越し祝い
- 起業・開店・開業祝い
- 受勲・受賞・当選祝い
- 退院・快気祝い
- 記念日・長寿祝い

お祝いの手紙

お祝いの手紙でもっとも大切なのは、時機を逃さないこと。おめでたい知らせを聞いたらすぐに手紙を送りましょう。相手の気持ちを思いやり、ともに喜ぶ気持ちで書くことが大切です。

こうすれば好印象に

喜びをわかち合う

相手の気持ちを思いやり、ともに喜ぶ気持ちを素直に表現しましょう

・自分のことのようにうれしく

ほめる、たたえる

相手を称賛することで、相手の喜びを倍増させるつもりで書きましょう

・これまでのご努力の賜物ですね

家族をねぎらう

本人はもちろん家族にとってもうれしいお祝いの手紙には、家族の喜びを思いやるねぎらいの言葉も添えて

・ご両親もさぞお喜びでしょう

未来に言及する

明るい将来をイメージし、相手を応援する気持ちを込めた一言を添えましょう

これは失礼にあたります

忌み言葉を使う

不吉なことを連想させる「忌み言葉」は、お祝いの手紙ではタブー。別の言葉に書き換えましょう

説教がましい教訓

アドバイスを盛り込む場合は、自分の体験を通じてさりげなく。堅苦しいお説教はお祝い気分に水をさします

ねたみ、ひがみととられる言葉

ほめるつもりでも、自分を引き合いに出すとひがんでいるような響きになり、相手も困惑します

否定的な表現

ネガティブな内容で心配をあおることは避け、明るく前向きな表現をしましょう

×育児はひどく大変でしょうが

忌み言葉 ➡P31参照

結婚祝い

×離別や繰り返しを思わせる言葉

別れる　去る　終わる　切れる　割れる　飽きる　壊れる　破れる　流れる　枯れる　冷える　戻る　短い　薄い　繰り返す　再び　再三　皆々様　近々　…など

出産・誕生祝い

×流産や死を思わせる不吉な言葉

落ちる　流れる　消える　滅びる　失う　死ぬ　弱い　枯れる　哀れ　嘆く　悲しむ　痛ましい　…など

入園・入学・合格・入社・昇進・栄転祝い

×前途に水をさす言葉

滑る　やめる　破る　壊れる　流れる　崩れる　落ちる　失う　消える　終わる　倒れる　取り消す　変更　中止　中途半端　くよくよ　再び　…など

新築・開店・開業・起業

×火災や前途の不安を思わせる言葉

つぶれる　倒れる　崩れる　壊れる　閉じる　さびれる　行き詰まる　負ける　破れる　敗れる　傾く　焼ける　焼く　燃える　火　煙　赤い　…など

「のし」の起源

慶事の掛け紙に付いている「のし」は、「のしあわび」を模したもの。室町時代に「伸ばす」「永遠」の意味を込めて祝い事の贈り物に添えたことが始まりとされ、とかく縁起をかつぎたがる日本人らしさがうかがえます。

お祝いのマナー

お祝いは「喜びの気持ちを伝えるために贈るもの」と心得ましょう。金額は一般的な相場を知っていると何かと安心です。

手紙・贈り物や現金を送る時期

種類	手紙	贈り物	表書き	水引の体裁
結婚	知ったらすぐに	挙式一週間くらい前まで（式に出席する場合は、当日現金を持参することが多い）	御祝　寿　御結婚御祝	金銀の結び切り
出産	知ったらすぐに	お七夜（生後7日）から宮参り（生後一か月）までに	御祝　御安産御祝　御出産御祝　御誕生御祝	紅白の蝶結び　または鮑《あわび》結び
入園入学	3月中旬頃	入園・入学式の一週間くらい前まで	御入園祝　御入学御祝	紅白の蝶結び
卒業就職	卒業式から入社式の間		祝御卒業　御卒業祝　就職御祝	紅白の蝶結び
栄転昇進	知ったらすぐに	辞令から一週間以内（職場の習慣に従う）	御祝　御栄転御祝　祝御栄転　御昇進御祝　祝御昇進	紅白の蝶結び

※手紙と贈り物を別に送るときは、品物だけ先に届かないよう手紙が2～3日早く届くように手配する

結婚式のお祝い金の目安

同僚	2万～3万円　*5千～1万円
部下	3万円　*5千～2万円
兄弟・姉妹	3万～10万円
甥・姪	3万～5万円
その他親戚	3万～5万円　*1万円
友人・知人	2万～5万円　*1万円

*結婚式に出席しないとき

お祝いの手紙　基本の形

前文

❶拝啓　風薫るさわやかな季節となりました。❷山田様におかれましてはご健勝にお過ごしのこととお喜び申し上げます。

主文

❸さて、このたびはご子息の裕太様がめでたく華燭の典を挙げられます由、誠におめでとうございます。

❹ご新婦様は大変聡明で美しい女性であられるとか。前途有望な裕太様とはお似合いのご伴侶で、ご両親様もさぞお喜びのこととご拝察し、心よりお祝い申し上げます。

❺ささやかながらお祝いの品を同封させていただきますので、ご笑納ください。

末文

❻まずは書中にてお祝い申し上げます。

敬具

❶頭語・時候の挨拶

❷健康・安否を尋ねる

※親しい相手には前文は省いてもよい

❸お祝いの言葉

❹結婚に対する感慨・心情

❺お祝いの金品について

※❺では贈り物がなければ、二人の幸せを祈ってもよい

❻結びの言葉・結語

結婚祝い

新たな人生をスタートさせる二人に、祝福の気持ちを伝える手紙です。心を込めて「私もうれしい」という気持ちをしたためましょう。別れを思わせる忌み言葉には要注意。⬇P31・66参照

好印象

型を重んじる
お祝い状も儀式の一部ととらえる人が多いため、文の構成や便せんなど、形式にのっとった格調高さを心がけて

結婚に対する感慨を伝える
出会いのエピソードや結婚後の生活にふれ、ともに喜びましょう

本人へは祝福の言葉から
親しい間柄なら、形式にこだわらず「おめでとう」の言葉から始めるほうが気持ちが伝わります

相手をほめる一言を
結婚相手や二人の仲をほめ、幸福を盛り上げる手紙にしましょう

失礼

お祝いの金品だけを送る
あまりにぞんざいなため、「物だけ送ればいい」という考えととられかねません

自分と比較する
ひがみ、ねたみに受け取られるような言葉は相手の喜びを台無しに

ていねい度 ✒✒✒

夫の上司◀…息子の結婚祝い

謹啓　錦秋の候、貴家一段とご清祥のこととお喜び申し上げます。

平素は主人が格別のご厚誼にあずかり、誠にありがとうございます。

さて、このたびご子息様❶にはめでたく華燭※の典を挙げられます由、心よりお祝い申し上げます。ご両親様❷のお喜びもいかばかりかとお察しいたします。つきましては、ささやかなお祝い❸を同封いたしました。ご受納いただければ幸いに存じます。

まずは略儀ながら、書中にてお祝い申し上げます。

敬白

書き換え表現

❶ご子息様
ご令息／ご長男／ご次男
[女性の場合]
お嬢様／ご息女様／ご長女

❷ご両親様
○○様／貴家の皆様／ご尊家ご一同様／ご尊家の皆様

❸ささやかなお祝い
気持ちばかりのお祝い／お祝いのしるし／心ばかりのお祝いの品

ていねい度

先輩◀…結婚祝い（披露宴に出席）

拝啓　水仙の咲き匂う季節になりました。

このたびはご結婚の日取りが決まられたとのこと、心からお祝い申し上げます。また、披露宴にお招きいただき、ありがとうございました。喜んで出席させていただきます。

やさしくて頼もしいと評判のご主人となら、きっと素敵なご家庭が築けることでしょう。晴れの日のお二人の姿を楽しみにしております。

まずは書中にてお祝いまで申し上げます。

かしこ

ていねい度

同僚◀…結婚祝い（披露宴に欠席）

ご結婚おめでとうございます。私も自分のことのようにうれしい気持ちでいっぱいです。また、披露宴にご招待くださってありがとう。何としても出席したいのですが、出産予定日がその頃なので出席できそうにありません。ゆかりさんの花嫁姿を見られないなんて、本当に残念でなりません。後日、必ず写真を見せてくださいね。

お二人の末永い幸せをお祈りして、ささやかなお祝いの品を同封しました。喜んでいただけると幸いです。

まずは不参のお詫びとお祝いまで。

状況別書き換え

お祝いの言葉

- 承りますところ、ご息女様にはこのたびご良縁がととのわれ、めでたく華燭の典を挙げられます由、謹んでご祝詞を申し上げます
- 待望のご結婚、心からお祝いいたします

結婚式の欠席理由

- 従兄弟の結婚式に出席しなければならず
- せっかくのご招待ですが、やむを得ない事情があり

お祝いの金品について

- お祝いをお贈りしたいのですが、後日、ご希望をお聞かせくださいね
- 新生活に役立つものをと思案いたしましたが、若いお二人の好みがわからず、失礼ながら心ばかりのお祝いを同封させていただきました

結びの言葉

- お二人のご多幸をお祈りいたしますとともに、ご両家のますますのご繁栄をお祈り申し上げます
- お二人の末永い幸せをお祈りします

言葉の意味

※華燭《かしょく》の典《てん》：「結婚式」を謹んでいう語

出産祝い

出産直後は十分な休養が必要なとき。自宅へお祝いを持参するよりは、まずは手紙で「おめでとう」の気持ちを伝えましょう。「流れる」など忌み言葉への注意も必要です。➡P31・66参照

好印象

喜び・安堵の気持ち
まずは無事出産したと聞いて安心したことを伝え、喜びの言葉をかけます

母子の健康を気遣う
産後は何かと大変な時期。体調への気疲れに対して、心配している気持ちを伝えましょう

出産への感慨を伝える
ご両親もお喜びでしょう、感慨深いでしょうなど、相手の心情を思いやった言葉をかけると好印象

赤ちゃんへの関心を示す
赤ちゃんの話題を共有することで、相手もうれしくなります

失礼

性別の善し悪しを言う
「男の子でよかった」など差別的な表現は避けましょう。どちらを授かるのも幸せなことです

不安がらせる
育児の大変さをことさら強調すると、相手の不安をあおります

ていねい度 ✎✎✎

上司◀…娘の出産祝い

謹啓　春暖の候、皆様方にはますますご清祥のこととお喜び申し上げます。

　このたびはめでたくお嬢様が女の子❶をご出産されたとのこと、謹んでお祝い申し上げます。母子ともに順調と伺い、わがことのように安堵いたしました。待望の初孫のご誕生、お喜び❷もひとしおかとお察しいたします。

　なお、ささやかながらお祝いの品を同封いたしましたので、ご笑納いただけると幸いです。お嬢様には、くれぐれも産後のお身体を大切にとお伝えくださいませ。

謹言

書き換え表現

❶女の子
かわいらしい女の子／愛らしい女のお子さん／かわいらしいお嬢様
[男の子の場合]
元気いっぱいの男の子／玉のような男の子／一姫二太郎（第一子が女児、第二子が男児の場合）／頼りになる男の子
[男女どちらでも]
お子様／お元気な赤ちゃん／初めてのお子様／二世のご誕生／初めてのお子さん

❷お喜び
ご感慨／ご喜悦

ていねい度

仲人夫婦◀…娘の出産祝い

拝啓　立秋の候、ますますご健勝のこととお喜びいたします。

このたびはお嬢様がめでたく男児をご出産なさったとのこと、心よりお祝い申し上げます。初産とのことで山本様もさぞご心配だったと存じますが、安産であった由、私もほっといたしました。

別便にて心ばかりのお祝いのしるしをお送りいたしました。お納めいただければ幸いです。

お嬢様には※産後の肥立ちの早からんことを、お孫様には健やかに発育されますよう、書中にて深くお祈り申し上げます。

敬具

ていねい度

同僚◀…出産祝い

元気いっぱいの男の子をご安産なさったと聞き、とるものもとりあえずお祝いのお手紙をしたためています。本当におめでとうございます。

香奈さんに似たかわいらしいお顔立ちだと、普段は厳しいご主人が目を細めて話していたとのこと、ご長男の誕生を心から喜んでいらっしゃる様子に私までうれしくなってしまいました。ぜひまたハンサム君のお顔を拝見しに、お邪魔させてください。香奈さんも産後のお身体を、くれぐれもお大事に。

状況別書き換え

お祝いの言葉

- 二人目のお子様のご誕生、お姉ちゃまもさぞお喜びでしょう
- 元気な赤ちゃんを無事ご出産されたとのこと、心よりお祝い申し上げます

喜び・安堵の気持ちを伝える

- 母子ともにお元気と伺い、とても安心いたしました
- ご出産の経過も順調とのこと、何よりのことと安堵しております

母子の健康を気遣う

- くれぐれも産後のご養生専一にと念じております
- 産後の肥立ちは大切といいますから、あまり無理をなさらずに

結びの言葉

- お子様の健やかなご成長と、ご家族の幸せをお祈り申し上げます
- かわいい赤ちゃんに会えるのを楽しみにしています

言葉の意味

※**産後《さんご》の肥立《ひだ》ち**：お産の後、産婦が日に日に健康を回復すること

入園・入学・合格祝い

子どもの成長をともに喜び、両親のこれまでの苦労をねぎらう言葉も添えて、お祝いを述べましょう。

好印象

成長への感慨
昔のエピソードなどを添え、立派に成長したことへの驚きと喜びを込めましょう

育てた親へのねぎらい
親の感慨こそひとしおのはず。ねぎらいの言葉をかけ、相手の喜びを盛り上げましょう

新生活に向けての言葉
期待感にあふれた言葉をかけて、子どもの前途を祝福しましょう

本人への一言を添える
子どもに面識がある場合、入学する本人へのメッセージを添えると喜ばれます

失礼

忌み言葉を使う ➡P66参照
入学祝いでは「取り消す」など不吉な前途を暗示する言葉を避けます

ひがみっぽい言葉
努力をほめず、「出来がよい」「頭がよい」などと表現すると、ねたんでいるようにとられます

ていねい度 ✒✒✒

上司◀…息子の合格祝い

謹啓　桜花のみぎり、皆様にはお健やかにお過ごしのこととお喜び申し上げます。

　このたびはご長男が医学部に入学されるとのこと、誠におめでとうございます。希望学部への❶現役合格とは、ご本人のお喜びもひとしおでしょう。医師への夢に向かって第一歩を踏み出した彰様が充実した大学生活を送られますよう、心からの声援をお送りいたします。まずはご入学のお喜びを申し上げ、お祝いの言葉とさせていただきます。

敬白

書き換え表現

❶**現役合格**
合格／念願の合格

❷**ご入学**
ご入園／○○にご入学（園）／もうすぐ入学（園）式／ご進学
※○○には幼稚園、小学校、大学など学校の種類や、具体的な学校名を入れる

ていねい度

恩師◀…娘の入学祝い

拝啓　桜の便りが聞こえてくる季節となりましたが、皆様にはお変わりなくお過ごしのことと存じます。

　さて、この四月からいよいよ里佳ちゃんも中学生とのこと。❷ご入学、本当におめでとうございます。先生が出産なさったと聞き、みんなで会いに行ったのが昨日のことのように思い出されます。里佳ちゃんもずいぶんお姉さんになったことでしょう。次に会うのがとても楽しみです。

　気持ちばかりのご入学のお祝いをお送りいたしました。里佳ちゃんに喜んでいただけたら幸いです。

かしこ

ていねい度

叔母◀…子どもの入園祝い

　このたびは春樹君の幼稚園入園、おめでとうございます。

　この前お伺いしたときはかなりのやんちゃ坊主ぶりを発揮していましたが、だいぶお兄ちゃんらしくなったのでしょうね。叔父さん、叔母さんの感慨もひとしおではないでしょうか。

　近いうち、春樹君へのご入園祝いを持参して、主人と伺いたいと思っております。ご都合のよい日を教えていただければ幸いです。

　まずは取り急ぎお祝いまで。

状況別書き換え

お祝いの言葉

- お嬢様のご入学を心よりお喜び申し上げます
- 受験という試練を乗り越えてのご栄冠、心よりお祝い申し上げます
- 念願の○○高校に合格なさったとのこと、本当におめでとう。よく頑張ったね

成長への感慨

- ついこの間、お誕生とばかり思っておりましたのに…
- 今さらながら月日の経つのは早いものと実感しております

親へのねぎらい

- ご家族の皆様のお喜びと感慨はたとえようのないものでしょう
- かわいいお嬢様のご入園ですから、その感慨もひとしおかと…

新生活へ向けての言葉

- たくさんお友達ができて、元気に通学されることをお祈りしています
- 大学生活が実り多からんことをお祈りいたしております

卒業・就職祝い

本人に面識がない場合を除いては、本人に宛てることが原則。これまでの努力をねぎらい、温かい励ましの言葉も添えましょう。

好印象

苦労・努力をたたえる
卒業までの勉学や就職決定までの努力をたたえ、成果をほめてあげましょう

両親をねぎらう
親の苦労を思いはかることで、相手の感慨もひとしおになります

勇気づける言葉
プレッシャーを感じている相手には、勇気を与え、ほどよくリラックスさせる言葉が喜ばれます

さりげない助言
自分の経験にからめたアドバイスをするのもよいでしょう

失礼

説教がましい教訓を書く
相手の気分を萎えさせたり、プレッシャーを与えたりするような内容はお祝いにふさわしくありません

不安をあおる
社会の厳しさや今後の苦労を強調すると、お祝い事に水をさします

ていねい度

恩師◀…娘の就職祝い

謹啓　春暖の候、ますますご清祥の由お喜び申し上げます。

　このたびはご長女の優花さんが小学校教諭になられるとのこと、❶誠におめでとうございます。❷狭き門の採用試験に一度で受かるとは、さすが努力家の優花さん。ご両親様もさぞほっとなさっていることと存じます。優花さんなら、とても素敵な先生になられることでしょう。心ばかりのお祝いの品を別送させていただきましたので、どうぞお受け取りくださいませ。ご家族の皆様のご健康とご活躍をお祈り申し上げます。

謹言

書き換え表現

❶**誠におめでとうございます**
誠に喜ばしい限りです／本当によかったですね／心からおめでとうを言わせてください／心よりお祝い申し上げます

❷**狭き門の**
大変な／難しい／難関の／人気の

❸**お喜びの**
ほっとされている／誇らしい／ご安堵の／ご満足の

ていねい度 ✎✎

同僚の娘◀…就職祝い

拝啓　桜の芽吹く季節となりました。
このたびはご卒業、ご就職、おめでとうございます。心よりお祝い申し上げます。ご就職先は、かねて希望されていた福祉施設とか。子どもの頃から面倒見がよくやさしかった香織さんにぴったりのお仕事ですね。ささやかですがお祝いをお送りいたしましたので、どうぞお受け取りください。体力が勝負のお仕事でしょうから、健康にはくれぐれも気をつけて頑張ってくださいね。

敬具

ていねい度 ✎

伯母◀…甥の就職祝い

俊也くん、ご卒業そしてご就職、おめでとうございます。ご両親もさぞお喜び❸のことでしょう。大学に合格して喜んでいた姿が、つい昨日のことのように思い出されます。これからは大学生活で学んださまざまなことを糧に、持ち前の明るさとガッツで、実社会でも大いに活躍していかれることでしょう。

主人も一度ゆっくりお祝いの杯を酌み交わしたいと言っていますので、近日中にぜひ遊びにいらしてくださいね。

まずはご就職のお祝いとお誘いまで。

状況別書き換え

お祝いの言葉
- 承りますれば、このたびはご子息様がご就職された由、誠にめでたく心よりお祝い申し上げます
- この春めでたく大学を卒業され、○○商社へのご就職を決められたとのこと、本当におめでとうございます

親へのねぎらい
- ご本人の喜びもさることながら、ご両親のご満足もさぞかしとご拝察いたします
- ご両親様も本当にお疲れ様でした

本人をたたえる
- 希望する会社に入社できたのは、あなたの努力の賜物と…
- 学生時代からの夢を実現できたのは、あなたの行動力と意志の強さと感服しています

健闘を祈る
- これから社会に出ていくにあたり、一層のご精進をお祈りいたしております
- これまでの体験を生かし、活躍されることを期待しております

昇進・栄転祝い

本人にとっては大きな喜び事。知らせを聞いたらすぐにお祝い状を出すことが最上級のお祝いのしるしとなります。前途に水をさす忌み言葉には要注意。⬇P66参照

好印象

才能と努力をたたえる
エピソードを添えるなどして日頃の努力をほめ、お祝いの言葉に花を添えましょう

これまでお世話になったお礼
仕事などで付き合いのある方ならなおさら、お礼も兼ねたお祝いを

支えてきた家族をねぎらう
「内助の功」「家族の支え」など、相手方の家族にふれることで、温かみのある文になります

今後の活躍や健康を祈る
責任も増し、不安になっている相手の身体を気遣い、安心する一言を

失礼

相手の社名や肩書きなどが2行にまたがる
相手を2つにわけることになり、失礼です。会社名、役職名が長い場合は特に注意が必要です
×このたびは北関東支店　営業本部長に抜擢されたとのこと

ていねい度

取引先◀…昇進祝い

謹啓　春暖の候、ますますご清栄のこととお喜び申し上げます。平素は格別のお引き立てを賜り、厚く御礼申し上げます。

さて、このたびの営業部長への❶ご昇進、心よりお祝い申し上げます。今後はより一層のご重責を担われると存じますが、どうかお身体を大切にされ、存分に❷ご手腕を発揮されますようお祈りいたします。

なお、ささやかながらお祝いの品を別送いたしましたので、ご笑納いただければ幸いです。

まずは書中にて心からお祝い申し上げます。

謹白

書き換え表現

❶ご昇進
ご抜擢／ご就任／ご昇格／ご栄転

❷ご手腕
ご才腕／ご敏腕／リーダーシップ／すぐれた指導力／卓越した手腕

❸ご活躍
ご奮闘／ご躍進／ご発展／業績向上

❹入社以来
ご在職中／前職ご在任中／今日まで

ていねい度 ✎✎✎

夫の上司◀…栄転祝い

拝啓　立春の候、ますますご清栄のこととお喜びいたします。平素からひとかたならぬご高配にあずかり、感謝いたしております。

さて、このたびの本社営業部長へのご栄転、謹んでお祝い申し上げます。奥様もさぞお喜びのことでしょう。突然のご転任は寂しい限りですが、ご栄転ゆえ笑ってお見送りしたいと主人も申しております。要職に就かれ、ご苦労もひとしおかと存じますが、一層の❸ご活躍をお祈りいたしております。

まずは書状にてお祝いまで。

かしこ

ていねい度 ✎✎

職場の先輩◀…栄転祝い

このたびは本社企画課へのご栄転、本当におめでとうございます。心よりお祝い申し上げます。

❹入社以来、公私にわたってさまざまなことを教えていただいた私としては、ただただ感謝の気持ちでいっぱいです。

先輩のご栄転は同じ女性として誇らしく、仕事への励みにもなります。本社ではこれまで以上にお忙しくなると思いますが、どうか健康だけには留意して、一層のご活躍をなさってください。私が本社出張の際には、ぜひとも東京を案内してくださいね。

状況別書き換え

お祝いの言葉

- このほど営業部長のご要職にご栄転の由、心よりご祝詞を申し上げます
- このたびの大役へのご就任、誠におめでとうございます

本人をたたえる

- 日頃のご精進、ご活躍ぶりから、順当なご昇進かと拝察いたしております
- 平素からのご手腕が正当に評価されてのことと…
- かねてすばらしい活躍ぶりは聞き及んでおりましたが…

お世話になったお礼

- 在任中は親しくお付き合いいただき、誠にありがとうございました
- 今日まで大変お世話になり、ありがとうございました

これからの健康と活躍を祈る

- どうかお身体を大切になさって、存分の活躍をされますようお祈り申し上げます
- ご心労も多いことゆえ、十分にご自愛のほどをお祈りいたしております

新築・引越し祝い

新しい家や場所に移り住むのはうれしいもの。特に家の新築や購入は人生の一大事、相手の感動が冷めないうちに出しましょう。

好印象

新居をほめる
設計や庭のことなど、新居をほめてお祝いの言葉とします。環境、交通の便などを挙げてもいいでしょう。転居案内に記されていた文面を参考に書くと好印象です

訪ねたいと伝える
新居の状況がわからなくても、完成した新居に行きたいと書くことが大切。相手に興味を持つ姿勢が喜ばれます

新生活を思いやる
明るい展望を述べる、新生活への不安を思いやるなどの気遣いを添えると喜ばれます

失礼

忌み言葉を使う➡P31・66参照
火を連想させる「赤」なども忌み言葉に含まれます

嫉妬、ねたみの言葉
自分の家と比べる、費用についてふれるといった内容は、相手に余計な気を遣わせてしまいます

ていねい度 ✒✒✒

上司◀…新築祝い

拝啓　新緑の候、皆様にはお健やかにお過ごしのこととお喜び申し上げます。このたびは、❶ご新居が❷完成されましたとのこと、誠におめでとうございます。

　ゆったりとした二世帯住宅に、ご長男ご夫妻も一緒に住まわれるとか。皆様もさぞお喜びのことでございましょう。ぜひ一度、ご新居を拝見しにまいりたいと存じております。心ばかりの品を別便にてお送りいたしましたので、ご笑納いただければ幸いです。末筆ながら、皆様のますますのご多幸をお祈り申し上げます。

敬具

書き換え表現

❶ご新居
ご新邸／ご新宅／新しいお宅／かねてご建設のご新居／ご新築のマンション／庭付きの一戸建て／念願のマイホーム／尊宅

❷完成
ご完成／ご落成／ご竣工

❸お引越し
ご転居／移転

ていねい度 ✎✎

恩師◀…招待のお礼を兼ねて

一筆申し上げます。

先日はご新居にお招きいただきまして、ありがとうございました。子育てを無事終えられ、奥様と二人でのんびり暮らすための終の住処とおっしゃっていましたが、本当にゆったりとした、間取りもすばらしいお住まいでした。また、いつもながら奥様の手料理が大変おいしく、楽しい一時を過ごさせていただきました。

先生が丹精して育てられたお庭の花が咲き誇る春先に、またぜひお邪魔させてください。楽しみにしております。

かしこ

ていねい度 ✎

友人◀…引越し祝い

由美子さん、新居へのお引越し[3]、おめでとうございます。念願のマイホームの住み心地はいかがですか。

近くには大きな公園や商店街もあり、とても暮らしやすそうな街ですね。今までのように気ままに会っておしゃべりできなくなってしまったのは残念ですが、これからは手紙やメールで本音を語り合いましょう。そちらが落ち着いた頃に、ぜひ一度遊びに伺わせてください。

ささやかですが、別便でお祝いを送りました。

ご主人や悠君にも、どうぞよろしくお伝えください。

状況別書き換え

お祝いの言葉

- かねてご建築のご尊宅が落成なさった由、大慶に存じます
- 待望のご新居の竣工、心よりお祝い申し上げます
- ご普請中のご新宅がめでたく完成されましたとのこと、誠におめでとうございます

新居をほめる

- 駅や商店街にも近く、通勤やお買物にも便利なところと伺っております
- 自然に恵まれた環境で、お子様方には理想的なお住まいですね
- 木の香漂う純和風のゆったりとしたご新居とか。うらやましい限りです

家族に対する喜び

- 奥様とお子様方の喜ばれている姿が目に浮かぶようです
- 二世帯住宅で同居なさるとのこと、親御様もさぞご安心なさったことでしょう

新生活を思いやる（引越し）

- 不慣れな土地でご不便もあろうかと存じますが、一日も早く快適な生活を送られますようお祈り申し上げます
- お引越しの片づけなどでお忙しいことと存じますが、くれぐれもご無理なさらずに、ご自愛ください

起業・開店・開業祝い

祝福と激励の気持ちを込めて書きましょう。お祝いの言葉とともに、晴れやかな印象を与える表現を。

好印象

開業までの労をねぎらう
これまでの経緯にふれ、相手の苦労をいたわって感慨を伝えます

ともに喜ぶ
新しい門出をともに喜び、今後の発展を楽しみにしている気持ちをそのまま伝えることが好印象に

相手の能力・性格をほめる
開業に至った才覚や誠実な人柄をほめ、相手に自信を与えましょう

激励する
明るい展望を述べて今後の成功を祈ることが、開店・開業祝いの大きな趣旨になります

✕ 失礼

忌み言葉を使う➡P31・66参照
「火」「赤」などのほか、「閉じる」「倒れる」もタブーです

不安要素を伝える
「不況のさなか」など、事業にマイナスとなる言葉は、改まったお祝いの手紙に向きません

ていねい度

知人◀…開業祝い

拝啓　五月晴れの気持ちよい季節となりました。

このたびはめでたく独立なさり、ご自分のお店を持たれるとのこと、大慶の至りに存じます。以前の勤務先の応援を受けた円満な形でのご出発は何よりのこと。これもひとえにあなた様のお人柄と実力によるものと拝察いたします。今後はより一層腕を磨かれ、❶貴店が多くのお客様に愛され、ご繁昌されることを切に願っております。

まずは書面にて開店のお祝いを申し上げます。

敬具

書き換え表現

❶貴店
お店／貴社／新会社／新事務所

❷ご繁盛
ご繁昌／ご発展／ご躍進／ご成功／ご隆盛／ご盛業／ご盛況

❸ご起業
ご開業／ご開店／お店のオープン／事務所のご設立／新会社のご開設／独立開業

ていねい度

知人◀…喫茶店の開店祝い

一筆申し上げます。

ご夫婦念願の喫茶店をオープンされるとのこと、心よりお祝い申し上げます。ご自分達のお店を持つのが夢とおっしゃっていたお二人からうれしいお知らせをいただき、わがことのように喜んでおります。

ご主人のこだわりと奥様の明るいお人柄があれば、お店の繁盛は間違いなし。私も常連客となるのを楽しみにしています。オープンに先立ちお花をお贈りしますので、お店に飾っていただければ幸いです。

末永い[2]ご繁盛をお祈り申し上げます。

かしこ

ていねい度

かつての先輩◀…起業祝い

このたびのご起業[3]、本当におめでとうございます。

学生時代から会社を創ると熱く語っていらっしゃった先輩ですが、こんなにも早く実現されるとは。バイタリティにあふれ、人望厚い先輩なればこその快挙ですね。

起業に向けてお忙しいでしょうが、どうかお体にはお気をつけて。私もできる限りの応援をさせていただきます。

晴れの門出をお祝いし、ささやかなお祝いを送ります。

一日も早く新会社が軌道に乗り、今まで以上に成功されることを心よりお祈りしております。まずはお祝いまで。

状況別書き換え

お祝いの言葉
- いよいよ長年の夢をかなえ開業される由、心よりお祝い申し上げます
- 機が熟されて、いよいよご起業の由、誠におめでとうございます

感慨を述べる
- 長年の夢を実現され、お喜びもひとしおのことでしょう
- 努力家のあなた様でなければ、これほど早い独立開業はできなかったことでしょう

成功を確信する
- ○○様の卓越したセンスがあれば、お店の成功は間違いないと確信しております
- お二人の実力とパートナーシップで、すばらしい業績を上げられることでしょう

相手の体調をいたわる
- 何かとお忙しい毎日でしょうが、どうぞ体調を整えられ、開店の佳《よ》き日を迎えられますようお祈りしております
- 毎日の準備でお疲れとは存じますが、体調にはお気をつけて

成功を祈り、応援する
- 貴店のご繁盛とご多幸を心よりお祈りいたします
- 新会社の順調なご発展をお祈りします

受勲・受賞・当選祝い

相手の栄誉をたたえ、形式にのっとって格調高くまとめましょう。名称・内訳は省略せず正確に。

好印象

用語・名称を正確に記す

〈受賞〉展覧会などに入選したり、「○○賞」を受けたりすること

〈受章、受勲〉国が年に2回贈る勲章や褒章を受けること

〈当選〉選挙や選考で選ばれれること。「○○評議員」「○○区議会議員」など地位、役職名が重要

ていねいな形式を

受勲、当選祝いは目上の相手に宛てる改まった手紙が多いもの。失礼のないよう、正しい形式を心がけましょう

功績をたたえる

今までの実績や活動などを具体的に書いて気持ちを込めると喜ばれます

失礼

作品を批評する

「今回の作品はあなたらしくない」など、お祝い事に水をさす批評は別の機会に

勲章の名称は正確に

「菊花章」など、改まった祝い状で用語を略すのは失礼

※正しくは「大勲位菊花章頸飾」など

ていねい度

県議会議員◀…当選祝い

謹啓　桜花爛漫のみぎり、いよいよご健勝にお過ごしのこととお喜び申し上げます。

このたびの栃木県議会議員選挙にて、めでたくご当選❶を果たされた由、心よりお祝い申し上げます。

三期目にての再選、お喜びはいかばかりかとお察しいたします。これも吉野様のご手腕が認められてのことでございましょう。

今後も健康に十分ご留意され、ますますご活躍くださいますよう、心より期待しております。

敬白

書き換え表現

❶ **ご当選**
ご受章／ご受賞／叙勲

❷ **功績**
ご功労／ご実績／ご努力／地道な活動の積み重ね

❸ **評価されて**
認められて／実を結んで／花開いて／高く評価されて／結実して

ていねい度

恩師◀…紫綬褒章のお祝い

謹啓　菊薫る季節となりましたが、先生にはますますお健やかにお過ごしのこととお喜び申し上げます。

　このたびは※紫綬褒章のご受章、誠におめでとうございます。長年にわたり研究にご尽力されてきた❷功績が❸評価されてのご受章、私ども門弟にとってもこれほどうれしいことはございません。これまでのご研究に心からの敬意を表しますとともに、これからも健康に留意され、ますますご研究に励まれますよう、心より祈念いたしております。

　略儀ながら受章のお祝いまで。

敬白

ていねい度

義父◀…絵画展入選のお祝い

お父様、このたびの絵画展ご入選、本当におめでとうございます。ついにやりましたね。

会社を退職されてから、毎年欠かさず出展されてきたご努力が実を結んでのご受賞、心からお祝い申し上げます。絵画展には一家で足を運び、栄えある入賞作品をじっくりと拝見させていただきます。

どうか今後も健康には十分にお気をつけて、すばらしい作品をどんどん描き続けてくださいね。

まずはお祝いまでお手紙いたしました。

状況別書き換え

お祝いの言葉

- 見事ご当選の報に接し、心からお祝い申し上げます
- 承りますれば、○○様におかれましては文化勲章拝受の光栄に浴《よく》されたとのこと、心よりお喜び申し上げます
- このたびは○○賞ご受賞とのこと、誠におめでとうございます

感慨を述べる

- ご家族の皆様はもとより、ご後援会の方々もさぞお喜びのことと存じます
- 多年のご功労が認められてのご受賞に、わがことのような喜びを感じております

今後の活躍を祈る

- 今後も一層ご自愛のうえ、さらなるご活躍をされますようお祈り申し上げます
- 今後ますますのご活躍を期待いたしまして、お祝いの言葉とさせていただきます

言葉の意味

※紫《し》綬《じゅ》褒《ほう》章《しょう》：学術、芸術、スポーツ分野の功労者に対し国が授与する勲章の一つ

退院・快気祝い

明るい文面で、病気を克服したお祝いの気持ちをストレートに伝えましょう。挨拶などの前文は省略しても失礼になりません。

好印象

すぐに送る
退院の知らせを聞いたらまっ先に送りたいもの。この場合、前文を省略しても構いません

ともに喜び、安堵する
「私もうれしい」という気持ちを伝えれば、相手は心から幸せに感じます

家族を気遣う
家族の安堵した気持ちを思い、ねぎらいの言葉をかけます

今後をいたわり、励ます
相手の身になり、退院後のことを気遣うと、相手も明るい気持ちになります

失礼

マイナス面を強調する
再発の不安やリハビリの大変さを強調するのは、心配ゆえのものでもお祝い気分を損ねます

忌み言葉を使う ↓P31参照
デリケートになっている相手には、不吉な言葉に注意しましょう

ていねい度

上司の妻 ◀… 夫の退院祝い

急啓　ご主人様におかれましては、ご全快にてつつがなく❶ご退院なさいましたとのこと、誠におめでとうございます。ご家族様も❷さぞご安心なさったことと存じます。

交通事故と伺ったときには驚き心配いたしましたが、このようにお早いご退院とは、強靭な体力とご気力に感服いたしました。

退院後は、くれぐれもご無理をなさいませんように。奥様もお疲れの出ませんよう、どうぞご自愛ください。まずは取り急ぎお祝いまで。

かしこ

書き換え表現

❶ご退院なさいましたとのこと
退院の吉報を受け／ご退院という朗報に接し／めでたくお床上げ※をなさったとのこと

❷さぞご安心なさった
さぞ安堵された／さぞお喜びの／ほっとなさった／お喜びの／ご休心された

❸安静第一に静養に専念なされます
お身体第一でご静養なさいます／くれぐれもご無理をなさいません／じっくりと静養なさる／ご静養専一にお過ごしくださいます／養生なさいます

ていねい度 ●●●

上司◀…退院祝い

前略　ご退院おめでとうございます。

ご看護にあたられた奥様はじめご家族の皆様も、さぞお喜びのことでしょう。

総務部一同、ご病状を案じておりましたが、退院の吉報を受け、ようやくほっといたしました。

復帰を焦るお気持ちもあるとはお察しいたしますが、③安静第一に静養に専念なされますよう、心より願っております。

また元気なお姿でご出社される日を、心待ちにしております。

まずは退院のお祝いを申し上げます。

草々

ていねい度 ●○○

先輩◀…病気の全快祝い

全快、おめでとうございます。すっかり元気になられてご退院とのこと、本当によかったですね。

ムードメーカーの先輩が不在の営業部は、どうもいまひとつノリが悪く、改めて先輩の存在の大きさを実感しておりました。ようやく戻ってきていただけると思うと、うれしくてたまりません。そのためにも、十分にご自宅にてご静養くださいね。

無事復帰されたら、またぜひ飲みに行きましょう。一同、その日を楽しみにしています。

状況別書き換え

お祝いの言葉
- このたびは無事に退院されたとのこと、心よりお祝いを申し上げます
- ご自宅でご静養できるようになったそうですね。その後お加減はいかがですか

家族へのねぎらい
- ご看護にあたられたご家族様にも、あわせてお祝いを申し上げます
- お早いご回復は、ご家族の皆様の温かい看病の賜物でしょう

いたわりと励まし
- 今後も何かとお世話になることと存じますが、くれぐれもご無理をなさいませんよう、お大事になさってください
- ご家族の皆様にもお疲れが出ませんよう、どうぞご自愛ください
- 当面は、ご静養専一にお過ごしください

結びの言葉
- まずはご退院のお喜びまで申し上げます
- まずは退院のお祝いまで
- 一言、ご回復のお喜びを申し上げます

言葉の意味

※**床上《とこあ》げ**：病気が全快して寝具を片づけることやそのお祝い

記念日・長寿祝い

年齢を強調せず、経験豊かな人生の先輩に敬意を払い「これからも元気で長生きしてください」というまごころを込めて書きましょう。

好印象

年齢に驚く
「もう還暦とは信じられない」など、驚きを強調すると、相手を若々しく元気だと思っているという印象に

関心を伝える
「あなたのことを気にかけています」とわかるように伝えれば相手も喜びます

相手をたたえる
「お元気」「若々しい」のほかに、「いつもおしゃれで」など具体的にほめるとよいでしょう

今後の健康を祈る
さらなる長寿を重ねることを願い、相手の健康を祈りましょう

失礼

遅れて出す
誕生日や記念日を覚えていないと思われかねません

忌み言葉を使う ➡P31参照
老いや衰えを連想させる言葉は縁起が悪いと思われてしまいます

ていねい度

恩師◀…古希のお祝い

謹啓　向暑のみぎり、先生にはこのたび古希の賀寿を迎えられましたことを、心よりお祝い申し上げます。

　今もご壮健な先生のこと、お祝いはまだまだ先のことと思っておりました。変わらぬ若々しさの秘訣を、今度ぜひご伝授いただきたく存じます。

　ささやかではございますが、お祝いの品を別便にてお送り申し上げました。ご笑納いただければ幸いに存じます。

　これを機に一層のご活躍をなさいますことをお祈り申し上げます。

謹白

書き換え表現

❶**還暦（数え年六十一歳）**
古希（七十歳）／喜寿（七十七歳）／傘寿（八十歳）／米寿（八十八歳）／卒寿（九十歳）／白寿（九十九歳）／百賀（百歳）／百一賀（百一歳）

❷**現役で**
お元気に／第一線で／現役の第一線で

ていねい度

取引先◀…還暦のお祝い

拝啓　春暖の候、山田様にはこのたびめでたく還暦❶をお迎えとのこと、謹んでお祝いを申し上げます。

今も現役❷で仕事をなさっている山田様が還暦になられるとは信じられない思いです。日頃のご指導に心からの感謝と敬意を込めまして、気持ちばかりのお祝いの品を送らせていただきました。お使いいただければ幸いです。

今後も変わらぬご指導をお願いするとともに、さらなるご健康とご活躍をお祈りいたします。

敬具

ていねい度

夫の両親◀…敬老の日のお祝い

朝夕はさすがにしのぎやすくなってまいりましたが、お父様、お母様にはお変わりなくお過ごしのことと存じます。私たちも変わらず元気にしております。

日頃は何かとお心遣いいただきありがとうございます。お電話ではこちらの様子をお伝えしておりますが、なかなかお顔をお見せできず、申し訳ありません。

本日、お二人のご長寿を願って、季節の品をお送りしました。どうぞお召し上がりください。これから寒くなりますので、お風邪など召されませんよう。

状況別書き換え

お祝いの言葉

- 謹んで還暦のお祝いを申し上げます
- めでたく喜寿の賀寿を迎えられたとの由、誠におめでたく、大慶に存じます
- おばあちゃん、米寿のお祝いおめでとう

相手をたたえる

- いつも好奇心を忘れない姿勢を、常々見習いたいと思っております
- 今なお第一線でご活躍のご様子は、私どもにとって驚きと尊敬の的でございます
- いつまでも向上心を忘れないお姿、日頃から敬服いたしております

今後の活躍と健康を祈る

- これを機会にますますお元気でご活躍くださいますようお祈り申し上げます
- どうぞ還暦どころか喜寿、米寿、白寿とご長寿を重ねられますようお祈り申し上げます
- これからもめでたきお年を重ねられますよう、祈念いたしております
- 今後もさらなるお祝いを重ねられますよう、お祈りしております

お祝いの手紙 Q&A

Q カードを送る場合に気をつけることは？

A

　最近、クリスマスやお祝いなどのメッセージを、手紙やはがきでなくカードに書いて品物とともに贈る人が増えてきました。メッセージは、タテ折りなら右側の面、ヨコ折りなら下側の面に書きます。

　カードの正面が封筒の表側になるように入れるのが正式です。

Q 親に出すべき？子に出すべき？

A

　お祝いの相手が中学生以上で面識がある場合は、本人宛てに書くほうが喜ばれるでしょう。小学生以下のときは親に宛てるのが普通です。その場合、本人への簡単なメッセージを同封することも。幼児や児童へはひらがなで書くなど、年頃に応じた言葉遣いを心がけます。

Q 忌み言葉は絶対にいけないもの？

A

　忌み言葉を避けることは、お祝いの手紙を送る際の大きなポイントです。常識的に考えれば「死」や「病」などの不吉な言葉をお祝い状に書く人はいないと思いますが、忌み言葉の中には「不吉なことを連想させる言葉」といった難しいものもあります。

　例えば「縁が切れる」を連想させる「切れる」。手紙中に「縁が切れて…」とストレートには表現しなくても、「スタートを切る」などはつい書いてしまいがちです。

　確かに、そこまで神経をとがらせる人も少ないでしょう。しかし、年配の方、ルールに詳しい方が気にすることは十分考えられます。誰の目にも不快感を持たれないよう、「連想させる言葉」までしっかりチェックするとよいでしょう。

第4章

大切な思いと一緒に

贈り物に添える手紙

- お中元の添え状
- お歳暮の添え状
- お土産・名産品の添え状

贈り物に添える手紙

贈り物は、日頃お世話になっている方へ感謝の気持ちを表すために、持参して直接手わたすのが本来の作法。品物を送るときは、手紙を添えるのが最低限のマナーです。

こうすれば好印象に

感謝の気持ちを込める

お世話になっていることに対して、感謝の気持ちを具体的に伝えます

・ご指導いただき感謝しております

送る理由を伝える

品物を受け取った相手が困惑しないように、なぜ送ったのかという理由をきちんと述べましょう

季節感を出す

お中元やお歳暮など、時季に合わせた贈り物には、季節感のある挨拶状を添えると手紙慣れしている印象に

自分の近況を伝える

ご無沙汰している相手、遠方の相手には、贈り物とともに近況報告をすると喜ばれます

これは失礼にあたります

へりくだりすぎる

自分の贈り物を卑下する表現は、最近ではあまり好まれず「ささやかですが」くらいにとどめるのが一般的です

×つまらないものですが

説明を何も書かない

珍しい食品や名産品などを贈られたときは、調理方法や保存方法などがわからなくて困惑することもあります

恩着せがましい

相手を恐縮させる恩着せがましい態度はNG。善意で送ることをアピールします

品物が先に届く

デパートなどから直接送る場合、送り状より先に品物が届くと、「品物だけを送った」と思われかねません

書き方のヒント

相手によって書きわける

上司や目上の人には形式に即した礼儀正しい文面を心がけ、友人などには堅苦しくならないよう、明るくさわやかなメッセージを送りましょう

何を送ったのか書き添える

品物と手紙を別送する場合は「○○デパートから○○が○日中にお手元に」というように、どこから何を送り、いつまでに届くのか、詳しく伝えましょう。生鮮食品の場合は相手の都合を先に聞くと親切

さりげない文章にする

品物を受け取った相手が負担に感じないような文面にすることがポイントです。あまりくどくどと送った理由を述べると、押しつけがましくなりかねないので、簡単に説明するようにしましょう

送る理由の述べ方

感謝の気持ちを述べた後に、「つきましては」「本日は」と続けると書きやすくなります

喪中のときは

お歳暮は、先方が喪中の場合でも、基本的には送って差しつかえありません。ただし、四十九日の忌明けより前は「お供え」として送ること。時期をずらして、寒中見舞いとして送るのもいいでしょう。

贈り物のマナー

品物にまごころを託して送るということを忘れずに。
選ぶ品や時期を間違えないことも重要なポイントになります。

手紙・贈り物を送る時期（P34〜63参照）

種類	時期	表書き
お中元	7月初旬から15日までに（関西など8月1日から15日までになる地域も）	御中元
お歳暮	12月初旬から25日くらいまでに	御歳暮
お誕生日	相手の誕生日までに	御祝 誕生日御祝
母の日・父の日	母の日は5月の第2日曜日に、父の日は6月の第3日曜日に	父の日（母の日） ありがとう
敬老の日	9月の第3月曜日に	敬老の日おめでとう 御祝 祝敬老の日 祝御長寿

※贈り物の添え状は品物と一緒に送るのが基本です。別々に送るときは品物が届く前に手紙が届いているのがベスト

贈答品を選ぶポイント

一人暮らしの場合
食品は日持ちがして、一人で食べきれる量のもの。くだものや生鮮食品は避けたほうがよい

2、3人の場合
カタログギフトで選んでもらうか、商品券にしておくと失敗は少ない

4人以上の場合
食品はみんなでわけ合える量のものを選ぶ。洗剤や石鹸などの消耗品でもよい

贈り物の添え状　基本の形

前文 / 主文 / 末文

❶拝啓　❷今年も残すところ、あとわずかとなりましたが、お忙しい日々をお過ごしのことと存じます。

❸この一年間、公私にわたり大変お世話になりましたこと、心より感謝しております。

❹本日は暮れのご挨拶のおしるしまでに、郷里の名産の牛肉をお送りいたしました。わずかばかりですが、ご家族の皆様で召し上がっていただければ幸いです。

❺寒さ厳しき折、一層のご自愛をお祈りいたしております。

❻よいお年をお迎えくださいませ。

敬具

❶頭語・時候の挨拶
❷健康・安否を尋ねる
❸感謝の言葉
❹送る理由
❺相手の健康・幸福を祈る
❻結びの言葉・結語

お中元の添え状

贈り物に感謝の気持ちを託すことを忘れずに、心のこもった文面を心がけましょう。

好印象

送る理由を書く
相手が快く受け取れるように、贈り物の趣旨を簡単に書きましょう

季節感を出す
涼しげな便せんにするなど、季節感を出すと、気のきいた印象に

お礼を述べる
何に対してのお中元なのかを具体的に述べると、謝意がストレートに伝わります

何を送ったのかを書く
贈り物を別送するときは、いつ、何を、どこから送ったかを明記し、先に手紙が着くようにすると、相手も心構えができます

失礼

印刷だけですます
共通の文面ですませて手書きの一言を怠ると、あたりさわりのない、そっけない手紙に

表現を卑下する
「つまらないもの」「粗末な品」などの表現は、最近は好まれません

ていねい度

取引先◀…お中元（食品）の添え状

拝啓　盛夏の候、皆様にはますますご清栄のこととお喜び申し上げます。

平素は大変お世話になり、言葉に尽くせぬほど感謝いたしております。

つきましては、❶日頃の感謝の気持ちを込めまして、❷ささやかながら佃煮の詰め合わせをお送りいたします。❸ご笑納いただければ幸甚に存じます。

暑気厳しい折、皆様のご健勝のほど、お祈り申し上げます。まずは取り急ぎご挨拶まで。

敬具

書き換え表現

❶日頃の感謝の気持ちを込めまして
日頃のご厚誼へのお礼として／平素のお礼の気持ちを込め／感謝の気持ちをお中元の品に託し／日頃お世話になっている皆様に謝意を込め

❷ささやかながら
ささやかなお礼のしるしに／心ばかりの品ですが／月並みではございますが

❸ご笑納
ご受納／お納め

ていねい度

恩師◀…お中元（お菓子）の添え状

拝啓　梅雨が明け、本格的な暑さを迎えましたが、お元気でお過ごしのことと存じます。就職してからはあちこち飛び回る毎日となり、ご無沙汰ばかりいたして申し訳なく思っております。

このたび初めてのボーナスが出ましたので、大学でご指導くださった感謝の気持ちを込めまして、別便にて○×デパートから甘いものをお送りいたしました。お茶うけにでも召し上がっていただければ幸甚に存じます。

暑さ厳しい折から、ご自愛くださいませ。

敬具

ていねい度

先輩◀…お中元（くだもの）の添え状

日ごとに暑さがつのってまいりました。

鈴木様はじめご家族の皆様には、お変わりなくお過ごしでしょうか。日頃は公私にわたりまして何かとお世話になり、心より感謝しております。

本日、暑中お伺いのおしるしまでに、宮崎のマンゴーを産地から直送させていただきました。冷やしてお召し上がりくださいませ。

今後ともよろしくご指導くださいますようお願い申し上げます。

状況別書き換え

持参できないことを詫びる

●本来ならば、持参してご挨拶を申し上げなくてはならないところですが、仕事の都合で失礼させていただきます

●ご自宅へ伺おうかと考えましたが、休暇中のお邪魔になってはと思い、デパートから送らせていただきます

感謝の言葉

●先生のご指導のおかげで娘の成績もよくなり、親として大変喜んでおります

●毎日充実した気持ちで仕事に取り組めるのも部長のご尽力があるからこそと、感謝しております

贈り物についてふれる

●ご好物の○○は暑気払いにぴったりかと思いまして、お送りいたしました

●暑い夏を快適に過ごしていただければと、○○をお届けしました

●旬の味覚をご賞味いただきたく、○○を直送いたしました

●少しでも「涼」をお届けしたくて、心ばかりの品を贈らせていただきました

結びの言葉

●これから暑さが一層強まりますので、どうぞご自愛くださいませ

お歳暮の添え状

今年一年お世話になったことへの感謝の気持ちを文面で表現しましょう。

好印象

感謝の気持ちを込める
何でお世話になったのか、どのように感謝しているのかを書くと、ありがたく思っている気持ちが伝わります

贈り物を選んだ理由を書く
相手のことを考えて選んだことが伝わるとうれしいものです

来年の多幸を願う
「よいお年を」のように、相手の多幸や繁栄を祈る言葉を入れると明るく締めくくれます

来年の付き合いを願う
来年もお世話になることを謙虚に伝えると、好印象に

失礼

暗い話題にふれる
病気や事故などのいとわしい話題はなるべく避ける

ほかの用件を書く
感謝の気持ちを伝える手紙なので、別件は書かないこと

ていねい度 ✒✒✒

子どもの塾講師 ◀… お歳暮（食品）の添え状

拝啓　年末厳寒の頃となりましたが、松本先生には日頃息子の大輔が大変お世話になり、心から感謝申し上げます。

先生の熱心なご指導のおかげで大輔の成績も伸び、最近では本人もすすんで机に向かうようになりました。

つきましては、❶日頃の感謝の気持ちを込め、コーヒーの詰め合わせを送らせていただきます。❷心ばかりの品物ですが、ご賞味いただければ幸甚に存じます。

❸幸多き新年を迎えられますよう、お祈りいたします。

敬具

書き換え表現

❶日頃の感謝の気持ちを込め
お歳暮のおしるしに／暮れのご挨拶代わりに／歳末のご挨拶を兼ねまして

❷心ばかりの品物ですが
ささやかな品ですが／お口に合うかどうかわかりませんが

❸末文
まずは歳末のご挨拶まで／まずはお歳暮のご挨拶まで／どうかよいお年を

ていねい度

習い事の先生◀…お歳暮の添え状

拝啓　今年も残りわずかとなり、お忙しい日々をお過ごしのことと存じます。

今年は華道に出合い、充実した一年を過ごせました。

先生の温かいご指導のおかげで、花を生ける喜びを日々実感しております。つきましては、日頃のご指導に感謝して、ささやかな品を送らせていただきました。先生が以前好きだとおっしゃっていた、○○屋の水ようかんです。

来年もどうぞよろしくお願いいたします。

かしこ

ていねい度

親戚◀…お歳暮（お酒）の添え状

今年は暖冬で積雪も少ないとのことですが、叔父様、叔母様はいかがお過ごしでしょうか。

すっかりご無沙汰していますが、私たちは変わりなく元気にやっています。来年は家族で長野に遊びに行きたいと思っているので、よろしくお願いいたします。

お歳暮のしるしに、別便にてお酒をお送りしました。お二人のお口に合うとうれしいのですが…。

くれぐれもお身体をお大事になさってください。

状況別書き換え

感謝の言葉
- 今年も一年間、ひとかたならぬお世話になり、誠にありがとうございます
- 今年一年の、言葉に尽くせぬ感謝の気持ちを込めて○○をお送りいたします
- 日頃の感謝の気持ちをお伝えしたく、○○をお届けいたしました

感謝の言葉【取引先に送る場合】
- 平素はひとかたならぬ御愛顧を賜り、厚く御礼申し上げます
- 日頃は格別のお引き立てをいただき、ありがたく御礼申し上げます
- 平素は格別のご厚誼にあずかり、誠にありがとうございます

今後のお付き合いをお願いする
- 来年も何かとお世話になることと存じますが、よろしくお願いいたします
- 来年もいろいろご面倒をおかけするかと思いますが、ご指導のほど、よろしくお願いいたします

結びの言葉
- よい年を迎えられますよう、心からお祈り申し上げます
- 寒さに向かいます折から、ご自愛のうえ、よいお年をお迎えください

お土産・名産品の添え状

普段の贈り物にはさりげないメッセージを添えて
まごころを伝えましょう。

好印象

食べ方や保存法を伝える

生物《なまもの》や珍しい食べ物を送るときは、調理法や保存法について簡単に説明してあげると、相手も対処しやすくなります

近況を報告する

自分や家族の近況を簡単に報告したり、旅先での様子などにふれたりすると、親しみやすい文面になります

どこから送ったのか明記する

旅先などから送るときは、場所を書いておくと臨場感も出て、品物がよりよいものに感じられます

失礼

贈る理由が書かれていない

突然の贈り物は相手を困惑させてしまいます。旅のお土産やおすそわけなどの理由をきちんと述べ、相手が不審に思わないようにしましょう

ていねい度

看護師長◀…お土産（くだもの）の添え状

拝啓　暑さ厳しき折から、松本看護師長ならびに看護師の皆様にはお元気でお過ごしのことと存じます。

おかげ様で、退院後の経過は良好で、旅行できるほどに回復いたしました。これもひとえに、皆様の懸命な看護の賜物だと、心より感謝いたしております。

つきましては、❶深謝のしるしまでに、甲府よりサクランボを宅配便にてお送りいたします。❷ご笑味いただければ❸幸甚に存じます。

皆様のご健康とご多幸をお祈り申し上げます。

敬具

書き換え表現

❶**深謝のしるしまでに**
感謝のしるしとして／お礼の気持ちを込めまして／日頃の感謝を込めて

❷**ご笑味**
ご賞味／ご夫婦で楽しんで／ご家族でお召し上がり

❸**幸甚に存じます**
幸いでございます／このうえもない幸せに存じます／幸甚です

ていねい度

上司◀…名産品(食品)の添え状

拝啓　秋の気配がいよいよ濃くなってまいりましたが、お変わりなくお過ごしのことと存じます。

先日は職場復帰のご相談に乗ってくださり、ありがとうございました。お口添えをいただいたおかげで、無事に来月からの復帰が決まりました。お世話になりましたお礼に、群馬の実家から送られてきたマツタケをお送りいたします。秋の味覚をご家族で楽しんでいただければ幸いです。

来月からまた何かとお世話になると思いますが、よろしくお願いいたします。

敬具

ていねい度

知人◀…お土産(ワイン)の添え状

日ごとに春めいてまいりましたが、お元気ですか。

娘の就職の件では大変お世話になりました。おかげ様で、毎日元気に通勤しております。

本日は感謝の気持ちを込めまして、主人が海外出張で買ってきたイタリアのワインをお送りしました。お酒好きの田中さんのお口に合えば幸いです。

近日中に改めてお礼に伺います。

まずは書面にてお礼まで。

状況別書き換え

おすそわけをする

●到来もので失礼かと思いますが、お福わけとしてお送りいたします
●おすそわけで恐縮ですが、実家から送られてきた○○をお届けいたします
※目上の人に対しては「お福わけ」を使う

珍しいものを送る

●さっとゆでてから、おしょうゆなどを付けてお召し上がりください
●同封のパンフレットを参照にしながらお召し上がりください

お金や商品券を送る

●お祝いの品をあれこれ考えたのですが、思い浮かばなかったので、お金を同封させていただきました。○○ちゃんの好きなものを買ってあげてください
●お好みに合ったものをお選びいただきたく、失礼かと思いましたが商品券をお送りいたしました

旅先から送る

●旅行先の千葉で食べたアジの開きがおいしかったので、直送いたします
●青森でリンゴ狩りをしましたので、わずかばかりですがお届けします

贈り物に添える手紙 Q&A

Q 上司から先にお中元が届いてしまったら？

A

贈り物を、本来ならこちらから差し上げなければならない立場の相手から先にいただいてしまった場合は、その旨をきちんと詫びて、こちらからも同等の贈り物をするのが一般的です。その際、お礼状を兼ねた添え状を出すとよいでしょう(➡P106参照)。

Q 贈り物より先に手紙を届けるのはなぜ？

A

デパートなどから発送して添え状を同封できない場合は、宅配便より先に手紙が着くようにしないと、説明もなく品物だけを送りつけただけの印象に。本来なら手わたすべきものを送付ですませるのですから、気持ちを込めた手紙が先に届くようにするのがマナーです。

Q 贈り物を断りたいときは？

A

贈り物をいただくに及ばないと感じても、相手からの心遣いを断るのは心苦しいもの。相手としても、せっかくの気遣いをむげに断られては、気分を損ねることでしょう。その場合、今回だけは受け取るということにし、同程度のお返しを「次回からはお気遣いのないよう…」という旨のお礼状を兼ねた添え状とともに送るのが得策です(➡P107参照)。

立場や職場の決まりによって受け取る訳にいかない場合は、相手の心証を害さないよう、ていねいに詫び、事情を説明したうえで辞退します。「気持ちはうれしい」「今後もお付き合いを続けたい」という気持ちをしっかり表すのが、失礼にならない断り方のポイントです。

第5章

心を込めて伝えたい

お礼の手紙

- お中元のお礼
- お歳暮のお礼
- お中元・お歳暮の、こんな場合のお礼
- 結婚祝いのお礼
- 出産祝いのお礼
- 入園・入学・合格祝いのお礼
- 卒業・就職祝いのお礼
- 昇進・栄転祝いのお礼
- 新築・引越し祝いのお礼
- 開店・開業祝いのお礼
- 受勲・受賞・当選祝いのお礼
- 快気祝い・お見舞いのお礼
- 長寿祝いのお礼

お礼の手紙

お世話になったり、贈り物をいただいたりしたときに感謝の気持ちを伝えるお礼の手紙は、鮮度が命。簡潔でよいので、とにかくその日のうちに文字にしましょう。

こうすれば好印象に

届いたその日に書く

うれしい気持ちは熱いうちに伝えると相手も喜びます。贈り物が届いたことを知らせる意味も

贈り物への感想は具体的に

いただいた贈り物の気に入ったところや家族の喜んだ様子などを伝えると贈りがいがあったと思われます

・さすが本場の味は違うと夫も喜んでおり…

お礼の内容を具体的に

何に対するお礼なのかを書くと「もらってうれしい」気持ちが伝わります

・かわいいベビー服をお贈りいただき…

紹介のお礼状には結果も

就職先や人を紹介してもらったときなどには、わかれば結果も書き添えましょう

・おかげ様で採用が決まりました

これは失礼にあたります

お礼以外の用件を書く

お礼状にほかの用件を書くと、用件のついでにお礼を言っているように思われることがあるため、お礼だけを書きましょう

決まり文句を羅列する

曖昧な決まり文句だけでは気持ちが伝わりにくいもの。「面倒だから写して書いたんだな」と思われてしまうことも

お礼状を出し忘れる

一週間遅れても、出さないよりは出したほうがまし。理由を述べてお詫びをしましょう

×折悪しく不在のため…

「お返し」と表現する

いかにも義務でお返ししているという印象を与え、失礼。最近は「内祝い」とするのが一般的

いろんな場合のお礼状

夫宛てに贈り物が来たら

お中元やお歳暮などのいただき物は、夫宛てに来ることが多いものですが、妻が夫のお礼状の代筆をすることもあります。贈られたものを実際に使うのは妻である場合も往々にしてありますので、感想は具体的に伝えましょう。

ただし、文中には「主人ともども感謝いたしております」など、夫からの感謝の気持ちを表す言葉を入れます。

差出人の署名には夫の氏名を書き、その左脇に「内」または「代」と書きます。親戚や仲人へのお礼状は、夫婦連名に

結婚祝いへのお礼状

●披露宴へ出席してくれた方へ

出席のお礼と新居のお知らせを兼ねたはがきを出しましょう

●披露宴へ出席していない方へ

結婚した日付と媒酌人の名前も入れて結婚通知を出しましょう

●仲人へ

結婚後もお世話になることが多いので、お礼だけでなく今後のご指導をお願いする言葉を添えたお礼状を

お中元の起源

中国では1月15日を上元、7月15日を中元、10月15日を下元といい、3人の天の神を祀る日として人々はお供え物をしました。これに日本古来の祖先の霊を供養するお盆が交じり、定着したのが「お中元」といわれています。

お礼のマナー

お礼状のほかにお返しをする習慣があるものもあります。一般的な目安を知っておき、そのうえで判断しましょう。

お返しをするのが一般的

種類	表書き	ポイント
結婚祝い	内祝	披露宴に出席していない人には夫婦連名で送る
出産祝い	内祝	赤ちゃんの名前を書いて宮参りまでに送る
初節句・七五三祝い	内祝	お菓子、赤飯などを子どもの名前で送る
お見舞い	快気内祝	退院後や全快したときに送る（完治していない場合は「御見舞御礼」として）
新築祝い	新築記念 新築内祝	新築披露に招待しなかった人に送る
開店・開業祝い	開店記念 開業記念	店名などが入った記念品などを送る

お返しは不要

誕生日祝い
相手の誕生日にプレゼントを送るとよい

入園・入学祝い
お礼状を忘れずに出す

卒業・成人祝い
本人からていねいなお礼状を出す

就職祝い
初のお給料が出たら、ちょっとしたお返しのプレゼントを送っても

お中元・お歳暮
本来は祖先の霊を祀る供え物。お返しをしないほうが快く受け取ったという意味を表す

お返しの金額の目安

昔は「お祝い倍返し、香典半返し」といわれていましたが、現在では慶弔いずれの場合でも、いただいた金額の半額から3分の1程度が目安とされています

お礼の手紙　基本の形

前文

❶拝復　炎暑の候、お二人ともお元気でお過ごしの由、何よりと存じます。❷

主文

❸このたびは結構なお中元の品をいただきまして、誠にありがとうございました。❹夏の湯上がりはビールに限ると、主人が毎晩楽しませていただいております。❺毎年のお心遣いに、重ねてお礼を申し上げます。

日頃、主人のほうがお世話になっているにもかかわらず、このようにご配慮いただき、お礼の言葉もありません。

末文

❻これから夏本番を迎え、暑さもいよいよ厳しくなってまいります。どうぞご自愛くださいませ。

❼まずは取り急ぎお礼まで。

かしこ

❶頭語・時候の挨拶
❷健康・安否を尋ねる
❸お礼の言葉
❹贈り物への感想
❺心遣いに対する感謝の気持ち
❻健康を祈る言葉
❼結びの言葉・結語

お中元のお礼

確かに届いたことの報告も兼ねているので、届いたらすぐに出すのが基本。贈り主の気持ちを謙虚に受けとめ、それに応じたお礼を述べましょう。

好印象

心遣いに感謝を表す

品物のお礼に終始するのではなく、相手の気持ちへの感謝の言葉も忘れずに

季節にちなんだ挨拶

決まった季節に送るものなので、季節感を演出すれば、気のきいた人という印象に

夫の言葉を添える

妻が代筆する場合、夫の感想や夫が喜んでいる様子を入れましょう

喜びを具体的に書く

こちらの喜びは、家族の言葉や様子などを通して具体的に書くと、感謝の気持ちが相手に届きます

失礼

通りいっぺんのお礼を言う

誰にでも使える具体性のない文面は義務で書いていると思われがち

ひたすら恐縮する

お礼の基本は「いただいてうれしい」という気持ち。恐れ入ってばかりいると味気ないお礼状に

ていねい度

取引先◀…お中元（くだもの）のお礼

拝啓　盛夏のみぎり、ますますご隆盛の由、お喜び申し上げます。

吉村様にはいつも大変お世話になり、感謝いたしております。

またこのたびは、おいしいメロンを頂戴いたしまして❶、誠にありがとうございます❷。

私のほうこそいつもご面倒をおかけしておりますのに、過分なお心遣いをいただき、恐縮しております。

今後とも変わらぬお付き合いをお願い申し上げますとともに、吉村様のご健康とご発展をお祈り申し上げます。

略儀ながら、まずは御礼かたがたご挨拶まで。

敬具

書き換え表現

❶ **頂戴いたしまして**
お送りいただき／お届けいただき／いただき

❷ **ありがとうございます**
感謝申し上げます／痛み入ります／うれしく存じます

❸ **お変わりなくお過ごしのことと**
お元気でお過ごしのことと／ますますご清栄の由／ご清祥のことと

❹ **お心遣い**
ご厚情／ご配慮／ご厚志／ご芳志

ていねい度

夫の部下◀…お中元（ビール）のお礼

拝啓　暑い日が続いておりますが、山田様ご一家にはお変わりなく❸お過ごしのこととお喜び申し上げます。

本日、お中元のご挨拶と地ビールの詰合せをいただきました。主人が大のビール党と知ってのお心遣い❹、本当にありがとうございます。いつも主人のほうこそお世話になっておりますのに、このようなご配慮をいただき、恐縮しております。

どうぞ奥様にもよろしくお伝えくださいませ。

暑さ厳しい折柄、どうかご自愛ください。

敬具

ていねい度

親戚◀…お中元（ジュース）のお礼

うだるような暑さが続いておりますが、叔父様、叔母様にはお元気でお過ごしのご様子、うれしく存じます。

本日、おいしそうなジュースの詰合せが届きました。子ども達も大喜びで、さっそく冷蔵庫に入れ、冷えるのを楽しみにしているところです。いつも何かとお心遣いをいただき、本当に感謝しています。

暑さはしばらく続きそうです。どうぞお身体大切に。

状況別書き換え

安否を察する

●ご家族の皆様にはお健やかにお過ごしのことと、お喜び申し上げます

●○○様ご一家にはお元気とのことで安心いたしました

お礼の言葉

●このたびはごていねいなお中元の品をお贈りいただき、ご芳志ありがたく御礼申し上げます

●早々にお中元をご恵送賜りまして、厚く御礼申し上げます

贈り物への感想

●暑気払いにぴったりのお品をいただき、元気を取り戻せそうです

●家族みんなの大好物で、さっそく冷やして大事にいただきます

●毎日使うものなので、本当にありがたく存じます

心遣いへの感謝

●いつもながらのやさしいお心遣い、ありがとうございます

●普段お引き立てをいただいておりますのにご高配を賜り、恐縮の至りでございます

お歳暮のお礼

一年間の感謝の気持ちを込めて贈られるご進物。その贈り主の気持ちを理解して、お礼の言葉に反映させることがポイントです。

好印象

一年間の感謝を込める
お歳暮の中身と一年間の厚誼に対するお礼を述べ、来年への力添えと協力を願う言葉で締めくくります

喜びを具体的に書く
何をもらってどううれしかったかを、家族の様子を通して具体的に書きましょう

受け取ってすぐに出す
最近のお歳暮はデパートから送られるのが一般的。「確かに受け取った」という報告も兼ね、すぐに出すのがマナーです

家族の言葉を添える
妻が代筆する場合、夫の言葉や家族が喜んでいる様子を入れましょう

失礼

相手の安否を尋ねる
お歳暮が届いたということは、相手が元気だということ。安否を尋ねる「いかがですか」などの表現は必要ありません。入れるのであれば、安否を察する言葉で十分です

ていねい度

取引先◀…お歳暮（食品）のお礼

謹啓　師走の候、山本様にはますますご清祥の由、何よりと存じます。

　このたびは❶お歳暮のお心遣いを❷いただき、誠にありがとうございました。平素、❸ご助力を賜っておりますのはこちらのほうですのに、大変恐縮に存じます。

　いただいた美しいかまぼこは、家族で大切に賞味させていただきます。来年も、何卒よろしくご支援のほどお願い申し上げますとともに、皆様のさらなるご繁栄を祈念いたしております。

　まずは書中にて御礼申し上げます。

謹白

書き換え表現

❶お歳暮のお心遣い
お心尽くしのお歳暮／お心遣いのお品／ごていねいなお品／私どもの大好物のお品／大変珍しいお品／歳末のご芳志

❷いただき
頂戴し／ご恵贈いただき／お贈りいただきまして／お届けいただき／拝受し

❸ご助力
ご協力／ご尽力／ご高配／ご配慮／ご厚志

ていねい度 ●●●

夫の上司◀…お歳暮（名産品）のお礼

拝啓　師走に入り慌ただしい毎日でございますが、石橋様にはお変わりなくご活躍のご様子、お喜び申し上げます。平素は主人がお世話になり、感謝いたしております。

本日はめったに手に入らない新潟の名産品をお贈りいただき、ありがとうございました。さっそく本場の味を堪能しております。主人も酒の肴に最高と喜んでおりました。

奥様にくれぐれもよろしくお伝えください。お身体をお大事に、よいお年をお迎えくださいませ。

かしこ

ていねい度 ●○○

教え子◀…お歳暮（お菓子）のお礼

今年も残り少なくなりましたが、お元気にお過ごしのご様子、何よりと存じます。

本日、お心のこもったお手紙とともにお歳暮が届きました。私の大好きなお菓子を、今年も忘れずに贈っていただき、本当にありがとう。さっそくいただいています。今年のお正月は帰省されるご予定ですか。もし帰られるようでしたら、元気なお顔を見せにぜひ立ち寄ってください。お会いできるのを楽しみにしております。

では、よいお年をお迎えください。まずはお礼まで。

状況別書き換え

時候の挨拶

- 歳晩の候、貴社におかれましてはいよいよご清栄のこととお喜び申し上げます
- 年の瀬が迫り、ご家族で年越しの準備にいそしんでおられることと存じます

お礼の言葉

- このたびはご丁重なお歳暮の品をご恵贈いただき、厚く御礼申し上げます
- ごていねいな歳末のご芳志を賜りまして、誠にありがとうございました
- 毎年ながらお歳暮をお贈りくださいまして、幾重にも御礼申し上げる次第です

お世話になったお礼

- 平素は、格別のご厚情を賜り、心より感謝いたしております

贈り物への感想

- さすが本場の味は一味も二味も違いますね
- 久し振りに懐かしい味を堪能させていただきました
- いただいた羽毛ベストは本当に温かく、ありがたく使わせていただきます

ていねい度

上司からのお中元が先に届いてしまった場合

拝啓　梅雨明けが恋しい今日この頃ですが、横山様はじめご家族の皆様にはお変わりなくお過ごしのご様子、お喜び申し上げます。

　このたびは、主人の大好きなコーヒーをお中元としていただきまして、誠にありがとうございました。毎朝の楽しみができたと主人も喜んでおります。

　平素は、主人のほうがお世話になっておりますのに、このようなお心遣いをいただき、大変恐縮でございます。

　遅くなりましたが、本日、主人の田舎から白桃をお送りいたしました。ご笑納いただければ幸いです。

　これから夏本番を迎えますが、どうか体調を崩されませんよう、くれぐれもご自愛のほどをお祈り申し上げます。まずは取り急ぎ御礼まで。

敬具

□□○年七月○日

伊本　肇
内　光代

横山伸一郎　様

ポイント

こちらから送るべき相手から先にいただいてしまった場合は、すぐにお中元（お歳暮）を手配し、お礼状にそのことを書き添えましょう

状況別書き換え

こちらから先に送るべきだったことを暗に詫びる

- 日頃、主人のほうが何かとお世話になっておりますのに、このようなお気遣いをいただき、申し訳なく存じております
- こちらのほうから先にご挨拶申し上げげねばならないところ、このようなお心遣いをいただき、恐縮に存じます

お中元を送ったことを知らせる

- 大変遅くなりましたが、当方からもご挨拶させていただきます。気持ちばかりの品ではございますが、ご笑納くだされば幸いに存じます
- 心ばかりですが、本日、山梨の実家よりぶどうをお送りいたしました。どうぞ召し上がってください

ていねい度

今後のお歳暮を辞退したい場合

拝啓　師走に入り、寒さも厳しくなってまいりました。井手様にはつつがなくお過ごしのご様子、何よりでございます。日頃は主人が大変お世話になっております。

本日はご丁寧なお歳暮の贈り物をご恵贈いただきまして、ありがとうございました。毎年このようなお気遣いをいただき、恐縮の至りでございます。今後はこのようなお気遣いはなさらず、どうぞお二人でよいお年をお迎えくださいませ。

まずはお礼のみにて。

かしこ

ポイント

贈られるのが負担な場合は、相手の心遣いに感謝しながら、今後の贈り物は辞退したい旨を伝えましょう。ただし、きつい言葉にならないように注意します

状況別書き換え

- いつも季節のご挨拶を欠かさず頂戴し、お礼の申し上げようもありません。今後はどうかお気遣いなさいませんよう…
- 主人は、いつもこちらのほうがお世話になっているのに、お歳暮など頂戴しては申し訳ないと恐縮しております

ていねい度

お中元のお返しが届いた場合

拝啓　例年にない暑さが続いておりますが、佐藤様にはお元気でお過ごしのご様子、何よりと存じます。

さて、本日は涼味豊かなお菓子を頂戴いたしまして、誠にありがとうございます。ほんの心ばかりのご挨拶のつもりでしたのに、かえってお気遣いいただくことになってしまい、心苦しく思っております。

どうぞ奥様にもくれぐれもよろしくお伝えください。

暑さ厳しき折柄、ご自愛ご専一に。まずはお礼まで。

かしこ

ポイント

こちらがお中元を贈ったことで、かえって相手に気を遣わせてしまったことを心苦しく思う気持ちを表現しましょう

状況別書き換え

- 日頃よりご配慮を賜っておりますお礼のご挨拶でしたのに…
- 日頃よりお世話になっておりますお礼に、心ばかりのしるしをお送りしただけでしたのに…

結婚祝いのお礼

披露宴に出席できなかった方、披露宴などでお世話になった方には挙式後、もしくは新婚旅行から帰ってきたらすぐに直筆のお礼状を書きましょう。

好印象

新生活への決意を添える
初々しくほほえましい印象が伝わります。あまり浮かれた文章にならないよう注意して

お祝い金の使い道を報告する
有意義に使わせてもらった、と伝えると「贈ってよかった」と思われます

今後の指導を仰ぐ言葉を
目上の方へのお礼状には、結びに今後もいろいろ教えていただきたいという一言を添えましょう

夫婦連名で出す
結婚後初めて出すお礼状は、夫の上司や仕事関係者であっても夫婦連名で

失礼

はがきで出す
季節の贈り物に対するお礼のような、一般的な手紙とは違うので、封書で出すのがエチケットです

結婚式のお礼を書かない
式に出席してくれた方や式でお世話になった方にはしっかりとお礼を

ていねい度

夫の上司◀…結婚式出席のお礼

謹啓　立夏の候、ますますご健勝のこととお喜びいたします。

先日はご多忙のところ、私どもの結婚式にご出席くださいまして、誠にありがとうございました。また、温かなご祝辞と❶お心尽くしのお祝いの品をいただきまして、厚く御礼申し上げます。

お心のこもったお言葉を胸に、二人手を取り合って❷新しい家庭を築いていく所存です。

❸未熟な二人ですが、今後ともご指導、ご助言のほどお願い申し上げます。

まずは御礼のご挨拶まで。

敬白

書き換え表現

❶**お心尽くしの**
結構な／素敵な／心のこもった／過分な

❷**新しい家庭**
明るく楽しい家庭／温かい家庭

❸**未熟な二人ですが**
何分未熟な二人ではございますが／何かと至らぬ私どもですが

❹**遠方ということで**
急な挙式ということで／身内だけで簡素にすませたため

ていねい度

知人◀…結婚祝いのお礼

拝啓　初夏の風がさわやかな季節となりました。

　先日は私どもの結婚に際し、お心のこもったお祝いの品をいただき、誠にありがとうございました。お贈りくださった食器はさっそく使わせていただいております。[4]遠方ということで披露宴へのお招きは控えさせていただきましたのに、過分なお心遣いを頂戴し恐縮しております。末永く大切に使わせていただきます。

　なお、別便にて、ささやかな内祝いの品をお送りしましたので、ご笑納ください。また、こちらにお越しの際は、ぜひお立ち寄りください。まずはお礼まで。

かしこ

ていねい度

友人◀…披露宴のスピーチのお礼

ゆかりさん、先日は私たちの結婚式に来てくれてありがとう。そのうえ心のこもったスピーチをいただいて感激しました。秀雄さんも思わず胸がいっぱいになって、泣いてしまうところだったそうです。

　これからは結婚生活大先輩のゆかりさんをお手本にして、二人で明るく楽しい家庭を築いていきたいと思います。どうぞこれからもよろしくお付き合いくださいね。

　今度ぜひご主人と一緒に遊びに来てください。お待ちしています。

まずはお礼まで。

かしこ

状況別書き換え

お礼の言葉

●ご多忙にもかかわらず、私どもの結婚披露宴にご出席くださいまして、ありがとうございました
●ご過分なお祝いをお贈りいただき、恐縮しております

お礼の言葉［仲人夫妻へ］

●私どもの結婚に際しまして、ひとかたならぬお世話をいただき、改めて御礼を申し上げます
●お忙しい中私どものためにご媒酌の労をお執りいただき、誠にありがとうございました

招待しなかったことを詫びる

●遠くまで来ていただくのも申し訳なく、披露宴へのお招きを控えさせていただきましたのに、恐縮しております
●結婚式・披露宴も身内だけの内輪で相すませましたことからご招待もせず、失礼の段ひらにお許しください
●遠方ゆえお招きできなかったのが残念ですが、ささやかな内祝いのしるしをお届けいたしますのでご笑納ください

出産祝いのお礼

夫の身内や会社の上司、仲人の方々にはお礼状を出すのが礼儀。少し落ち着いた頃に、内祝いの品に添えて送ってもよいでしょう。

好印象

お礼の気持ちは具体的に
どううれしかったかをストレートに書くと、感謝の気持ちが伝わります

名前や成長ぶりを伝える
名前を知らせる、身内には写真を添えるなどして、喜びの気持ちを素直に伝えましょう

素直な感慨を伝える
子どもの様子だけでなく、親となった感激や喜びを伝えると、手紙に気持ちがこもります

身内や仲人には夫婦連名で出す
夫の両親、兄弟姉妹、親戚、仲人へのお礼状は夫婦の名前を書き連ねます

失礼

相手構わずにわが子のかわいらしさを強調する
相手によっては、思いやりのなさに傷ついてしまうことも

「お返しに」「お返しとして」
義務的な返礼に感じられるので、内祝いではタブーです

ていねい度

夫の上司◀…出産内祝いの送り状

拝啓　春光うららかな季節となりました。

このたびの❶長男の誕生に際しましては、お心のこもったお祝いをお届けいただき、誠にありがとうございました。今後は初めての育児に、二人で力を合わせて奮闘してまいりますので、どうかよろしくご指導くださいますようお願い申し上げます。

なお、ささやかな内祝いのしるしをお届けいたしますので、ご笑納ください。

末筆ながら、皆様のご健康とご多幸をお祈り申し上げます。

かしこ

書き換え表現

❶長男の誕生に際しましては
長男誕生の折には／長男誕生にあたっては
※「長男」の代わりに「次男」「長女」「次女」、名前など

❷素敵なお祝いの品
お心のこもったお祝い／とてもかわいらしい○○／かわいいお祝いの品／ごていねいなお手紙とお祝いの品

❸お力添えくださいますよう
ご指導くださいますよう／ご教示をよろしく／ご助言くださいますよう

ていねい度

知人◀…出産祝いのお礼

拝啓　おだやかな小春日和が続いておりますが、皆様にはお健やかにお過ごしのこととお喜び申し上げます。

　本日は❷素敵なお祝いの品をお送りいただき、ありがとうございました。純白のかわいらしいマントは、これからのお散歩にとても重宝しそうで、何よりうれしく存じます。実りの秋に生まれた子どもは秋実と名づけ、おかげ様で順調に育っております。

　まだまだ頼りない親ではございますが、どうぞ今後とも❸お力添えくださいますようお願い申し上げます。

敬具

ていねい度

友人◀…出産祝いのお礼

今日は、とてもかわいらしいおもちゃを送ってくださってありがとう。さっそくベビーベッドに取りつけて動かしてみたら、素敵なメロディーが流れ、赤ちゃんも喜んでいました。主人もくれぐれもよろしくとお礼を申しております。

お仕事は相変わらずお忙しいでしょうが、ぜひ一度お休みの日にでも遊びにいらしてくださいね。主人も喜ぶことと思います。

まずはお礼まで。

状況別書き換え

お礼の言葉

●お心のこもったお便りと過分なお祝いをいただき、ありがとうございました
●お忙しい中、お二人そろって病院までおいでいただき、またかわいらしいお祝いの品まで頂戴いたしまして、誠にありがとうございました

子どもの成長ぶりを記す

●幸い産後の肥立ちもつつがなく、母子ともに経過は順調です
●ミルクをよく飲み、体重もぐんぐん増えています
●おかげ様で順調に発育しています

親になった感慨を伝える

●親になれた喜びと責任の重さをひしひしと感じております
●これからは二人協力して育児に励んでまいります
●とにかく健康で明るく育ってくれればと主人とも話し合っております

今後の指導や助言を願う

●まだまだ不慣れな両親ではございますが、今後ともよろしくご指導くださいますようお願いいたします
●これからもどうぞ私どもを見守ってくださいますよう、お願い申し上げます

入園・入学・合格祝いのお礼

いただいたらすぐに出すのが礼儀。
本人にも書かせましょう。

好印象

本人からもお礼状を出す
中学生以上なら、本人もお礼状を出しましょう。小さな子どもの場合は一言書き添え、親子連名で

贈り物をほめる
使い勝手のよさや品選びの確かさをほめ、どう役立ったかを書きます

現金をいただいた場合は使い道を書く
何を買ったのかを報告し、子どもが喜んでいる様子を伝えましょう

本人の様子を伝える
近況や贈り物を気に入っている様子を伝えると好印象

失礼

子どもの自慢をする
難関校に合格した場合も、「なんとか志望の学校に」など控えめな表現を心がけましょう。相手方が受験で不本意な結果を出した人であればデリカシーに欠けることも

ていねい度

仲人◀…娘の進学祝いのお礼

拝啓　日一日と春めいてまいりましたが、勝俣様ご夫妻にはお元気でお過ごしのこととお喜び申し上げます。

このたびは娘萌子の❶中学進学にお心遣いをいただきまして、誠にありがとうございました。さっそく英語の辞書など新しい学用品を揃えさせていただきました。

中学校は電車通学となるため、親としては少々心配ですが、本人は新しい学校に意欲満々ではりきっております。

本人もお礼の手紙を書いたと申しますので、同封させていただきます。

まずは、取り急ぎお礼まで。

敬具

書き換え表現

❶**中学進学にお心遣いをいただき**
小学校（中学・高校・大学）入学にあたりましてお祝いをいただき／入学祝いをいただき／合格祝いをいただき

❷**温かい励ましのお手紙**
お祝いの手紙と素敵なプレゼント／温かい励ましと過分なお祝い

❸**お姉さんらしく**
かわいらしく／しっかりと／お兄さんらしく／頼もしく／わんぱくに

ていねい度

恩師◀…成人式の祝い状のお礼

拝復　初春にふさわしい穏やかな日が続いております。先生にはお元気でお過ごしのご様子、安心いたしました。

このたびは私の成人式を祝い、❷温かい励ましのお手紙をくださりありがとうございました。

成人式は迎えたものの、まだ学生の身で大人になった実感はまるで湧きませんが、これからは両親や社会など、周囲のことも考えられる人間になりたいと思います。

未熟な私を今後ともどうぞご指導くださいますようお願い申し上げます。

敬具

ていねい度

義姉◀…子どもの入学祝いのお礼

桜の便りが聞かれる季節となりました。

このたびは、健太の小学校入学祝いに、素敵なジャケットをお贈りいただき、ありがとうございます。健太も「カッコイイ!!」と一目で気に入ったようです。さっそく着せてみるとよく似合い、男が上がったようです。これを着て登校する日が楽しみです。

そちらは皆様お変わりありませんか。由香里ちゃんも三年生、❸お姉さんらしくなったでしょう。また三人で遊びに来てください。主人も健太も楽しみにしています。

状況別書き換え

お礼の言葉

- 過分なお祝いをいただきまして、恐縮しております
- 温かいお心遣いに感謝の気持ちでいっぱいです
- 受験前にはいろいろとご心配をおかけしましたのに、このようなお祝いまでいただき、恐縮しております

心遣いへの感謝

- ご配慮に改めて感謝いたします
- 何よりのお心遣いに感謝しております
- お心遣い本当にありがとうございました

本人のお礼状について

- なお、本人からのお礼の手紙も同封させていただきます
- 本人からも改めましてお礼状をお送りいたします

今後の指導や厚誼を仰ぐ

- 今後とも娘の成長を温かく見守りくださるよう、お願い申し上げます
- 何分にも若輩の未熟者ですので、折にふれていろいろとご指導ください

卒業・就職祝いのお礼

卒業・就職祝いのお礼状は本人が出すのがマナー。親とも交流があれば親からもお礼状を。

好印象

今後の抱負を伝える
社会に出る決意や今後の計画などをきちんと示すと前向きで好印象

今後の指導を乞う
最後は今後の指導・ご鞭撻をお願いする言葉でまとめると、謙虚な手紙になります

よそよそしくなりすぎない
親戚にも目上の人にも、正直な気持ちを伝えると、相手もうれしいものです

日頃の感謝も伝える
今まで受けたお世話へのお礼を述べるよい機会ととらえ、しっかりお礼をしましょう

失礼

就職先を自慢する
就職先が有名企業だからといって、ひけらかすような表現はNG。「希望する会社」くらいの控えめな表現にとどめましょう。希望どおりの就職先でない場合も愚痴にならないように注意して

ていねい度

知人◀…就職祝いのお礼（親から）

拝啓　春暖の候、岡本様にはご清祥のこととお喜び申し上げます。

　このたびは長男久志の❶就職に際し、❷いろいろお世話になりましたうえ、❸お心のこもったお祝いまでいただき、お礼の言葉もありません。おかげ様で本人の希望していた職種に就くことができました。本当に❹ありがとうございます。

　まだまだ右も左もわからない未熟者ですが、どうぞこれからもご指導のほどを、よろしくお願い申し上げます。

　まずは略儀ながら、書中にてお礼申し上げます。

敬具

書き換え表現

❶**就職に際し**
就職（卒業）の折には／就職（卒業）にあたり

❷**いろいろお世話になり**
過分のご配慮をいただき／いろいろとご心配いただき

❸**お心のこもった**
過分な／ごていねいに／思いもかけない

❹**ありがとうございます**
感謝しております／お礼の言葉もありません／恐縮いたしております

ていねい度

恩師◀…卒業祝い状のお礼

拝復　このたびは、お心のこもった卒業祝いのお手紙をいただきまして、ありがとうございました。

　高校時代に先生の影響を受けて入った大学でしたが、あっという間の四年間でした。もう少し勉強したかった気もしますが、いつまでも学生気分で甘えている訳にはいきません。教師として採用されるかはまだわかりませんが、塾のアルバイトを続け、夢を諦めずに進んでいきます。

　これからも変わらぬご指導をお願いいたします。お礼かたがたご挨拶まで。

敬具

ていねい度

叔父◀…就職祝いのお礼

　近所の桜もほころび始め、春らしい陽気になりましたが、叔父様にはお元気なご様子、お喜び申し上げます。

　先日は過分な就職祝いをいただき、ありがとうございました。さっそくスーツを買わせていただくことに決めました。何しろリクルート用のスーツが一着しかなかったので、ありがたく使わせていただきます。父や母もくれぐれもよろしくと申しております。

　四月から私も社会人の仲間入りをしますが、人生の先輩として、今後ともいろいろとご助言をお願いいたします。

状況別書き換え

お礼の言葉
●本日は、私の卒業を祝うお手紙をいただきまして、ありがとうございます
●長男の就職の折には、お心のこもったお祝いの品を頂戴し、誠にありがとうございます
●思いもかけないお祝いに、大変驚いている次第です

お祝い金の使い道
●何か記念に残るものを買わせていただこうと思っています
●さっそくスーツを買い求め、入社式で着させていただきます

今後の抱負を述べる
●責任ある行動のとれる社会人になりたいと思っています
●よい人間関係を築けるよう努力したいと思っています
●お世話になった方々に少しでも恩返しができるよう頑張ります

これからの指導を請う
●未熟な私ですが、これからもどうぞよろしくご指導ください
●いつもお世話になるばかりですが、今後もいろいろとご相談させてください

昇進・栄転祝いのお礼

謙虚な姿勢で今後の抱負や決意を述べ指導をお願いする言葉でまとめましょう。

好印象

上司へのお礼状は必ず封書
特に改まった相手へは略式にすると失礼に思われます

これまでのお世話に謝意を
お祝いへのお礼だけでなく、お世話になってきたことへの感謝の気持ちを伝えましょう

決意を述べる
昇進・転任後の前向きな姿勢を見せて、喜びは控えめにするのが好印象

今後の指導や助力を願う
これからも変わらぬ指導や支援を願う一文を忘れずに添えましょう。謙虚な印象に

失礼

後ろ向きな表現
「気が重い」「今後が心配」など否定的な言葉を使うと、相手のせっかくのお祝いの気持ちにこたえることになりません

自信過剰な表現
自ら「就任」「大役」などと書かず、「転任」「着任」と控えめに記します

ていねい度

夫の上司◀…昇進祝いのお礼

謹啓　爽秋の候、田辺様にはますますご隆盛のこととお喜び申し上げます。

さて、このたびの主人の着任に際しましては、❶ごていねいにお祝いを頂戴し、厚く御礼を申し上げます。これまでのご恩を忘れず、奮励努力する所存と主人も申しておりました。今後とも変わらぬ❷ご厚誼を賜りますようお願いいたします。

末筆ながら、奥様にもくれぐれもよろしくお伝えくださいませ。

謹白

書き換え表現

❶ごていねいにお祝い
過分なご芳志／心温まるお言葉とお祝い／お心のこもったご祝詞とご厚志／記念の品／痛み入るお祝いのお言葉

❷ご厚誼
ご指導ご鞭撻／ご指導ご交誼／ご支援／ご助言／ご高庇／ご高誼

❸新任地
新しい職場／新しい勤務地／当地

ていねい度

元上司◀…栄転祝いのお礼

拝啓　春爛漫のみぎり、岡田課長にはますますご健勝のこととお喜び申し上げます。

さて、このたび転任にあたっては、お心のこもったお品をいただきありがとうございました。今月十日より着任し、無事③新任地での第一歩を踏み出しました。これまでの公私にわたるご指導に感謝いたしますとともに、今後とも変わらぬご鞭撻のほどをお願い申し上げます。

末筆ながら、岡田課長のご健康とご活躍をお祈り申し上げます。

敬具

ていねい度

後輩◀…壮行会主催のお礼

先日は私のために楽しい席を設けていただき、本当にありがとう。あなたが音頭をとってくれたそうですね。おかげで幸せな一時を過ごせました。皆さんの温かい励ましやありがたい助言が、今も心に残っています。

これからも決して慢心することなく、新しい仕事を精一杯頑張るつもりです。

今後は遠く離れてしまいますが、変わらぬお付き合いといろんなアドバイスをお願いしますね。

まずはお礼まで。

状況別書き換え

お礼の言葉
●このたびの私の就任に際しましては、さっそくごていねいなお祝いをいただき、謹んで御礼申し上げます
●私の転勤に際しまして、痛み入るお祝いのお言葉を頂戴し、心よりお礼申し上げます

これまでへの感謝の言葉
●在任中は格別のご高配を賜り、誠にありがとうございました
●大阪支社勤務中は、ひとかたならぬご厚情を賜り、厚く御礼申し上げます

今後への決意を述べる
●新任地におきましても、初心に返り誠心誠意職務をまっとうする所存です
●微力ではございますが、社業発展に精励する覚悟でございます
●皆様のご期待に添えるよう、一層の努力を重ねてまいる所存です

変わらぬ支援を願う
●何卒倍旧のご高庇を賜りますよう、改めてお願いいたします
●今後とも何かにつけてご指導を仰ぐこともあろうかと存じますが、どうぞよろしくお願い申し上げます

新築・引越し祝いのお礼

新築祝いへのお礼状は喜びを控えめに。引越し祝いへのお礼状は慌ただしくても早めに出しましょう。

好印象

ぜひ来てほしいと伝える

新居に招きたい旨を伝える一文は、新築・転居の手紙のマナーです

謙虚な表現

うれしさのあまり、わが家の自慢にならないよう気をつけて落ち着いた態度を心がけましょう

暮らしぶりを報告する

その後を気にかけてくれている相手に対して、安心してもらうための近況報告を

お祝いの品への感想を具体的に

いただいた物をどうしたかを報告して、感謝の気持ちを表現しましょう

失礼

はしゃいだ気持ちを前面に出す

家を持てない人や家屋の古い人には、嫌味や自慢に聞こえて印象を悪くしてしまいます。控えめ、謙虚な表現を心がけて

ていねい度

知人◀…新築祝いのお礼

拝啓　新緑の候、ご健勝のこととお喜び申し上げます。

さて、先般、転居通知を差し上げましたところ、ごていねいに❶お祝いをいただきまして恐縮いたしております。そのようなつもりでご通知した訳ではなく、※❷汗顔の至りでございますが、お心遣い誠にうれしく、頂戴しました食器は大切に使わせていただきます。

遠方ではございますが、こちらにお出かけの際は、ぜひお立ち寄りくださいますよう、改めてご案内申し上げます。

取り急ぎお礼のみにて失礼いたします。

敬具

書き換え表現

❶ **お祝いを**

過分なお祝いを／お祝いの心遣いを／お祝いの品を

❷ **汗顔の至りでございます**

お恥ずかしい限りです／大変恐縮いたしております／恐縮至極に存じます

❸ **新しい住まい**

新居での生活／新しい暮らし／新しい家／新しい土地／新生活

ていねい度

先輩◀…新築内祝いの送り状

拝啓　涼しい季節が待ち遠しい今日このごろ、ご家族の皆様にはお元気でお過ごしのこととご拝察申し上げます。

　このたびはお心のこもった新築祝いの品をいただきまして、誠にありがとうございました。素敵な木製の靴べらはわが家の玄関にぴったりでした。大切に使わせていただきます。

　おかげさまで③新しい住まいにもようやく慣れてまいりました。ぜひご家族おそろいでお出かけください。

　なお、ささやかな内祝いのしるしをお送りいたしますので、どうかお納めください。まずはお礼のみ。

かしこ

ていねい度

後輩◀…引越し祝いのお礼

東京は暑い日が続いているようですが、いかがお過ごしですか。こちらは朝晩、幾分過ごしやすくなってきました。

　今日、あなたからすてきな置き時計が届きました。本当にありがとう。さっそくリビングに飾りました。

　初めての土地で不安もいっぱいですが、こちらののんびりとした生活は、案外私には合っているかもしれません。

　由子さんが遊びに来てくれる頃には、案内できるようになっていますね。主人も楽しみにしていますので、ぜひ遊びに来てください。

　まずは、取り急ぎお礼まで。

状況別書き換え

お祝いへのお礼の言葉

●拙宅の新築に際し、結構なお祝いを頂戴し、心からお礼申し上げます

●ごていねいに新築祝いをいただきまして、ありがとうございました

新居での暮らしぶりを伝える

●おかげ様でこちらの暮らしにも少しずつなじんでまいりました

●都心から離れた郊外で少々不便ではございますが、自然豊かな土地柄が気に入っております

来訪を願う

●お暇な折に一度、奥様とご一緒にお出かけくださいませ

●ぜひ泊まりがけで遊びにいらしてください

●お泊まりいただける部屋もございますので、お気軽にお訪ねください

内祝いについて

●気持ちばかりの内祝いを別便にてお送りいたしましたので、お納めください

●ささやかな内祝いのしるしとして粗品をお送りいたします。ご笑納くださると幸いです

言葉の意味

※汗顔《かんがん》の至《いた》り：すっかり恥じ入る様

開店・開業祝いのお礼

親しい間柄であっても、礼儀正しい文面で。日頃の心遣いへの感謝の気持ちも伝えましょう。

好印象

心遣いに感謝の意を表す
お祝いへのお礼のほか、日頃の厚誼や引き立てなどへの感謝の気持ちを述べると誠意のある手紙になります

オープン後の様子を伝える
順調なスタートを切ったことを報告し、相手を安心させましょう

今後の抱負を述べる
スタート地点に立ち、新たに努力していく決意やプランを述べましょう

引き続きの指導をお願いする
力を貸してください、と謙虚に助力をお願いすることで、今後の交誼につながりやすくなります

失礼

宣伝に終始
開店通知と混同してはいけません。あくまでお礼状なので、あからさまに宣伝めいた言葉を伝えると、お祝いをしてくれた人に対して礼を尽くすことができません

ていねい度

取引先◀…開店祝いのお礼

謹啓　時下ますますご清祥のことと存じ上げます。

さて、このたびは開店にあたり、❶お心のこもったご祝辞とお祝いを頂戴し、ご厚情に心より御礼を申し上げます。

こうして何とか開店の佳き日を迎えられましたのも、ひとえに皆様の温かい❷ご支援とご尽力の賜物と、深く感謝いたしております。

皆様に❸末永く愛される店になりますよう、二人力を合わせて努力してまいります。

どうぞこれからも変わらぬ❹お引き立てを賜りますよう、お願い申し上げます。

まずは略儀ながら御礼を申し上げます。

謹白

書き換え表現

❶お心のこもったご祝辞
たくさんのご祝詞／ごていねいなご祝詞／お心尽くしのご祝詞／温かい激励のお言葉／ごていねいなお祝い状

❷ご支援とご尽力
ご指導／ご教導／アドバイス

❸末永く
幾久しく／末長く／これまで以上に／変わらず

❹お引き立て
ご愛顧／お力添え／ご尽力

ていねい度

知人◀…開店内祝いの送り状

拝啓　薫風のみぎり、皆様にはいよいよご清栄のこととお喜び申し上げます。

　さて、カフェ「アクア」の開店に際しましては、たくさんのご祝辞とお祝いの品をありがとうございました。皆様の温かいご支援のおかげで順調な第一歩を踏み出すことができました。お客様に心地よいお店とするため、スタッフ一同努めてまいりますので、今後ともご指導ご愛顧のほどよろしくお願いいたします。

　なお、心ばかりの内祝いを送らせていただきますので、お納めください。

敬具

ていねい度

先輩◀…開業祝いのお礼

　このたびは過分な開業祝いをお送りいただき、本当にありがとうございました。大切に使わせていただきます。

　おかげ様で六月一日より会社をスタートすることになりました。今は準備に忙殺され、目の回るような日々を過ごしておりますが、由紀子さんの励ましのお手紙を読み、力が湧き、気持ちも引き締まりました。改めて退社から今日までの親身なご助言に、心から感謝申し上げます。

　今後はお客様に誠実な仕事をしていきたいと思っています。どうぞ今後ともよろしくご教導ください。

状況別書き換え

お礼の言葉

●このたびの開店に際し、お心尽くしのご祝詞とご芳志を賜り、ご厚情身にしみて厚く御礼申し上げます

●先日は開店早々にご来店いただき、そのうえ過分なお祝いまで頂戴いたしまして、本当にありがとうございました

周囲の心遣いへの感謝

●何とか開店までこぎつけることができたのも、ひとえに皆様のご支援があったればこそと、深く感謝いたしております

●これも皆様方のご支援・ご愛顧の賜物と、深く感謝申し上げる次第です

オープン後の様子を報告する

●おかげ様で開店以来、順調に営業しております

●オープンして一週間ほどですが、予想を上回る好調なスタートとなりました

今後の決意や抱負を述べる

●地元の皆様に親しまれる店になるよう、二人で努力してまいります

●地道な努力を重ね、一歩一歩着実に歩んでまいりたいと存じます

受勲・受賞・当選祝いのお礼

謙虚な気持ちで支えてくれた方々への感謝の意を伝えましょう。

好印象

喜びを素直に表現する
努力や作品が評価されたうれしさをそのまま謙虚に表現しましょう

今後の決意を示す
これを機に今まで以上に頑張ることを宣言すると、すがすがしい印象に

これまでの支援に感謝する
今回の栄誉は周囲の支えがあってこそと、謙虚な感謝の意を伝えましょう

今後の指導を願う
最後にこれからの一層の支援と指導をお願いして文面をまとめましょう

失礼

謙遜しすぎる
「私にはもったいない」など、過剰にへりくだるのはかえって嫌味になることも。喜びは率直に伝えましょう

後ろ向きな言葉
晴れ晴れしいお祝いのお礼に不安な表現が入ると不信感を与えます

ていねい度

支援者◀…当選祝いのお礼

拝啓　新緑の候、ますますご隆盛のこととお喜び申し上げます。

　このたびの私の市議会議員当選に際し、❶ごていねいなご祝詞と温かなお励ましをいただき、厚く御礼を申し上げます。

　議員経験のない新人の私が❷無事当選できましたのも、ひとえに応援してくださった皆様のご支援とご尽力によるものと、深く感謝いたしております。

　今後は一人でも多くの市民と語り合い、市政に新風を吹き込んでいく所存でございます。今後も倍旧のご支援を賜りますようお願い申し上げます。

敬具

書き換え表現

❶**ごていねいな**
ご丁重な／お心のこもった／心尽くしの／心温まる／いち早い

❷**無事当選できましたのも**
今回の栄誉を得られましたのも／めでたく当選を果たせましたのも

❸**ご多忙のところ**
お忙しい中／ご多忙にもかかわらず

❹**お越しいただき**
ご臨席いただき／ご参列賜り

ていねい度 ✎✎

知人◀…受勲祝賀会参列のお礼

拝啓　緑陰の候、皆様ますますご健勝のこととお喜びいたします。

本日は❸ご多忙のところ、私の※黄綬褒章拝受の祝賀会に❹お越しいただき、誠にありがとうございました。

今回の受章は、私一人に授与されたものではなく、業界の皆様と長年積み重ねてきた活動に与えられたものでございます。今後はこれを励みとして、業界のさらなる発展のために、ますます精進いたす所存でございます。皆様には変わらぬお力添えとご指導をお願いいたしまして、私の感謝の言葉とさせていただきます。

敬具

ていねい度 ✎

友人◀…花束のお礼

今日はわざわざコンクールに来てくださってありがとう。素敵な花束もいただき、とてもうれしかったです。あなたの応援のおかげで勇気をもって自分らしい演奏ができました。本当にありがとう。ピアノを始めてからもうすぐ二十年が経ちますが、初めての優勝です。ようやく夢がかないました。今日のこの結果を糧に今まで以上に練習に励み、もっと大きなコンクールにも挑戦できるよう頑張ります。

これからもどうぞ応援してくださいね。

状況別書き換え

お礼の言葉

- このたびの受賞に際し、いち早くお祝いの言葉をいただき、感謝いたします
- このたびの私の受章に際し、ご丁重なるお祝詞とお祝いのご芳志を賜り、誠にありがたく厚く御礼申し上げます

喜びの言葉

- 私自身思いがけない受賞でしたが、今までの苦労が報われたような気がしています
- 最初は信じられませんでしたが、少しずつ実感が湧いてきて喜びをかみしめております

支援へのお礼

- ひとえに皆様方のご支援によるものと、深く感謝申し上げます
- 皆様の支えなしには今回の結果は望めなかったものと、改めて感謝申し上げます

今後の決意や抱負を述べる

- 皆様のご期待にそむかぬよう、いっそうの精進を重ねる所存でございます
- この受賞を心の支えとして、さらなる努力をしてまいります

言葉の意味

※黄綬褒章《おうじゅほうしょう》：業務に精励している人に国が与える勲章

快気祝い・お見舞いのお礼

災害や病気お見舞いへのお礼状は、落ち着いてから
ゆっくり書いても失礼になりません。

好印象

退院報告は簡略でOK 後からていねいなお礼状を

退院したら退院報告を兼ねてはがきやカードなどの簡略なお礼状を。病み上がりの体で無理しているように思われると、相手はかえって心配になります。落ち着いたら一人一人にていねいなお礼状を出しましょう

災害お見舞いにも礼状を

災害後一か月ほどたったら、報告を兼ねて簡単なお礼状を出し、相手の気遣いにこたえましょう

経過報告は前向きに伝える

復興や回復に努めるという前向きの文面にして、心配無用と伝えます

失礼

相手を心配させる内容

強がる必要はありませんが、暗い言葉を書くなどして相手を心配させないように。悲惨な状況にあっても前向きでいるというニュアンスで書きましょう

ていねい度

父の知人 ◀… 快気祝いの送り状

拝啓　暮秋のみぎり、皆様にはますますご健勝のこととお喜び申し上げます。

父、忠彦の入院中は①いろいろとお心遣いをいただき、誠にありがとうございました。おかげ様で無事退院し、現在は自宅でのんびりと療養しております。通院は必要ですが回復ぶりは順調で、私どももほっとしております。

心ばかりではございますが、別便で快気内祝いの品をお送りいたしましたので、どうぞご笑納ください。

まずは書中にてお礼申し上げます。

敬具

書き換え表現

① いろいろとお心遣いを
ごていねいなお見舞いを／いろいろご心配を／たびたびお見舞いにお越し／ご懇切なお見舞いを

② 励まされました
心に染み入りました／勇気づけられました／力強く感じました

③ ご安心
ご休心／ご休神／ご放念／ご放心／ご放神

ていねい度

知人◀…病気お見舞いのお礼

拝啓　梅の花が咲きそろう季節です。

先日はせっかくの休日に、わざわざお見舞いくださいまして誠にありがとうございます。林様の温かいお言葉に主人ともども❷励まされました。

突然の入院となり、主人も仕事のことばかり気にしておりましたが、林様のお言葉に、治療に専念する覚悟ができたようです。本当にありがとうございました。

林様もくれぐれもご自愛くださいませ。また職場の皆様にも、よろしくお伝えくださいませ。

かしこ

ていねい度

親戚◀…災害お見舞いのお礼

このたびの火災には、早々にお見舞いをいただき、本当にありがとうございました。心から感謝いたします。

隣家からの出火で、あっという間にわが家にまで火の手が迫り、逃げるだけで精一杯でした。でも、家族全員が火傷一つ負わず無事だったことが何よりの救いです。

皆様からの温かい励ましに、本当に勇気づけられました。家族全員元気なので、どうか❸ご安心ください。

しばらくは主人の実家に身を寄せるつもりです。落ち着きましたらまたご連絡いたします。まずはお礼のみにて。

状況別書き換え

お礼の言葉

- このたびは私の退院に際しまして、ごていねいなお祝いと花束まで頂戴し、心より御礼申し上げます
- 父の入院中はご懇切なお見舞いを頂戴し、誠にありがとうございました
- このたびの地震に際しましては、さっそくお見舞いを頂戴し、心から感謝申し上げます

経過や現状の報告

- おかげをもちましてこのほど退院いたしました
- 家族が無事に避難できましたことは、不幸中の幸いでした
- しばらくは何かと不便な状態が続きましたが、現在は復旧に向けて作業が進んでおりますので、どうかご安心ください

快気内祝いについて

- ささやかではございますが、退院の内祝いのしるしをお送りいたしますので、何卒お納めください
- 心ばかりの快気内祝いのしるしをお送りしました。ご受納いただければ幸いです

長寿祝いのお礼

いつまでも元気で暮らしてほしいという願いが込められている長寿祝いへのお礼状は、相手に心配をかけないような明るい話題を。

好印象

誕生日後なるべく早く出す
お礼状を早く書くと、「元気なんだな」と相手も安心してうれしいものです

親に代わって出す
年老いた親の気持ちが伝わりやすいよう、ていねいに書きましょう

明るい話題で近況報告を
最近凝っている趣味の話など、明るい話題で近況を報告すると温かみが増します

遠来の祝賀会出席者には後日お礼状を
遠方からの出席は大変なもの。改めてお礼状を出して感謝を伝えます

失礼

相手が心配することを書く
たとえ体の具合が悪くても、相手に気がかりな思いをさせるようなことは書かないほうが無難です

×年老いた母との二人暮らしは心配で…
×最近はもの忘れがひどく…

ていねい度

母の知人◀…米寿祝いのお礼

拝復　立春のみぎり、ご尊家の皆様にはいよいよご健勝のこととお喜び申し上げます。

　さて、このたびの母の米寿に際し、丁重なご祝辞状ならびに過分なご高配を賜り、厚く御礼を申し上げます。おかげ様で歩みはゆっくりですが、近所への散歩は毎日欠かさないほど元気に過ごしております。

　これもひとえに皆様のご厚情の賜物と感謝いたしております。本日、米寿の内祝いのしるしに、心ばかりの品をお送りいたしました。ご受納賜れば幸いに存じます。

　まずは書中にて御礼のご挨拶を申し上げます。

敬具

書き換え表現

❶傘寿（数え年八十歳）
還暦（六十一歳）／古希（七十歳）／喜寿（七十七歳）／米寿（八十八歳）／卒寿（九十歳）／白寿（九十九歳）／百賀（百歳）

❷ご丁重なお祝いの品
過分なご高配／お心のこもったお祝い／ごていねいなご祝詞ならびにご芳志／温かいお心遣い

ていねい度

教え子◀…傘寿祝いのお礼

前略　このたびの私の傘寿❶に際しまして、ご丁重❷なるお祝いの品を頂戴いたしまして、心よりお礼申し上げます。

思い起こせば、高校で教師としてあなた方と出会ってから、三十余年もの歳月が流れました。いまだに私にお心をかけていただき、大変うれしく思います。長生きできた喜びをしみじみとかみしめております。このうえは健康に留意して、残りの人生を感謝の心で過ごしてまいりたいと存じます。

あなたとご家族の皆様のご健康とお幸せをお祈りして、お礼の言葉とさせていただきます。

草々

ていねい度

母の友人◀…米寿祝賀会出席のお礼

先日の母の米寿を祝う会には、遠方にもかかわらずご来席くださいまして、誠にありがとうございました。

そのうえごていねいなお祝いまでいただき、大変恐縮しております。母も久しぶりに皆様とお目もじし、温かいご祝辞をいただいたのがたいそううれしかったようで、繰り返しその話ばかりしております。

お客様とお話しするのが母のいちばんの楽しみですので、こちらへお出向きの際は、ぜひお立ち寄りくださいますようお願い申し上げます。

まずは、お礼のみ取り急ぎ申し上げます。

状況別書き換え

お礼の言葉

●このたび私が古希を迎えるにあたりまして、さっそくご丁寧なご祝詞をいただき、厚く御礼申し上げます

●私の喜寿の祝いに、ご懇篤《こんとく》なるご佳品をご恵贈賜り、深謝いたします

近況報告

●おかげ様でいたって健康で二十年来、週一回のプール通いを続けております

●おかげ様でこの年まで大病せず、日々つつがなく過ごしております

感謝の言葉

●これもひとえに皆様からお寄せいただくご厚情の賜物と、深謝いたしております

●このように無事に長寿を重ねることができましたのも、皆様のおかげと感謝いたしております

今後の交誼へのお願い

●今後とも一層のご厚情のほどお願い申し上げます

●皆様の心温まるお祝いを励みとして、これからも精一杯生きてまいる所存です

お礼の手紙 Q&A

Q 「お返し」という言葉を使ってはいけないって本当？

A

「先日のお返しに…」という言い方、ついしてしまいがち。しかし「お返し」という言葉には義務的な響きがあり、受け取った側もよい気がしないため、使わないほうが無難です。また、お返しの表書きには「内祝い」「寿」とするのが一般的です。

Q 「○○内」と書かれた手紙は誰宛てに返すべき？

A

妻が夫の代筆をしたら、夫の名前に「内」の字を添えて差出人とします。その手紙にお礼の返事を出すときは「○○○○様 奥様」とするとよいでしょう。奥様の名前がわかればご夫婦を連名にしても。本文でも「奥様によろしく」と書けばさらに好印象です。

Q 印刷のはがきですませる場合の注意点は？

A

お礼状は手書きが基本ですが、大勢から贈り物が来た場合や手書きに自信がない場合などは、印刷した文面ですませたくなるものです。

共通の文面を印刷するとなるとどうしてもあたりさわりのない内容になりがちですが、「結構なお品をいただいて」と、どんな贈り物にも使える文章はもらったほうも味気なく感じてしまいます。できる限り相手に応じた一言を手書きで添えるようにしましょう。いただいた品物の感想はぜひとも盛り込みたい内容の一つなので、具体的な感想を手書きしたいものです。

また、印刷の文面でも署名だけは自筆で書くようにする、などまごころを伝える工夫を凝らします。

第6章

感謝を伝える
お世話になった人への手紙

■ 家族がお世話になったお礼
■ 頼み事の了承のお礼
■ 近況報告とお礼
■ 習い事に関するお礼
■ 協力・尽力・親切へのお礼
■ 紹介のお礼

お世話になった人への手紙

お世話になったお礼は、とにかくすぐに出すことです。早い段階で感謝の言葉をしたため、相手の厚意がどう役立ったかを伝えましょう。

こうすれば好印象に

3日以内に出す

すぐに感謝の思いが届いたら、相手も「役に立てた」「喜んでもらえた」とうれしくなります

感想を伝える

相手の親切や尽力がどのように役立ったかを具体的に伝えると、気持ちのこもった手紙になります

お礼に報告を添える

紹介を頼んだ場合は相手もその後が気になるもの。結果がどうあれ、きちんと報告、お礼して気持ちのよい関係を保ちましょう

相手の苦労を気遣う

相手の厚意を立てることで、「尽力してよかった」と思ってもらうことができます

・お忙しい中、親切にもご協力いただき

これは失礼にあたります

儀礼的な言葉だけ

何に対してのお礼なのか具体的にふれず、ただ儀礼的にお礼をするだけでは、相手に真意が伝わりません

×このたびは大変お世話になりました

出すのが遅れる

お礼を先延ばしにすると、「遅くなって申し訳ありません」と冒頭から詫びなければならず、感謝の念が薄れてしまいます

品物だけを送る

何の連絡もなしに品物を送りつける行為はNG。「物を贈ればいいだろう」という失礼な態度ととられます

自分のことばかり書く

相手への思いやりが伝わりにくく、単なる報告に見えてしまいます

お礼の気持ちを伝えるコツ

お礼状に別件内容は追加しない

お礼状は感謝の心を伝える手紙。そこに「次の会合について」などの別の内容を入れては、感謝の気持ちが薄れてしまいます。別件は後日、別便で

はがきでも可

封書の手紙を書くのが面倒でタイミングが遅れるくらいなら、はがきで手軽に出します。ただし相手が目上の場合は封書にするのがマナー

冒頭にまず感謝の言葉を

早い段階で感謝の言葉を述べることで、「助かりました」という気持ちが伝わりやすくなります。特に借金を承諾してもらったときなどは、前文を省略して悠長な印象を与えないようにする書き方もあります

節目ごとにお礼状を出す

お世話になったお礼状を出すタイミングは、この3通りが考えられます。
①了承してもらったとき
②実行してもらったとき
③結果が出たとき
忘れがちなのは②と③。失礼のないよう、節目ごとにお礼をしましょう

お世話になった人へのマナー

相手が自分のためにしてくれた厚意に対するお礼です。礼儀と誠意を込めて向き合いましょう。

手紙と贈り物を送る時期

種類	手紙	贈り物
食事の招待を受けた	翌日から3日後くらいには出す	手紙と同時期がベスト ※2（相手のお誕生日、お中元、お歳暮といったタイミングに合わせて贈ってもよい）
紹介してもらった	何かの結果の前後に出す ※1	最終的な結果が出たら持参がベスト
厚意を受けた	とにかく早い段階で出す	手紙と同時期がベスト ※2
頼み事を了承してもらった	1 了承の返事をもらったとき 2 実行してもらったとき 3 結果が出たとき、返却のとき	手紙と同時期がベスト ※2（できれば直接出向くのがよい）

※1 内定が決まったときなど
※2 別便で送る場合は、手紙が先に着くように

こんなときにはお礼状を

- 家に招かれた、レストランなどで食事を受けた、宿泊させてもらった
- 就職先を紹介してもらった、斡旋してもらった
- 身元保証人、借金など、こちらからの頼みごとを引き受けてもらった
- 見知らぬ人に、落とし物を届けてもらうなどの親切を受けた

お世話になった人への手紙 基本の形

前文

❶謹啓　清涼の候、❷鈴木様にはおかれましては、ますますご清祥のこととお喜び申し上げます。

主文

❸このたびはご多忙中にもかかわらず、私の就職にお力添えを賜りまして、誠にありがとうございました。

❹おかげ様で昨日、千代田商事株式会社より内定の連絡をいただきました。

❺このような就職難の時代に、まさに自分が希望する会社への一歩を踏み出すことができたのも、ひとえに鈴木様のおかげと、心から感謝いたしております。

末文

❻今後は、鈴木様のご厚情におこたえするためにも、本採用目指して精進してまいります。

❼まずは書中にて、内定のご報告とともに厚く御礼を申し上げます。　敬白

❶頭語・時候の挨拶
❷健康・安否を尋ねる
※借金了承へのお礼では、「前略」を用いて❶❷を省略しても可
❸お礼の言葉
❹近況報告
❺感想を述べる
❻今後の自分の展望
❼結びの言葉・結語

家族がお世話になったお礼

夫や子ども、親、兄弟など家族が受けた厚意に対しても、ていねいな感謝の言葉を送ります。

好印象

相手をほめる
招待を受けたときは料理や家の様子など、素直なほめ言葉で相手を立てます

具体的なエピソードを交える
相手のしてくれた親切を具体的に再現し伝えることで、心から感謝している気持ちが伝わりやすくなります

どう役立ったかを述べる
相手も「間違っていなかった、やってよかった」と安心します

本人の言葉を伝える
家族が代わりに書く場合も、本人の言葉を添えたり、一言だけ手書きで書かせるなどの工夫をしましょう

失礼

卑屈な表現
「わが家とは比べ物にならない豪邸でした」など、嫉妬と取られる言葉は避けましょう

具体的な話がない
決まり文句ばかりでは味気ない印象に

ていねい度

夫の上司◀…招待のお礼

拝啓　初夏の候、ますますご健勝のこととお喜び申し上げます。

　昨日は、夫だけでなく私や子どもたちまで❶ご招待を賜り、楽しいお食事の一時を本当にありがとうございました。❷奥様の手料理には感心してしまうばかりで、子どもたちも「おいしい！」と大喜びでした。奥様の言葉に甘えて、またお邪魔させていただくかもしれません。その際はぜひお料理を教えてくださいと奥様によろしくお伝えくださいませ。

　別便にて心ばかりの品をお送りいたしました。ご笑納くださいませ。まずは書中にてお礼申し上げます。

敬具

書き換え表現

❶**ご招待を賜り**
ご招待にあずかり／お招きにあずかり／ご歓待をいただき

❷**奥様の手料理**
心温まるおもてなし／おいしいお料理の数々／お心尽くしのごちそう

❸**お世話**
お手伝い／お力添え／ご親切／お骨折り

❹**有意義な**
素敵な／つい長居してしまうほどの楽しい

ていねい度

近所の人◀…救急車手配のお礼

拝啓　鈴木様にはますますご活躍のこととお喜び申し上げます。

先日父が倒れた際、救急車の手配から病院の付き添いまでいろいろとお世話いただいたこと、母から伝え聞きました。心からの感謝の気持ちでいっぱいです。おかげ様で父は命に別状もなく、会話も鮮明であると聞き、ほっと胸をなでおろしています。

帰省した折には直接ご挨拶にお伺いいたしますが、まずは書中にてお礼申し上げます。

かしこ

ていねい度

親戚◀…宿泊のお礼

昨日、健二は元気いっぱいで帰宅しました。一週間もお世話になったうえにお土産まで頂戴し、お礼の申しようがないほどです。本当にお世話になりました。

家に着くなり、目を輝かせて海に潜ったことやカブトムシを取りに行ったことを話してくれました。そちらでの日々が楽しくて仕方なかったようです。有意義な夏休みを過ごさせていただき、本当にありがとうございます。後日、健二も自分で手紙を書くとはりきっておりました。

まずは、取り急ぎ、私からお礼まで。

状況別書き換え

お礼の言葉

- お心遣いを賜り、厚くお礼申し上げます
- 並々ならぬご高配にあずかり、心より感謝いたします
- ひとえに○○様のご助力のおかげです

感想を述べる

- お料理はもちろんのこと、久々の皆さんとのお話も楽しくて、時間を忘れて過ごしてしまいました
- 子どもたちはよほど楽しかったようで、帰るなり「次はいつ行けるかな？」と繰り返しています
- 私たちがパニックに陥っている中、冷静沈着に対応していただいた○○様の行動力には頭が下がる思いです

お返しの品を添える

- なお、お礼の意味も込めまして粗菓を同封いたしました。お口に合いますかどうか
- お礼のしるしに一品送らせていただきました。お納めいただければ幸いです

結びの言葉

- 略儀ながらお手紙にてお礼申し上げます
- 今度はぜひわが家へもお越しください

頼み事の了承のお礼

借金や保証人など、こちらのお願いに応えていただいた場合は、相手の尽力にていねいに感謝しましょう。

好印象

冒頭からお礼を
あなたの協力のおかげで助かりました、ということをまず一番に伝えます。前文の省略もOKです

恐縮の気持ちを伝える
負担をかける身勝手なお願いを聞いてもらったお詫びとお礼を前面に出しましょう

節目ごとにお礼をする
借金・借用の場合は、引き受けていただいたときや借用時、返済時にお礼をします

決意を表明する
自分のかけた迷惑を自覚し、今後の決意を表明して、誠意を伝えましょう

失礼

お礼に終始する
お礼だけでは誠意になりません。迷惑をかけない旨を伝えることが必要

結果を報告しない
引き受けてくれたらそれで終わり、という失礼な態度に見えます

ていねい度

知人◀…保証人の了承のお礼

前略　昨日は、ご多忙中にもかかわらずご面会くださいましてありがとうございました。その際、身元保証人という❶ご面倒なお願いを❷快くお引き受けくださいましたこと、感謝の申し上げようもございません。

日頃より貴兄の❸ご厚意に甘えてばかりの私ですのに、心苦しくもご懇願申し上げた次第でございます。ご誓約いたしましたとおり、決してご迷惑をおかけするようなことはいたしません。まずは、書面にて重ねて御礼申し上げます。

草々

書き換え表現

❶ご面倒なお願い
やっかいな申し出／急なお願い／厚かましいお願い／不躾な申し出／身勝手な申し入れ

❷快くお引き受けくださいました
ご快諾いただいた／お聞き届けいただいた／ご了承いただいた

❸ご厚意
お心遣い／思いやり／お取り計らい／ご尽力

ていねい度

知人◀…借金の了承のお礼

前略　先日はご無理なお願いにもかかわらず快くご了承いただき、本当にありがとうございました。お借りできたお金で万事片がつき、主人の店は人手にわたらずにすみました。江上様の思いやりには感謝するばかりでございます。ご用立ていただいたお金は九月の初めにはお返しできそうです。その際は主人ともどもお礼に馳せ参じるつもりでおります。

まずは取り急ぎ書中にて、経過報告と深い感謝の意を申し上げます。

草々

ていねい度

先輩◀…借用の了承のお礼

このたびは、大切にされているデータ資料を快くお貸しいただきましたこと、大変感謝しております。

先輩のご親切は私に一筋の光を与えてくださいました。これで、卒論制作も一気にはかどることと思います。

資料は年内にはご返却できると思います。その際は返却を兼ねてお礼にお伺いするつもりですが、取り急ぎ書中にて、本田先輩のお心遣いに厚くお礼を申し上げます。

状況別書き換え

お礼の言葉

- 先日はひとかたならぬご厚意にあずかり、誠にありがとうございました
- このたびは私のためにご用立てをいただきまして、心から御礼申し上げます

恐縮の言葉

- 突然の厚かましいお願いにもかかわらず、快くご承知いただき…
- 大切になさっている愛車ですのに、ご親切にお貸しいただき…

返済の予定、返済した期日を明記する

- お約束どおり、○月末日に返却いたします
- ○月○日付で、お借りしていた最終返済を終了しました。お手数ですが、口座をご確認くださいませ

結果・経過を報告する

- ご親切のおかげで、楽しい思い出を残すことができました
- おかげ様で、何とか急場をしのぐことができました

結びの言葉

- 改めて御礼に伺う予定でおりますが、まずは書面にて深く御礼申し上げます

近況報告とお礼

近況報告を兼ねたお礼状は、相手にも喜ばしいもの。指導や尽力をしてもらったことを思い出しながら、素直な感謝を伝えましょう。

好印象

喜ばれる近況を伝える
自分が指導した相手が頑張っているとうれしいもの。結果としてお礼につながるような報告を添えましょう

お世話になったことに感謝
当時のことがどう今に生きているかを伝えると、相手は感慨深いものです

相手の活躍を願う
相手に心から感謝し、今後の相手の幸せを祈っている気持ちが伝わると、心が温まる手紙に

今後の指導を請う
謙虚な姿勢で指導や応援をお願いすることが好印象につながります

失礼

暗い話題
お世話になった報告に暗い話題では、相手を悲しませてしまいます

自分の近況だけを書く
一方的な内容は、ただ自慢したいだけのように思われてしまいます。お礼の主役はあくまで相手

ていねい度

恩師◀…転勤の報告とお礼

謹啓　余寒の候、太田先生にはますますご清栄のこととお喜び申し上げます。

さて、私事で恐縮ですが、この四月をもってイタリア勤務に赴くことと相なりました。数年前、私が家庭と仕事の両立で悩んでいたときに、先生は温かい言葉で励ましてくださいました。今日まで仕事を続けて来られましたのは、その言葉に勇気づけられたからにほかなりません。心から感謝しております。

どうぞ今後とも、❶変わらぬご指導をいただきますようよろしくお願い申し上げます。

敬白

書き換え表現

❶変わらぬご指導を
引き続き温かいご支援を／これまで同様のご鞭撻を／末永く見守って

❷的確なアドバイス
ご指導／冷静なご意見／熱心なご指導／適切なアドバイス

❸お心遣いをいただき
ご尽力賜り／ご高配にあずかり／お力添えをいただき

ていねい度

元先輩◀…独立の報告とお礼

拝啓　初夏の候、皆様ますますご隆盛のこととお喜び申し上げます。

在職中は的確なアドバイス、助言など、ひとかたならぬお心遣いをいただき誠にありがとうございました。そのご恩に報いられぬままの退社となったこと、心苦しく思っております。

これからは山坂不動産で学んだことを生かし、友人と立ち上げた会社で精進していく所存でおります。

皆様のますますのご活躍、ご健勝をお祈りし、まずは書面をもちまして、厚く御礼申し上げます。

敬具

ていねい度

子どもの恩師◀…入学の報告とお礼

在園中は康夫がお世話になりました。内向的で、いつも一人で遊んでいた康夫が無事に幼稚園生活を終えられたのも、先生が心やさしくご指導くださり、子どもたちの輪の中へ引き入れてくださったおかげです。

康夫は春から城南小学校に入学し、毎日元気よく通学しています。こんな康夫を見ると、先生への深い感謝を抱かずにおれません。

二年間本当にありがとうございました。先生のますますのご活躍を心よりお祈りし、お礼の言葉とさせていただきます。

状況別書き換え

お礼と報告［退社する職場へ］

●皆様からお受けしましたご厚誼に感謝の言葉もございません。今後はフリーとして、ますますの努力を続けていきたいと思っております

お礼と報告［世話になった医師へ］

●今回の手術ではひとかたならぬご尽力をいただきありがとうございました。おかげさまで自宅でのリハビリも終え、昨日より会社に復帰することができました
●先生の的確なご判断がなければ、今の私はないものと思っています

お礼と報告［恩師、教師へ］

●先生の熱心なご指導のおかげで、無事、卒業することができました

今後の支援を請う

●何卒末永くお引き回しのほどよろしくお願い申し上げます
●温かいご声援をよろしくお願いします

相手の健康を願う

●皆様のますますのご活躍をお祈りいたします
●いつまでもお元気でご活躍ください

習い事に関するお礼

お世話になっている先生へのお礼は、習い事の種類によっては、とても重んじなければならない場合があります。

好印象

常日頃の感謝を述べる

指導のおかげでどう成長したか、何に役立ったかを伝えると相手も喜びます

季節の挨拶を贈る

改まってお礼をするよい機会。お中元やお歳暮などで日頃の感謝やお稽古への意欲を伝えると、先生もうれしいもの

やめるときにお礼をする

指導を受けたことへの敬意を保ったお礼とお詫びをすれば、その後の関係も気持ちのよいものに

慣わしに合わせる

お茶やお華など、歴史ある教室では、先生や流派の慣例に沿ったお礼が重要です

失礼

何も言わずにやめる

失礼なやめ方はばったり再会したときなどに気まずくなります

お客の態度に徹する

いくらお月謝を払っているとはいえ、教えていただいている先生への敬意を欠くのは失礼です

ていねい度

先生◀…お免状をいただいたお礼

謹啓　立夏の候、佐々木先生にはますますご健勝のこととお喜び申し上げます。平素は何かとお世話になっております。

さて、このほどお家元より○○のお免状を拝受いたしましたこと、身に余る光栄に感激いたしております。これもひとえに日頃の❶ご指導の賜物と、深く感謝申し上げます。

今後はより一層❷研鑽を重ねる所存でございます。ますますのご指導、ご鞭撻のほど、宜しくお願いいたします。

まずは書中にて御礼申し上げます。

謹言

書き換え表現

❶ **ご指導**
ご鞭撻／お導き／ご教授

❷ **研鑽を重ねる**
邁進《まいしん》をする／精進する／稽古に励む

❸ **指導者に巡り合えた**
指導者に師事できた／師匠に出会えた

ていねい度

先生 ◀… 日頃の指導に感謝（お中元）

拝啓　日増しに暑さが厳しくなっておりますが、先生にはご健勝にお過ごしのこととご拝察いたします。いつもていねいなご指導をいただき、誠にありがとうございます。

　右も左もわからずに入門した私ですが、先生のご熱心なご指導により、今では教室に通うのが楽しくて仕方ありません。これも先生というよき[3]指導者に巡り合えたおかげと、深く感謝の気持ちでいっぱいです。日頃の感謝を込めて、お中元のご挨拶を申し上げます。どうかご受納くださいますようお願い申し上げます。

　暑さ厳しき折から、どうぞご自愛ください。

かしこ

ていねい度

子供の先生 ◀… 教室をやめるときのお礼

拝啓　余寒のみぎり、お元気でお過ごしのこととお喜びいたします。

　保の受験に際しては、親身なご指導、誠にありがとうございました。希望の美術高校へ進学が決定いたしましたのも、先生のおかげと感謝しておりますが、春からの進学に際し、大変残念ながら、お教室をやめることとなってしまいました。

　今までのご指導に感謝いたしますとともに、これからも温かいご声援をお願い申し上げます。改めて保とともにご挨拶に伺いますが、まずは書中をもってご報告とお礼のほど申し上げます。

かしこ

状況別書き換え

日頃の指導に感謝する
- いつも並々ならぬご厚情をいただき感謝しております
- 何かとお心におかけいただき、ありがとうございます
- 平素から温かいご指導を賜り、深く御礼申し上げます

お免状（許状、茶名、免許）へのお礼
- このたびは○○という免状をいただけましたこと、感謝の念でいっぱいです
- ○○を頂戴いたし、誠に光栄に存じます

やめることを伝える
- 受験に専念するため、教室をしばらくお休みさせていただきたいと存じます
- 仕事の都合により、レッスンをやめさせていただかなくてはならなくなりました

今後の努力を宣言する
- 今後もますます○○に邁進していきたいと存じます
- 今後はさらなる努力を重ねて上達を目指したいと思っております
- 今まで以上の成長のため、頑張っていく所存です

協力・尽力・親切へのお礼

親切をしていただいた相手へのお礼状を送ることで双方の気持ちが豊かになります。

好印象

面識ない人にきちんと名乗る
冒頭でどこの誰かをしっかり告げると、相手も不審に思いません

どう役立ったか述べる
親切に対して、どんなにありがたかったのか、どれほど感激したかを伝えれば気持ちのこもった文になります

期待や感想を述べる
講演、原稿の協力をいただいたときは、その感想（了承後すぐの手紙なら期待）を添えると喜ばれます

相手の親切心に感謝する
親切、好意に感謝する姿勢を伝えると、幸せな気持ちが連鎖します

失礼

通りいっぺんのお礼
具体性のない決まり文句の羅列では、事務的な印象です

遅れて出す
タイミングを逃すと相手もそのことを忘れてしまい、ありがたみが薄れます

ていねい度

大学教授◀…講演会出演のお礼

拝啓　清涼のみぎり、ますますご清栄のこととお喜び申し上げます。

　このたびはPTAの緊急会『親といじめ問題』の講師を❶ご快諾いただき、誠にありがとうございます。

　先生のような著名な方にお引き受けいただけるとは思っておらず、半ばあきらめてのお願いでしたが、快いお返事をいただけたこと、大変光栄に存じます。❷おかげ様で参加希望者は例会の倍の人数となりました。一同、ご拝聴できることを心より楽しみにしております。

　まずは取り急ぎ、書中にて御礼申し上げます。

敬具

書き換え表現

❶ご快諾いただき
ご了承いただき／お引き受けいただき

❷おかげ様で
○○様のおかげで／おかげ様をもちまして
○○様からのご尽力を賜った結果

❸ご親切をいただき
ご尽力をいただきまして／並々ならぬご協力をいただき／ご厚情賜りまして／ひとかたならぬお世話をいただき

ていねい度

見知らぬ人◀…落とし物を届けてくれたお礼

突然のお便り、失礼いたします。

先日、ハンドバッグを拾っていただいた亀山昌代と申します。警察でこちらのご住所を伺い、まずはお礼をと書状にしたためました。❸ご親切をいただき、本当にありがとうございます。

警察からの連絡を受けて天にも昇るほどの気持ちになりました。ほんの心ばかりの品ですが、お礼の意を込め同封させていただきました。お受けいただけると幸いです。まずはお礼まで。

かしこ

ていねい度

見知らぬ人◀…お世話になったお礼

拝啓　早春の候、先般は大変なご親切を賜り、誠にありがとうございました。不慣れな道で迷っていたところ、目的の会社まで案内していただいた小泉祐介と申します。あのまま逆方向に歩いていたら、きっと相手先との約束に遅れていたことでしょう。おかげ様で打ち合わせは無事終わり、その後の取引にもつながりました。

心からの感謝の意を込めまして、一品同封いたします。ご笑納いただければ幸いです。あの日のご親切は、私の中で一生忘れられない思い出になるはずです。

敬具

状況別書き換え

お礼の言葉

●先日は突然のお願いにもかかわらず、ご協力をいただきまして、誠にありがとうございました

●あなた様のお心遣いのおかげで本当に助かりました。心より感謝いたしております

どう役に立ったかを述べる

●何よりも大事にしてきた○○が見つかったのは奇跡としか思えません。こんなに心から喜べたのは生まれて初めてです

●私が貴兄の立場であれば、あの場であのような親切はできません。そう思うと、感謝の念にたえません

親切・好意に感謝する

●快くお引き受けくださるとは思ってもみませんでした。○○様のお人柄とやさしさに感謝するばかりでございます

●貴兄のご尽力がなければ、きっと実らなかったことと思っております

お礼の品を送る［別便の場合］

●心ばかりのお礼の品を別便にてお送りさせていただきました。お受け取りいただければ幸いです

●本日、別便にて、お礼のしるしを送らせていただきました。ご笑納ください

紹介のお礼

紹介していただいたことへのお礼は、目上の方に宛てることが多いもの。形式を保ちながらも、心を込めた素直な文面を送りましょう。

好印象

尽力に感謝する
相手もそれ相応の手間や苦労をかけているはず。それを思いはかると、ていねいな印象に

具体的な結果を報告する
成果を伝え、喜ぶだけでも、恩に報いることになります

不達成の場合もお礼を
言いにくいだけに、きちんとお礼をすれば好印象。自分の力不足を強調して前向きな姿勢を見せましょう

お礼は節目ごとに
話が進むごとに報告すると喜ばれます。電話で報告し、後日手紙もOK

失礼

結果を報告しない
相手の尽力にしっかり感謝し、今後にしこりを残さないように

後ろ向き・卑屈な言葉
せっかく相手の協力を受けたのに、前向きな姿勢を見せなければお礼の気持ちが伝わりません

ていねい度

取引先◀…取引先紹介のお礼

拝啓　立春の候、皆様にはますますご健勝のことと存じます。

　さて、このたびは、株式会社大日本製造の山下営業部長を❶ご紹介いただき、誠にありがとうございました。

　後日さっそく山下営業部長と連絡を取り、取引の詳細をお話させていただいたところ、先方も「相沢様のご紹介なら」と前向きに検討くださるとのことでございます。これもひとえに相沢様の❷ご人徳の為せる業と感謝にたえません。

　改めまして上司ともども御礼に伺う所存でございますが、まずは書中にて心より深く感謝申し上げます。

敬具

書き換え表現

❶をご紹介いただき
のお口添えを賜り／にお声をかけていただき／に紹介状を書いていただき

❷ご人徳の為せる業
ご尽力のおかげ／お力添えがなければ到底かなわぬこと／ご指導のおかげ／お口添えをいただいたおかげ

❸ご厚情に報いることができます
ご期待に沿うことができる／ご信頼にそむかぬ

ていねい度

父の知人◀…就職先紹介のお礼

拝啓　涼風の候、田代様にはますますご健勝のこととお喜び申し上げます。

　このたびは私の就職に際しまして、ご多忙中にもかかわらず並々ならぬご尽力を賜り、誠にありがとうございました。本日、正式な採用通知が届きました。これもひとえに田代様のご助力のおかげと心より感謝いたしております。

　今後はご厚情に報いることができますよう、誠心誠意仕事に励みたいと思っております。今後も、さらなるご指導ご鞭撻のほど、よろしくお願い申し上げます。

敬具

ていねい度

知人◀…娘の縁談紹介のお礼

　先だっては、娘康子のために親身なるお世話をいただき、誠にありがとうございました。今までいただいたご縁談の話にはいっさい耳も傾けなかった康子ですが、このたび話を聞いてみますと、心を動かしている様子です。

　年ごろの娘を持つ親として、やはり一番気がかりなのは娘の結婚。おかげ様でわが家にも少し温かい春の風が吹いたような今日この頃です。まずは書中にて、お礼まで。

状況別書き換え

お礼の言葉

●このたびは息子の就職のことで多大なご尽力を賜り、ありがとうございました
●先日は娘の就職のお世話をいただき、そのうえていねいな面談の席までもうけていただけましたこと、心よりお礼申し上げます

結果報告［達成した場合］

●おかげ様をもちまして、無事、内定の運びと相なりました
●このたび、取引成立となりました。これもひとえに○○様のおかげです

結果報告［不達成の場合］

●今回の不採用は、すべて私の努力不足が原因と、心から申し訳なく思っております
●せっかくすばらしいお方をご紹介いただきながら、このような結果となり、遺憾に思うばかりでございます

今後のお願い

●ご指導いただいたことを心にとめて精進していく所存でございます
●今後とも一層のご厚情をお願い申し上げます
●これからも何かとお世話いただくことになると存じますが、どうかよろしくお願いいたします

お世話になった人への手紙Q&A

Q 直接お礼に伺ったほうがよいときは？

A

遠方の相手、多忙な相手という場合以外は、直接会ってお礼するのが基本。とはいえ、先方の都合を聞き、前もって訪問を予告しておくなどの手間が必要になるので、手紙ですませるのもかなり一般的です。込み入った用件を頼んだ場合は、直接お礼に伺うほうがよいでしょう。

Q お礼の気持ちを贈り物にしたいときは

A

言葉だけでは感謝が伝えきれないときは、お礼の品を送りましょう。自分が送りたいものではなく、相手に喜ばれるもの、相手の負担にならないものを選ぶよう心がけます。食品、小物、商品券などが一般的ですが、嗜好品は相手の好みを知っている場合に限ったほうが無難です。

Q 見知らぬ人へのお礼状、気をつける点は？

A

旅先でお世話になった、落とし物を拾ってもらったなど、知り合いでない人から親切を受け、そのお礼をする場合は、必ず冒頭で「○○でお世話になった××と申します」と名乗るようにしましょう。これがないと、相手は誰からの何の手紙なのかわからず困惑してしまいます。時候の挨拶や安否を気遣う言葉はさておき、まず「初めてお便り差し上げます」といった言葉、続いて名乗るという順序が一般的です。

あまり面識がない相手への手紙も同様ですが、形式や言葉遣いは、目上の人に宛てるときのようなていねいさを大事にするのがマナーです。

第7章

礼を尽くして

案内・招待の手紙と返信

- 結婚式の招待
- PTAの案内
- 同窓会・クラス会の案内
- 展覧会・発表会・祝賀会の案内
- 忘年会・歓送迎会の案内
- 返信はがき

案内・招待の手紙と返信

案内、招待の手紙は情報を伝えるためのもの。参加は相手の判断にゆだねます。相手を敬い、正確で過不足ない情報に気遣いを添えて、受け取る人に親切な手紙を目指しましょう。

こうすれば好印象に

3W（いつ、どこで、何を）が簡潔

案内状では簡潔な内容にすることが読み手への配慮になります。必要事項を正確に記入しましょう

Who
Where
What

相手の都合を考慮する

自分のために貴重な時間をさいてもらうことを忘れず、思いやりを持って

・時節柄、ご多忙とは思いますが

催しの魅力を伝える

相手の「行きたい」「楽しみ」という気持ちを引き出すことができます

・久々に懐かしい面々と集いましょう

詳細を書き添える

会の形式、参加者の顔ぶれなどの情報を入れると、相手も準備しやすく親切です

・神前式にて執り行います

これは失礼にあたります

内容の不備

交通手段、駐車場の有無、会費がある場合は金額。これらを書き忘れると当日相手が困ったり、迷惑をかけたりすることも

返信期日まで余裕がない

出欠の返信をもらう場合、相手の都合を思いやり、期日までに余裕を持たせます

くだけすぎた文面

招待状はフォーマルが基本。本文は儀礼的にしないと、品のない印象に。親しい人には手書きでメッセージを追加しても

出席を強要する表現

強引な誘い、断りにくい言い回しは相手を困惑させます

×ご欠席されたらとても残念です

案内・招待状に盛り込みたい内容

日時
終了予定時間も入っていると親切です

場所
住所・連絡先のほか、わかりやすい地図を添えて。略図でわかりにくい場合は別紙に詳しい地図を同封します

出欠の確認
出欠の返信の要・不要を明記。確実に必要な場合は返信用のはがきを同封して

会費の有無
会費制の場合、「当日会場にてお受けいたします」なども書き添えて。基本的に「招待」は会費無料を意味します

駐車場の有無
車で来る人のため、駐車場の有無も明確に。ある場合は場所の詳細も

その他
服装の注意事項、催しの趣旨、参加者の顔ぶれ、緊急連絡先、式の形式など

返信用はがきの作成例

ご出席
ご欠席
（※ご欠席の方は、近況のご報告をよろしくお願いいたします）
ご住所
ご芳名

※切手はこちらで用意するのがマナー

案内・招待のマナー

案内や招待の手紙は、相手の方ができるだけ余裕を持って判断できるよう、早い時期に出すのがマナーです。

案内・招待状を送る時期

種類	時期	注意するポイント
結婚式・披露宴	挙式の一か月前には相手の手元に届くように ※宛名書きなどの期間を逆算すると、二か月前には印刷の手配が必要	前もって連絡し、出席の返答が得られた人にだけ送るのが望ましい
祝賀会・歓送迎会	遅くとも開催日の10日前〜15日前には届くように	おのずとメンバーが決まってくるものに関しては、案内漏れなど失礼のないように。クラス会、同窓会は担任の先生にだけ別の文面で早めに案内することも
忘年会・新年会	遅くとも開催日の10日前〜15日前には届くように	
同窓会・クラス会	遠方の方の都合も考えて、一か月くらい前には届くように	
展覧会・発表会	特に返信の必要などがなければ、開催日の一週間〜10日前くらい	興味を持ってくれそうな相手に送る。会場の広さも考慮に入れて
返信	出席、欠席にかかわらず、できるだけ早く知らせる ※期限いっぱいまで延ばさない	返信はがきのマナーを守る ➡P20、P158〜159参照

案内・招待の手紙 基本の形

前文

❶第二回西高校同窓会のご案内

❷拝啓　陽春の候、皆様にはおかれましてはますますご清祥のこととお喜び申し上げます。

主文

さて、❸今年も西高校同窓会を左記の要領で催す運びとなりました。❹本年は卒業後十年にあたる節目の時期です。ぜひとも多数のご参加を賜り、さらなる旧交を深めたく思っております。

末文

❺なお、お手数ですが、同封の返信用はがきにて五月二十日までに、出欠のいずれかをご記入のうえ、ご投函ください。

敬具

記

❻（日時・場所・会費などの詳細）

❶タイトル
❷頭語・時候の挨拶
❸案内文
❹催しの趣旨 ※受け取った人が行きたくなるような内容の文面を
❺結びの言葉・結語 ※返信についてなど
❻案内の詳細

結婚式の招待

通常は両家の親が連名で出しますが、近頃は当事者の連名も増えました。フォーマルに徹しながら、祝ってもらいたい気持ちを伝えます。

好印象

列席をお願いする気持ちで
「呼んであげる」のではなく、「来ていただきたい」とお願いする手紙です。敬う表現を大切に

相手の都合を気遣う
結婚式への出席は、準備、ご祝儀などを考えても大変なイベント。相手の多忙さを思いはかる表現を

感謝を込めて招待する
お世話になっている人に挨拶・お披露目したい旨を伝え、日頃の感謝の気持ちを込めた招待状にします

儀礼的な文章にする
品格が大切な手紙です。句読点を付けないなどのルールを心得ておきましょう（ポイント参照）

失礼

くだけた文面
親しい人への一言は手書きのメッセージにとどめ、招待状自体はていねいにします

強引な誘い文句
「万障繰り合わせて」は何がなんでも、という意味でやや強引です

ていねい度

結婚式への招待◀…両家の親から

謹啓　若葉萌えたつ季節となりました　皆様にはますますご隆盛のこととお喜び申し上げます

さて　このたび　金子義孝ご夫妻のご媒酌により

山田健一　長男　豊
鈴木和彦　長女　幸子

両名の婚約も相整い　挙式の運びとなりました

つきましては　二人の新しい門出に際し　ご披露かたがた心ばかり❶の小宴を開かせていただきます　ご多用中誠に恐縮ではございますが　何卒ご臨席を賜りますよう❷　謹んでご案内申し上げます

謹白

ポイント

儀礼的な書状では「、」「。」の句読点は付けず、一字分のスペースを空けて行頭をそろえます
結婚する両名の氏名は謙遜の意味を込めて行末に書きます

書き換え表現

❶**心ばかりの小宴**
粗餐／ささやかな宴

❷**ご臨席を賜りますよう**
ご光臨賜りますよう／ご来臨くださいますよう／ご出席くださいますよう

ていねい度

結婚式への招待 ◀…本人たちから

謹啓　早春の候　皆様にはますますご清栄のこととお喜び申し上げます

このたび私ども二人は　金子様ご夫妻のご媒酌にて結婚式を挙げることになりました

つきましては　新しい門出に際し　常日頃よりご交誼賜ります皆様にご挨拶申し上げたく　左記のとおりささやかながら披露の宴を催させていただきます　ご多用中大変恐縮でございますがどうかご出席くださいますよう　心よりお願い申し上げます

謹白

ていねい度

披露パーティーへの招待 ◀…幹事から

私たちのよき友人である山田豊くんと鈴木幸子さんが、このたび結婚することになりました。

つきましては、両名の親しい方々にお集まりいただき、二人の門出を祝福する「披露パーティー」を左記のとおり開催したいと存じます。ご多忙中とは存じますが、ぜひご出席くださいますよう、謹んでご案内を申し上げます。

なお、当日は会費制で執り行いたいと存じます。皆様、ご協力のほど、お願い申し上げます。

状況別書き換え

結婚を伝える

●二人の結婚を皆様に披露する運びとなりました

●結婚式を挙行する運びとなりました

招待の言葉

●ご交誼ご指導をいただく皆様にご挨拶、ご披露を兼ねて、粗餐を差し上げたく存じます

●幾久しく両名にご懇情を賜りますよう、披露かたがたささやかな粗宴を催したく存じます

参列、列席をお願いする

●何卒ご列席賜りますようお願い申し上げます

●何卒ご臨席を賜りますよう、謹んでご案内申し上げます

出欠の返事

●同封のはがきにて出欠を○月○日までにご一報ください

●○月○日までにご返事くださいますようお願い申し上げます

●○月○日までにご出欠のお返事を賜りたくお願い申し上げます

PTAの案内

会合や行事の案内は、基本的に事務的な文章が中心になります。ところどころにやわらかい表現を心がけると、顔を合わせる機会が多い方々へも好印象を持たれます。

好印象

温かみのある表現を心がける
実用的な文になりがちですが、親しみやすさを出すと参加したくなります

相手の予定を気遣う
様々なペースで生活する人の集まりなので、都合を気遣った言葉を添えます

詳細を別記する
趣旨、必要事項などが簡潔に伝わり、わかりやすくなります。駐車場の有無や上履きの必要性にもふれると親切

参加したくなる表現
イベントの場合は楽しさ、会合やパトロールの場合は趣旨を伝えると、参加する気持ちも湧きやすくなります

失礼

参加を強要する
「いつも来ない人は来てほしい」など、強引な誘い文句は相手に不快感を与えてしまいます

詳細がわかりにくい
情報がわからないと、賛同、参加が得られにくいものです

ていねい度

保護者◀…PTA総会の案内

各地から花便りが届く今日この頃です。新年度を迎え、各クラス役員の方々も決定いたしました。そこで、新役員のご紹介も兼ね、ＰＴＡ総会❶を左記のとおり開催する運びとなりました。ご多忙のこととは存じますが、ぜひともご出席❷くださいますようお願い申し上げます。

当日のご都合がつかない方は、○月○日までに各クラスの担任まで委任状をご提出ください。何卒、よろしくお願いいたします。

（詳細など）

書き換え表現

❶総会
定期総会／臨時総会／本年度第一回総会

❷ご出席
お誘い合わせのうえご出席／多数ご参加

ていねい度

保護者◀…校外パトロール協力のお願い

梅雨も明け、いよいよ夏本番となりました。

さて、すでに学校から保護者の方々に宛てて連絡がありましたとおり、今月に入って通学路区域で不審者の目撃が相次いでおります。声をかけられたお子さんもいらっしゃり、ご家庭、地域を通じて十分な警戒をお願いいたします。

PTAでは防犯活動の一環として、保護者による「校外パトロール」を実施することに決定いたしました。保護者の皆様には、できる限りのご協力をよろしくお願い申し上げます。詳細は各地区の委員からお伝えいたします。

ていねい度

保護者◀…バザー開催の案内

今年も恒例となりました○○小学校PTA主催「恵まれない子どもたちの援助」を目的にしたチャリティ・バザーを、左記のとおり開催いたします。

会員が手作りをふるまう楽しい模擬店をはじめ、今年は例年にないイベントも準備しています。手作り小物、新古品の洋服など、昨年以上の出品数で豊富に集まっております。

当日は、多数のご来場をよろしくお願いいたします。


（詳細など）

ポイント

※PTA案内のポイント
「前文」で簡単な挨拶、「主文」で用件、「末文」で出席の要請、「記」で必要事項というスタイルで簡潔にまとめるのがポイントです

状況別書き換え

参加を呼びかける

●PTAでは、皆様方の積極的なご参列を願っております

●文化祭にて、写真、手芸、絵画など、皆様方の才能あふれる作品をお待ちしております

協力を呼びかける

●恐れ入りますが、各自の日程をご確認のうえ、ご協力いただきますようお願い申し上げます

●ご多忙中とは存じますが、皆様のご協力をお待ちいたしております

出欠について問う

●なお、出欠は○日までに各委員までご返答ください

●誠に恐縮ですが、ご都合のつかない方は○日までにお申し出ください

同窓会・クラス会の案内

会開催の趣旨を告げ、日時、会場、会費などの詳細を明記します。フォーマルな体裁が基本です。

好印象

恩師、母校の近況にふれる
全員に共通した話題が喜ばれます。懐かしい気持ちを喚起させて
・○○先生が還暦を迎えられ

卒業年度、クラスを明記
会の詳細のほかに、卒業年度やクラスも明記したほうが相手も安心です

会の魅力を伝える
これを機に親交を深める、近況報告し合う、思い出話に花を咲かせるなど、魅力的な内容で参加を促します

返答に余裕を持たせる
遠方に住んでいる方の都合も考えて、早めの案内を心がけましょう

失礼

通知漏れ
クラス全員に送ることが絶対条件。単なるミスでも、相手は事情を気にしてしまいます

内容が不親切
詳細がわかりにくい、文章がそっけないなどの不信感で参加者が減ることも

ていねい度 ✒✒✒

恩師◀…同窓会の案内

謹啓　立夏の候、先生におかれましては、ますますご清祥のこととお喜び申し上げます。

さて、突然で恐縮ではございますが、久し振りに城南高校七十九年度卒業クラスの面々が集い、❶同窓会を開催する運びとなりました。謹んでご招待いたしたく、ご案内を申し上げます。約三十年ぶりに先生のお話を賜ることを今から楽しみにしている者も数多くおります。

何卒、❷ご出席を賜りますようご懇願申し上げます。

謹言

書き換え表現

❶**同窓会**
○○校同窓会総会／○○校創立○周年を記念した同窓会／○回生○年○組クラス会

❷**ご出席を賜りますよう**
ふるってご参加くださいますよう／ご来会くださいますよう／ご参集くださいますよう／ご参会くださいますよう

ポイント
恩師を招待する場合は、年度などの詳細をしっかりと記入することが大切です

ていねい度

同窓生◀…同窓会の案内

拝啓　長雨が続きますが、皆様いかがお過ごしでしょうか。

さて、私たちが在学当時は若さで辣腕をふるわれた佐藤先生も、今年還暦を迎えられることになりました。そこで、先生の還暦お祝いも兼ねた同窓会を左記のとおり開催する運びと相なりました。

皆様、社会や家庭で充実した日々をお過ごしのことと思いますが、これを機に、懐かしい顔ぶれが一堂に集い、近況を報告し合うことにしませんか。多数のご出席を心よりお待ち申し上げております。

かしこ

ていねい度

同窓生◀…クラス会の案内

港北高校の学び舎から巣立ってはや二十年を数えます。皆様ご健勝のことと思います。

このたび、初めてのクラス会を左記のとおり催したいと計画いたしました。当日は、担任の浅田先生もご参加くださる予定です。

今後、ますますの旧交を深める意味でも、ふるってのご参加を心よりお願いいたします。

状況別書き換え

タイトル
- 第○回○○校同窓会開催のご案内
- クラス会のご案内
- ○○先生ご定年歓送会及び同窓会のご案内

催しの趣旨を伝える
- ○○先生も来年で定年を迎えられることになりました。先生の歓送会の意味も込めまして久し振りに同窓会を催したいと考えております
- このたび、○○中学校のクラス会を企画いたしました

参加者の興味をひく内容
- 担任の○○先生はもちろんのこと、特にクラスと親睦が厚かった○○先生もご参加してくださるそうです
- 当日には、○年前校舎の裏に埋めた懐かしのタイムカプセルの開封を予定しております

懐かしさを誘う言葉
- 同窓相集い旧交を温めて親睦を深めたいと存じます
- 思い出を語り合い、しばしあの頃に戻りたいと考えております

展覧会・発表会・祝賀会の案内

どんな内容の催しであるかを的確に伝えたうえで、末文で自然に来場を促すと好印象です。

好印象

趣旨を伝える

どんな催しかが伝わる内容が親切です

・**習い始めて五年を迎えるバイオリンの発表会です**

費用がかかる場合は明記

当日トラブルにならないように、費用がかかる場合は必ず明記します

気楽に足を運びやすい文面

気軽に行きやすい雰囲気を作ることで、自然に誘うと好印象

詳細を書き添える

「出番は7番目」「立食形式」など書き添えると相手も時間や服装などの準備がしやすくなり親切です

失礼

強引な誘い方

参加、来場は相手の判断にゆだねないと、行きたい気持ちが薄れます

相手が興味のないものへの招待

美術に興味がない人を美術展に招待する場合などは、かえって相手に気を遣わせてしまうことに

ていねい度

会社関係者◀…祝賀会の案内

拝啓　時下ますますご発展の由お喜び申し上げます。

弊社、株式会社東西証券は来る九月一日で創業五十周年を迎えることになりました。長きにわたる歩みの中で困難な状況もありましたが、こうして大過なく今日に至ることができましたのも、関係各位のご助力のおかげと感謝いたしております。つきましては、ささやかではございますが、左記のとおり❶東西証券創業五十周年記念祝賀会を催したく、ご多忙中とは存じますが❷ご来賓賜りますよう、❸謹んでご案内申し上げます。

敬具

書き換え表現

❶ **○○記念祝賀会**

『○○』出版記念祝賀会／○○様の賀寿をお祝いする会／新社屋完成パーティー

❷ **ご来賓賜りますよう**

ご来席賜りますよう／ぜひご出席賜りますよう

❸ **謹んでご案内申し上げます**

右ご案内までお知らせいたします／略儀ながら書中にてご案内申し上げます

ていねい度 ●●○

知人◀…発表会の案内

拝啓　春暖の候、皆様にはますますご清祥のこととお喜び申し上げます。

さて、かねて準備を進めてまいりました「橘恭子ピアノ教室」第一期生徒一同による発表会を左記のとおり開催する運びとなりました。一年間のたゆまぬ練習成果をより多くの方々にご鑑賞いただきたく、ここにご案内申し上げます。

ぜひ、会場にて成果のほどに拍手、ご声援をよろしくお願いします。

かしこ

（詳細など）

ていねい度 ●○○

知人◀…展覧会の案内

芸術の秋です。皆様、いかがお過ごしでしょうか。

さて、このたび港高校美術部による「水彩画展覧会」を左記の予定で開催することになりました。学校以外の会場で展覧会をするのは初めての試みです。より多くの方に作品を見てもらえることを前提に、全員が自分の中の最高傑作を展示にかけたつもりです。

ご都合がつきましたら、お散歩がてら、ぜひ足を運んでいただければ幸いです。部員ともどもお待ちしております。


（詳細など）

状況別書き換え

内容を伝える
- ○年間続けてきた趣味の写真で、初めての個展を開く運びとなりました
- おかげ様をもちまして、父○○○○が米寿を迎えることと相なりました
- 初めて受賞しました絵画が○○に展示されます
- 一年間練習を重ねた成果を見せる舞台の発表会がございます

興味を誘う言葉
- 子どもの作品ばかりでなく、当日は有名な○○氏の作品も多数展示される予定です

控えめな誘い文句
- 気軽なパーティーにしたいと思っておりますので、お誘い合わせのうえお越しいただけると幸甚に存じます
- 心ばかりの発表会ではありますが…

結びの言葉
- お遊びがてらお立ち寄りいただけましたら幸いです
- 会場にてお会いできることを楽しみにしております
- お越しいただければうれしく思います

忘年会・歓送迎会の案内

読んだ相手に「参加してみたい」と思わせる文章を心がけましょう。

好印象

内容をわかりやすく

詳細を別記にし、具体的な情報を明記すると親切です

・**二十年勤続された○○さんの歓送会**

楽しさをアピール

楽しむためのもの、おめでたいものなので、明るい内容を意識しましょう

相手を気遣う一言

日程を決めて相手を誘う場合は、都合を気遣う言葉を忘れずに

趣旨を伝える

会の大まかな目的・内容を伝えると参加しやすくなります

・**一年を振り返りましょう**

・**前途を祝しましょう**

失礼

不安要素を伝える

楽しくおめでたい雰囲気を損なう不安要素（やめる人の後任がいないなど）にふれると楽しい気分が台なしに

後ろ向きな言葉

「日頃のうっぷんをはらすべく」などは不快に思う人もいるので避けます

ていねい度 ✒✒✒

保護者◀…お別れ会の案内

急啓　このたび山下直道教頭先生と大野悟先生のお二人が、それぞれ新たな学校にて教鞭を執られることになりました。

　つきましては、子どもたちがお世話になった❶感謝の意を込めまして、左記のとおり、❷ささやかながらお別れの会を開き、両先生の今後のご活躍をお祈りできればと存じます。先生方を気持ちよく送り出して差し上げるためにも、各父兄の皆様お誘い合わせのうえ、❸できる限りご参加くださいますよう、よろしくお願い申し上げます。　不一

（詳細など）

書き換え表現

❶感謝の意を込め
ご栄転を祝し／新しい門出を祝い

❷ささやかながら
ささやかではありますが／心ばかりの／内輪だけの席ではありますが

❸できる限り
可能な範囲で／ふるって／何卒

❹開催の運びとなりました
催すことになりました／企画されております／執り行われます

ていねい度

婦人会会員◀…忘年会の案内

拝啓　今年も残すところ後わずかとなってまいりました。皆様におかれましては、慌ただしい日々をお過ごしのことと存じます。

さて恒例となりました忘年会が左記の予定で開催の運びとなりましたので、ご案内申し上げます。この一年を振り返り楽しい時間を過ごすとともに、新しい年に向け英気を養いましょう。

ご多用中のこととは思いますが、ふるってご参加のほどよろしくお願い申し上げます。

敬具
（詳細など）

ていねい度

サークル会員◀…歓迎会の案内

同じ年代の子どもを持つサークル「ママの会」にこのほど新たに三名の方が加わることになりました。

新会員の皆さんへの心からの歓迎の気持ちを込めて、左記のとおり歓迎会を催す計画を立てております。

新旧会員の顔合わせとともに、会全体の新たな親睦が深まればと思っております。皆様、ご多忙中のこととは存じますが、どうか多くの方々のご出席をいただけますよう、よろしくお願いいたします。

（詳細など）

状況別書き換え

主役の進退を伝える
- ○部の○○君が来る○月○日付でニューヨーク支店に海外赴任となりました
- 東京で暮らされていた○さんが、このたび家業を継がれるために郷里に帰られることになりました

楽しさを伝える
- 一年の締めくくりにふさわしい、盛大な会にしましょう
- お別れを惜しむ気持ちを込め、盛大に送り出しましょう
- 新しいメンバーと、この機会に親交を深めましょう

参加を願う
- ぜひともお時間をお作りいただき、ご参加くださいますようお願いいたします
- 多数の皆様のご参加、お待ち申し上げております

詳細の記入例
［記］
日時　○月○日（○曜日）○時～○時
会場　○○ホテル五階○の間
（住所・電話番号）
会費　○千円（当日、会場にて受け付けます）

返信はがき

わずか返信はがき一枚で返事を出すにも書き方のマナーがあります。はがきの空欄に手書きでメッセージを添えると相手からの好感度も上がります。

好印象

手書きでメッセージを添える

○を付けるだけではそっけない印象がぬぐえません。何か一言でも手書きで添えると、もらった相手も「手間をかけてくれた」とうれしくなります

・お招きありがとうございます

基本的なマナーを押さえる

自分への敬意（「ご住所」など）を消し、相手を敬うのが常識です

「欠席は残念」と伝える

欠席の場合は、「本当は伺いたかった」という気持ちを伝え、相手をがっかりさせない気遣いを

失礼

欠席の理由が不適切

慶事に対して弔事を理由にするのは、お祝い事に水をさすので失礼

マナーが守られていない

敬語の消し忘れは、自分に対する敬意をそのまま相手に返すこと。謙虚な姿勢に思われず失礼です

ていねい度

上司◀…披露宴の返信（出席）

~~ご~~出席（○で囲む）させていただきます

ご結婚のお喜びを申し上げます。
このたびのご招待、誠に光栄に存じます。
当日、幸せなお二人を拝見できることを
楽しみにしております。

~~ご欠席~~

~~ご~~住所　東京都大田区東嶺町三-五-○

~~ご芳~~名　山田花子

状況別書き換え

お祝いの言葉

●ご結婚おめでとうございます。突然のうれしいお知らせにびっくりしております

●ご結婚のお喜びを申し上げます

お礼の言葉

●このたびは晴れ晴れしい席にお招きいただき、誠に光栄です

●ご招待ありがとうございます

楽しみな気持ち

●式の当日、○○さんの素敵な旦那さんを拝見できること、楽しみにしております

ていねい度

先輩◀…歓送会の返信（表面）

112-0013

東京都文京区音羽一-二十六-〇
グランメゾン音羽五〇五号室

高橋義男 ~~行~~ 様

ていねい度

知人◀…同窓会の返信（欠席）

~~ご~~ ~~出席~~
~~ご~~ （欠）席

当日は上司の結婚式がありますので、申し訳ありませんが欠席とさせていただきます。
皆様は大いに楽しんでください。

~~ご~~ 住所　東京都港区三田三-五-〇
~~ご芳~~ 名　上野陽子

ねぎらいの言葉

●大勢をまとめる幹事役、ご苦労様です
●幹事としてのお役目、大変でしょう。このような企画を考えてくださり、新郎新婦も喜ぶのではと思います

欠席の理由

●どうしても動かせない出張が入り…
●従兄弟の結婚式と重なってしまい…

欠席を詫びる

●お招きをいただき誠に光栄と存じますが、不本意ながら出席がかないませんこと、大変申し訳なく存じます

ポイント

返信はがきのマナー

●**自分への敬語を消す**
ご出席→出席　ご欠席→欠席
ご住所→住所　ご芳名→名
※1文字を消すには斜線、2文字以上はタテ線で。二重線がわかりやすい

●**相手の使った謙譲表現を直す**
〇〇〇行→〇〇〇様

●**わかりやすくする**
出席の場合は出席に丸を付け、まぎらわしくならないように欠席を消します

●**メッセージを添える**
印を付けただけのはがきは、事務処理を受けたかのような印象になります

案内・招待の手紙と返信Q&A

Q 結婚式の招待状で句読点を打たないのはなぜ？

A

結婚は人生の大きな節目、おめでたい出来事の代表格です。儀礼的で正しい文面にするのがよいとされます。正式な手紙は、筆で書いていた頃と同じように句読点を打たず、行頭をそろえます。また、「お祝い事に区切りを付けない」という意味も込められていると言われています。

Q ご夫婦への招待状は別々に出したほうがいい？

A

ご夫婦への招待状は1通で大丈夫です。封筒の宛名にはお二人の名前を連名で記すのがよいでしょう。

夫人の名前がわからない時は「奥様」「令夫人」と記してもOK。連名で出す場合は必ずそれぞれの名前の下に「様」を記すのが礼儀です。

Q 往復はがきの出し方を教えて！

A

往復はがきは、相手からの確実な返答がほしいときに便利なので、出欠伺いなどでよく使われます。

「往信」と書かれたほうに送りたい相手の住所・氏名、その通信面には相手に伝えたいことを書きます。相手の手元に残る分なので、催しの詳細などを正確に記します。

「返信」のほうには返信してほしい住所、名前を書き、「様」ではなく「行」とします。切り取って返送してもらう分なので、返してほしい内容を漏れなく書きます（➡P158参照）。

出すときは往信の面が上にくるよう折り曲げます。返信は真ん中の線から切って返信のほうのみ送ります。

第8章

受けてもらえる 依頼の手紙

- 保証人の依頼
- 借金・借用の依頼
- 催促の依頼
- 施設・人物紹介の依頼
- 手伝い・協力の依頼
- 結婚に関する依頼

依頼の手紙

依頼の手紙を書くときは、あくまでも相手にお願いする立場であることを忘れずに。そのうえで、依頼する内容やお願いするに至った理由などをはっきりと書きましょう。

こうすれば好印象に

謙虚な姿勢を忘れずに

依頼は相手に負担を強いることなので、あくまでも謙虚な姿勢でお願いを

・勝手なお願いで恐縮ですが

返事の期限があれば早めに手紙を

期日がある場合は、相手の考える時間を考慮して、早めに手紙を出しましょう。余裕を持たせるのが心遣いです

依頼内容を明確に

相手に何をお願いしたいのかを、できるだけ具体的に書き、相手が即座に理解できるようにすると親切です

依頼する理由を明記

相手が突然の依頼に驚かないよう、お願いするに至った理由をわかりやすく、かつ簡潔に書きましょう

これは失礼にあたります

必要以上にへりくだる

卑屈になりすぎたり、哀願したりすると、相手を不快にさせて逆効果になる場合もあるので注意が必要です

強要するような表現

お互いの立場などを理由に受諾を強要するなど、相手が断りにくい表現は避けます

×以前、ご子息の就職をお世話しましたが

相手の立場を無視した依頼

立場上、相手が引き受けにくいような依頼や、相手の許容範囲を超えるような依頼は控えましょう

曖昧な表現

具体的に何をしてほしいのかを明確にしないと、相手もどう協力すればいいのかわかりません

×ぜひお力添えをお願いします

書き方のヒント

知っておきたい表現

●依頼状の慣用句（用件を切り出す）
- ・突然のお願いで恐縮ですが
- ・勝手なお願いで申し訳ありませんが
- ・不躾なお願いで心苦しいのですが
- ・唐突な申し出ではございますが

●依頼状の慣用句（承諾を願う）
- ・ご高覧のうえ、ご検討賜りますようお願い申し上げます
- ・ご承諾くださいますよう、お願い申し上げます
- ・ご快諾いただければ幸いに存じます

気をつけたいこと

相手にお願いしたい内容をきちんと伝えることが依頼状の目的です。いくつか用件がある場合は箇条書きにする。また、借用の依頼は返済期日を明記するなど、相手が依頼を正しく理解し、そのうえで受けるか受けないかを判断できるように書きましょう。

依頼の手紙は、相手が親しい人であってもきちんとした書式にのっとって書くのが礼儀です。

断られてもお礼の手紙を

依頼の手紙を出した相手から返答をもらったら、その諾否にかかわらずお礼状を出すのが最低限の礼儀です。

保証人や紹介などの依頼を受けてもらった場合は、後でその結果報告も忘れずに。

依頼のマナー

依頼状を書く前に「相手にどれだけの負担がかかるか」「お願いしてもいい相手か」をよく考えましょう。

こんなときに依頼状を

種類	状況
保証人	●借金や融資の際の連帯保証人 ●就職、不動産契約の際の身元保証人
借金・借用	●借金の依頼 ●相手が所有している資料や写真、貴重品などの借用
施設・人物紹介	●病院や研究所などの施設の紹介 ●弁護士、医者などの人物の紹介
手伝い・協力	●会や行事の手伝い ●講演や原稿、寄付などの協力
結婚	●結婚相手の紹介 ●結婚が決まり、媒酌人を依頼したいとき

保証人に求められること

- 融資など金銭面での保証人は、基本的に連帯保証人として、債務者と同じ義務を負います
- 身元保証人は、身元保証をした相手が雇用主に損害などを与えた場合、その損害の賠償責任を保証します
- 身元保証の期間は、特に定められていない場合は3年、最大でも5年

依頼の手紙　基本の形

前文

❶拝啓　めっきり春めいてまいりましたが、山本様におかれましてはお変わりなくお過ごしのことと存じます。

主文

❷本日は折り入ってお願い事があり、筆を執らせていただきました。

今春、長男の隆司が○○大学に合格し、都内で一人暮らしをすることとなりました。○○駅前に手頃な物件が見つかったのですが、本契約に際し地元在住の保証人が必要とのこと。❸つきましては近所にお住まいの山本様に保証人をお願いできませんでしょうか。❹面倒なお願いとは存じますが、ご承諾いただければ幸いです。

末文

❺近日中に改めてご連絡いたしますが、まずは書中にて、お願いとお伺い申し上げます。

敬具

❶頭語・時候・安否の挨拶

❷お願いの手紙であることを明記

❸具体的な依頼内容

❹面倒をかける旨を断る

❺今後の予定と結びの言葉・結語

保証人の依頼

保証人は日頃からお付き合いがあり、互いに信頼できる相手にお願いします。特に金銭の問題がかかわってくる連帯保証人の場合、迷惑をかけない旨をしっかりと書き添えましょう。

好印象

依頼内容を具体的に

切り出しにくくても、「○○の保証人を頼みたい」としっかり伝えることで、相手も判断しやすくなります

直接伺うことを伝える

改まったお願いごとは、直接出向いて依頼するのが本来。文末でその旨を伝えるとていねいです

迷惑をかけないことを明記

経済的負担を強いるかもしれない依頼なので、きちんと誠意を表します

今後の予定を書き添える

今後の諸手続きについての予定も、相手の判断の材料になります

失礼

内容を曖昧に書く

金額を曖昧にしたり、保証人ということをぼかして伝えると、後々問題になりかねません

書類を同封する

了承を得ていないのに書類を送ると、強要と同じことになってしまいます

ていねい度 ✎✎✎

知人 ◀… 連帯保証人の依頼

拝啓　暮秋の候、ご健勝のこととお喜び申し上げます。

本日は❶折り入ってお願いがあり、お手紙いたしました。営んでおります喫茶店が十年を迎え、このたび改装のため関東銀行から五百万円の融資を受けることとなりました。突然恐縮なのですが、その際の❷連帯保証人として、杉山様のお名前をお借りすることはできますでしょうか。経営は順調ですので、ご迷惑をおかけすることはございません。❸ご承諾いただければ幸いに存じます。近々改めてお伺いいたしますが、まずは書中にてお願い申し上げます。

敬具

書き換え表現

❶**折り入ってお願いがあり**
お願いの儀のため／お願い事があり

❷**連帯保証人として～お名前をお借りする**
保証人の役をお引き受けいただく／保証人をお願いする

❸**ご承諾**
ご快諾／ご受諾／ご承引※／お聞き届け／お引き受け

ていねい度

知人◀…身元保証人（就職）の依頼

拝啓　浅春の候、皆様お変わりなくお過ごしでしょうか。

かねがねご心配頂いておりました娘の就職ですが、おかげ様で無事に○○商事に入社が決まりました。そこでご相談なのですが、入社にあたり必要な身元保証人をお引き受けいただけませんでしょうか。

大学で教鞭をとっておられる五十嵐様にお願いできたら、こんなにありがたいことはありません。

後々、ご迷惑の及びませんよう、私どももしっかり監督いたします。ご承諾いただける場合は、娘ともども書類を持って、お伺いいたします。何卒よろしくお願い申し上げます。

敬具

ていねい度

叔父◀…身元保証人（融資）の依頼

拝啓　浅春の候、皆様お変わりなくお過ごしでしょうか。

さて、突然のことながら、このたび念願の一戸建てを購入することになりました。三千八百万円の物件で、預金の八百万円を頭金にし、残金三千万円を東西銀行のローンで返済する予定です。

つきましては叔父様に融資の身元保証人をお願いしたく、お手紙差し上げました。両親は既に退職しており、叔父様のほかにお願いできる方もございません。決してご迷惑はおかけいたしませんので、ご承諾くださいますようお願い申し上げます。

敬具

状況別書き換え

依頼事を知らせる書き出しの言葉
- 久し振りのお便りがお願い事で恐縮に存じます
- 本日はご報告とお願いがあり、一筆したためました
- お願い事があり、筆を執りました

依頼する理由
- ほかに頼る相手もおらず
- ○○在住で信頼できる方というと貴方しか思いあたらず
- 長いお付き合いの○○様でしたら、安心してお願いできると思い

迷惑をかけない約束
- 決してご迷惑はおかけしません
- 万が一にもご迷惑をおかけするようなことはいたしません

後で挨拶に伺うと伝える
- ご承諾いただければ、近々、書類一式を持ってお伺いいたします
- お聞き届けいただけるようでしたら、改めてご挨拶に伺います

言葉の意味

※**承引**《しょういん》：引き受けること、承諾すること

借金・借用の依頼

借金の依頼は相手への遠慮や羞恥心から、つい遠回しな文面になりがちですが、はっきりと自分の窮状を伝え、さらに金額や返済方法などを具体的に書くことが大切です。

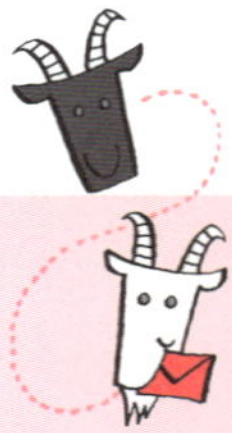

好印象

率直に現状を伝える
やむを得ない状態を正直に書き、相手が「協力してあげたい」と思えるように

ていねいにお願いする
借金は大きなお願い事です。前文や体裁など礼儀正しさに気を配り、ていねいな文面を心がけましょう

返済方法と期日を明記する
相手に不安を与えないため、確実な見通しとともに返済方法を明記します

借用品の扱いについて一言添える
大切に扱うことを一言書くだけでも、相手の安心につながります

失礼

はがきで依頼する
不躾な印象になり、相手は「この人に貸して本当に大丈夫かな」と不安になります

返却期日を明記しない
相手は返してもらえるか不安になってしまいます

ていねい度

知人 ◀… 借金依頼（運転資金）

謹啓　立春の候、大岡様にはご健勝でおられますでしょうか。

さて、突然このような❶厚かましいお願いをすることを、お許しください。

実は先日、弊社の主な取引先が倒産し、売掛金が回収できなくなってしまいました。そのため、当座の運転資金として二百万円ほど❷ご融通いただけないかと一筆したためた次第でございます。二か月後には必ずご返済できる予定ですので、❸ご承知いただけましたら幸いに存じます。後日改めてお願いにまいりますが、まずは書中をもってお願い申し上げます。

謹白

書き換え表現

❶厚かましい
図々しい／不躾な／お恥ずかしい

❷ご融通
ご援助／ご用立て／お貸し

❸ご承知
ご了承／ご承諾／お力添えを／ご高配を

ていねい度

知人◀…返済猶予の依頼

拝啓　若葉の美しい季節となりました。先日は無理なお願いをご承知いただき、誠にありがとうございました。おかげ様で母の病も峠を越しましたが、高齢のため快復が遅く、昨日、担当医からあと一か月ほどの入院が必要との話がありました。

つきましては、大変申し訳ありませんが、お約束しておりました返済をご猶予いただけませんでしょうか。来月にボーナスが出ますので、五日には必ずお返しに伺う所存でおります。何卒よろしくご高配のほどお願いいたします。

略儀ながら、まずは書中にてお願い申し上げます。

敬具

ていねい度

大学教授◀…借用依頼（貴重品）

拝啓　時下、ますますご清祥のこととお喜び申し上げます。

さて、このたび私どものテレビ番組制作会社でルネサンス美術についての特集番組を制作することとなりました。つきましては先生ご所蔵の当時の書簡を拝借いたしたく、ご連絡差し上げました。四月九日から一週間お借りして、弊社のスタジオで撮影させていただければと思います。取り扱い方、クレジットなどに関しては、ご指示どおりにいたします。何卒ご承諾いただきますよう、よろしくお願い申し上げます。

敬具

状況別書き換え

借金を申し込む

- ○○円ほど用立てていただけませんでしょうか
- ○○円のご援助をいただければと存じます
- ○○円、お借りできませんでしょうか

申し訳ない気持ちを伝える

- 平素のご厚情に甘えるようで心苦しいのですが
- 勝手なお願いで誠にお恥ずかしいのですが
- 厚かましいお願いで心苦しいのですが

借用品の扱いについて

- 取り扱いには十分に注意させていただきます
- 注意深く扱わせていただきます
- 損壊などしないよう、十分配慮して取り扱わせていただく所存です

借用の謝礼について書き添える

- 謝礼は予算上、○万円しかお出しできません。雀の涙ほどで大変恐縮です
- 謝礼として○万円、支払わせていただきます

催促の依頼

催促の手紙はあまり感情的になると関係がこじれてしまうことも。約束事を確認し、その後の状況を尋ねるという気持ちで書くようにしましょう。

好印象

事実・約束を再確認
まずはきちんと事実関係を確認し、期日を過ぎていることをそれとなく伝えます

相手を思いやる表現を
相手側にやむを得ない事情があることを想定して言葉をかけると、温かみがあり相手の心も軟化しやすくなります

心苦しい気持ちを伝える
進んで催促したい訳ではないと伝えると、高圧的になりません

こちらの窮状を伝える
単純に返却を迫るのではなく、自身の事情があることを告げると、相手の対応をスムーズに引き出せます

失礼

説教をする
遅れに対し、「なっていない」などと批判すると、相手の神経を逆なでし逆効果です

感情的になる
「信じられない」などの感情的な表現は、その後の関係に悪影響。あくまで冷静さを保ちましょう

ていねい度 ✒✒✒

知人◀…借金返済の催促

拝啓　寒さ厳しき折、いかがお過ごしでしょうか。

さて、先日会社の運転資金を❶ご用立てした件ですが、お約束の返済期日を過ぎてもご連絡がないので、❷不測の事態でもあったのではないかと心配いたしております。何か事情がおありのことと思いますが、当方も毎月の住宅ローンや子どもの学費など、いろいろと❸入り用ですので、早めにご返済いただきたく一筆差し上げました。

まずはご連絡だけでもくださいますよう、お願い申し上げます。

敬具

書き換え表現

❶**ご用立て**
お立て替え／ご融通

❷**不測の事態**
思いがけない問題／よくないこと

❸**入り用です**
出費がかさみます／出費が控えております／予定があります

ていねい度

取引先◀…約束事の結果の催促

拝啓　盛夏の候、花岡様におかれましてはお変わりなくお過ごしでしょうか。

さて、先般は突然のお願いにもかかわらず、息子の就職支援の件、ご快諾いただき誠にありがとうございます。その後、何か進展はございましたでしょうか。もしも本人が出向いたほうがよろしければ、その旨、ご指示いただきたく存じます。ただお任せしているばかりでは心苦しく、催促めいて失礼かと存じましたが筆を執った次第です。

よろしくお取り計らいのほど、お願い申し上げます。

敬具

ていねい度

友人◀…共同購入の代金催促

先日は久し振りの同窓会で楽しい時間を過ごせましたね。

ところで、その際お話しした共同購入のワインですが、もうお手元に届いたでしょうか。荷物に代金の明細と振込先を書いたメモを同封しておきましたが、まだ振り込まれていないようなので、もしや届いていないのではと心配になり、一筆書かせていただきました。

お仕事が忙しいことと思いますが、そろそろ一月経ちますので、早めに振り込んでいただけると助かります。

どうぞよろしくお願いしますね。

状況別書き換え

依頼事の進展を尋ねる

- その後、状況はいかがでしょうか
- 催促がましくて申し訳ありませんが、その後の状況をお知らせいただきたく

故意ではないだろうとの推測を示す

- 何かの手違いかと存じますが
- もしや失念なさっていらっしゃるのではないかと思い

やわらかく返済を促す

- ご返済いただけませんと、当方も差し障りが生じますので
- 返済のめどだけでもお知らせください

強く返済を促す

- 期日までにお返しいただけない場合は、然るべき手段を取らせていただきます
- 早急にご返事がなければ、遺憾ながら法的な措置を取らせていただきます

施設・人物紹介の依頼

紹介状を書いてほしいのか、事前に一言連絡をしてもらいたいのか、相手にお願いしたいアプローチ方法を明確にしておきましょう。

好印象

相手にお願いした理由を明確に
なぜその人に頼んだか誠実に伝えると、相手も納得し「協力してあげたい」という気持ちになります

相手の交友関係の広さをほめる
相手が喜ぶと同時に、依頼の手紙に説得力が増します

相手への負担を念頭に置く
こちらの窮状だけでなく、相手にかかる負担（手間や時間）を気遣うことが好印象につながります

迷惑をかけないことを明記
後で問題が起こることもあるので、宣言して相手を安心させましょう

失礼

断りにくい頼み方
以前相手の世話をしたことを持ち出すと強引な印象を与え、相手も不愉快に感じます

紹介してほしい理由が不明
相手も「どうしてあげるのがよいか」と対応に困ってしまいます

ていねい度 ✒✒✒

知人◀…医師の紹介を依頼

拝啓　仲春の候、ますますご隆盛と拝察申し上げます。

本日は折り入ってお願いしたいことがございまして、筆を執りました。

先日、主人が初期の肺がんとの診断を受け、専門病院での治療を勧められました。そこで以前、河原様が※❶ご昵懇にされているお医者様が○○がんセンターにいらっしゃると伺ったことを思い出した次第です。

誠に❷勝手なお願いでございますが、紹介状を書いていただけないでしょうか。改めてお電話を差し上げますが、まずは書中にてお願い申し上げます。

敬具

書き換え表現

❶ **ご昵懇**
ご懇意《こんい》／ご別懇《べっこん》／ご親密

❷ **勝手な**
身勝手な／不躾な／図々しい

❸ **ご高配**
よろしくお取り計らい／ご引見／ご援助／ご検討

ていねい度

知人◀…弁護士の紹介を依頼

突然の不躾なお願いの手紙で失礼いたします。

実は私、このたび主人と離婚することと相なりました。離婚自体にはお互い同意しているのですが、子供の親権や財産分与などの点で折り合いがつかない状態です。

つきましてはどなたか弁護士の方をご紹介いただけませんでしょうか。藤本様とご親交のある方でしたら安心してお任せできると思い、図々しいと承知しながらご連絡させていただきました。何卒③ご高配のほど、お願い申し上げます。

かしこ

ていねい度

叔父◀…仕事で会いたい人の紹介を依頼

本日はお願い事がありまして、お便りを差し上げました。

叔父様は○○デザインの真田様とご親交があると伺っております。このたび仕事の関係で真田様にぜひともお願いしたい案件がございます。ご面倒なお願いで恐縮ですが、真田様とお引き合わせいただけませんでしょうか。お忙しい方ですので、叔父様にお口添えいただければ交渉がスムーズに進むのではと存じます。

誠に厚かましいお願いですが、ご一考のほどよろしくお願い申し上げます。

状況別書き換え

交友関係の広さ

- 医療関係にお顔の広い○○様に
- 広い人脈をお持ちの○○様に
- 同業の方々ともお顔なじみの多い○○様に
- ○○業界に長くお勤めの○○様に

勝手な依頼を詫びる

- 誠に身勝手なお願いで申し訳ありません
- ご多忙中、ご面倒をおかけして申し訳ありません
- 厚かましいお願いで恐縮ですが

結びの言葉

- 何卒、お力添えをいただきますようお願い申し上げます
- よろしくご高配賜りたく存じます
- ご承諾いただければ幸いに存じます

言葉の意味

※**昵懇《じっこん》**：親しくしている、懇意にしていること。また、その様子

手伝い・協力の依頼

手伝いや協力を必要としている事柄について、わかりやすく説明します。その際には、活動を行っているグループや団体の説明も忘れずに。

好印象

お願いする姿勢で書く
謝礼・報酬がある場合でも、お願いする姿勢が大切です

お誘いのニュアンスを残す
強制や協力といった印象が強いと、相手の態度も硬くなります。やわらかく誘う表現を心がけましょう

目的を具体的に
寄付や協力を求める場合、何よりも大事なのはその目的です。相手が判断しやすいようにきちんと明記しましょう

謝礼や時間を明記する
具体的な情報を前もって提示すれば、相手も判断しやすくなります

失礼

参加を強制するような表現
他の人の参加をだしにするなど、高圧的な印象を与えるのは失礼

寄付を強要する
言い回しはお願いでも、相手にプレッシャーを与える表現はNGです
×ぜひ一口以上の寄付を

ていねい度

同窓生◀…母校への寄付を依頼

拝啓　風薫るさわやかな季節になりましたが、皆様におかれましてはますますご健勝のことと存じます。

さて、現在、母校東西大学では今秋竣工予定で新図書館建設が進んでおります。同窓会といたしましても、少しでもこの事業に❶寄与いたしたく、同窓生の皆様に、新図書館建設費用のための寄付をお願いいたする次第でございます。寄付は一口一万円からで、何口でも構いません。❷何かとご都合もおありでしょうが、母校のますますの発展のため、格別の❸ご支援を賜りますようお願い申し上げます。

敬具

書き換え表現

❶寄与
貢献／協力

❷何かとご都合もおありでしょうが
厚かましいお願いで恐縮ですが／ご多忙中とは存じますが／いろいろとご予定がおありのことと存じますが

❸ご支援
ご助力／ご援助／ご賛助《さんじょ》／ご協力／ご後援／お力添え

ていねい度 ★★★

恩師◀…寄稿を依頼

拝啓　秋涼の候、先生にはご健勝のことと拝察申し上げます。

さて、このたび港高校第三十期生が集まり同窓会を開くこととなりました。その際に配布する記念の小冊子に、当時お世話になりました高橋先生にご寄稿いただきたく、お手紙を差し上げた次第です。お引き受け願えるようでしたら、十月二十日までに八百字程度の原稿をご送付いただけると幸いですが、いかがでしょうか。

後日、改めてお電話いたしますが、まずは書面にてお願いいたします。

敬具

ていねい度 ★☆☆

町内会員◀…手伝いを依頼

本日は、十月五日に行われる町内会主催のバザーの件でお願いがあります。

例年は町内会役員とボランティアスタッフで運営をしていたのですが、本年は予想を上回る量のバザーへの出品物が集まってしまい、準備の手が足りない状態です。そこで、バザー前日の値段付けを手伝っていただけないでしょうか。場所は公民館、午後一時から五時までの四時間ほどです。

お忙しいとは思いますが、ご承諾いただけると幸いです。

また改めてお電話いたします。

状況別書き換え

寄付への賛同を求める
- 計画の趣旨にご賛同いただければ
- 私どもの熱意をお汲み取りいただいたうえで
- このような事情をご理解いただいたうえでもしよろしければ

寄付を願う
- 皆様の温かいご芳志を賜りたく存じます
- 皆様のご支援を仰ぎたいと存じます

協力を願う
- 格別のご助力をお願い申し上げます
- ご協力いただければ幸いに存じます

手紙での依頼を詫びる
- 本来ならばお伺いしてお願いすべきところを、書面にて失礼いたします
- お忙しいことと思い、まずはご検討いただきたく書中にてお願い申し上げました

結婚に関する依頼

縁談の紹介を依頼する場合は、当事者の経歴や性格などを簡単に書いておく必要があります。その際には、言葉の選び方がとても大切です。

好印象

相手に依頼する理由を述べる
人柄や交友関係の広さを頼っている旨を伝えると好印象

現在まで独身の理由を
あまりマイナスな理由は相手に悪印象を与えるので、「出会いの場がなく」など簡単に書き添えましょう

条件はソフトな表現で
相手も無条件に頼まれるよりは、ある程度の条件があったほうが探しやすいものです

改めて挨拶に伺うと伝える
履歴書や写真などを持って訪問するのが礼儀。文末でその旨を伝えましょう

失礼

条件ばかりを強調
多すぎる条件は相手が困るばかりか、こちらの人柄に対して悪印象を与えかねません

事実をごまかす
不利な経歴を伏せるのは、後からわかった時にトラブルのもとです

ていねい度

恩師◀…媒酌人の依頼

謹啓　秋も深まり、先生におかれましては学校行事でお忙しい日々をお過ごしのことと拝察いたします。

このたび同級生の村瀬亜希子さんとの婚約がととのい、来春に挙式の運びとなりました。

つきましては、我々が二人ともお世話になった先生ご夫妻に❶ご媒酌の労をお執りいただけないかと思い、お手紙を差し上げた次第です。

ご承諾いただけましたら改めてお願いに上がる所存ですが、まずは書面にてお願い申し上げます。

謹白

書き換え表現

❶ご媒酌の労をお執りいただけ
ご媒酌人をお願いでき／ご媒酌人をお引き受けいただけ

❷良縁に恵まれ
よいご縁に恵まれ／よいお相手に巡り合え／希望の相手に巡り合え

❸ご交友範囲
ご交際範囲／お顔

ていねい度

知人◀…子供の縁談の依頼

拝啓　入梅の候、高原様にはますますご健勝のこととお喜び申し上げます。

　本日は長男晴彦のことでお願いがございます。晴彦は今年三十五歳になりましたがいまだに独身でおります。これまで仕事一筋で来た本人も、そろそろ真剣に結婚について考え始めたようなのですが、職場は男性ばかりでなかなか❷良縁に恵まれません。そこで❸ご交友範囲の広い高原様に、よい方を紹介していただければと思い、お手紙を差し上げた次第です。

　後日改めてお電話のうえ履歴書と写真をお持ちいたしますので、何卒よろしくご高配のほど、お願い申し上げます。

草々

ていねい度

友人◀…本人からの縁談の依頼

　ご無沙汰しておりますが、いかがお過ごしですか。私はこの春で三十歳になり、仕事の面では充実した日々を送っております。しかし女ばかりの職場で新しい出会いもなく、両親からは実家へ戻って見合いをするようにと矢のような催促です。

　そこでお友達の多い先輩にどなたかご紹介いただけないかと、迷った末にお手紙差し上げました。結婚しても仕事を続けたいということのほかは、特に条件はありません。

　いつもご面倒をかけますが、ご一考いただければ幸いです。

状況別書き換え

相手の紹介を請う

- どなたかよいお相手をご紹介いただけないかと
- どなたかよい方がいらっしゃいましたら、お引き合わせいただけないでしょうか

これまで独身だった理由

- 仕事が忙しく、女性にはまったく縁がないままで
- 大学から職場まで、男性ばかりの環境で
- 多忙なうえに転勤が多く、なかなかひとところに留まれなかったため

相手に求める条件

- 誠実で子ども好きな方であれば、それ以外の条件はありません
- できれば安定した会社勤めの方をと思います
- 数年中に海外赴任の予定がありますので、一緒について来てくださる方をと思っております

依頼の手紙 Q&A

Q 会ったことのない相手に依頼の手紙を書くには？

A

面識のない相手から突然手紙が届くと、封を開けることすらためらわれることがあります。それを考え、封筒に「講演会の依頼」などと用件を書いておくのも一つの方法。さらに文中では、まず突然手紙を出す非礼を詫び、きちんと自己紹介をすることが大切です。

Q 手紙の返事を書いてほしいとお願いしてもいいですか？

A

こちらからの依頼の手紙で、返信をお願いするのはNGです。相手に回答を強要しているのと同じなので、失礼にあたります。返事をもらいたい場合は、「後日こちらから連絡して伺います」などと伝えるのがよいでしょう。

Q 依頼を受けてもらえる手紙のポイントは？

A

依頼状はもっとも書きにくい手紙の一つ。受けてもらいやすい手紙にするポイントは、依頼事に対する責任の所在を明記することです。

借金の場合は返済方法や返済期日、場合によっては利息を付けることや担保物件を提示することも有効です。

借用の場合は、取り扱いに注意することと、何かあった場合には責任をとるという一言を添えることで、相手を安心させます。

すべての依頼に共通するのは、なぜその人に依頼するのかを明記すること。そして相手に判断してもらいやすいように、詳細をしっかりと理解してもらうことです。曖昧さは相手が不信感を募らせる原因になります。

第9章

タイミングよく正確に

通知の手紙

- 転居・住所変更の通知
- 転勤・転職・退職の通知
- 開業・開店の通知
- 結婚・出産の通知
- 離婚・再婚・婚約解消の通知
- お知らせのプリント

通知の手紙

通知や挨拶の手紙は事務的な文面になりがちですが、たとえ印刷の文書でも、やわらかい文章になるよう心がけましょう。一言でも手書きの言葉を添えると、受け取るほうもうれしいものです。

こうすれば好印象に

夢や目標が伝わる文面

身の回りの変化を前向きにとらえ、喜びをわかち合うような手紙にすると好印象

・希望に胸をふくらませております

手書きの一言を添える

相手を大切に思っている気持ちが伝わり、ていねいで義理堅い人という印象に

新環境の報告をする

どんな環境で、どう過ごしているかを報告すると相手も興味を持ってくれます

・新居は緑に恵まれた過ごしやすい町にあります

通知内容を簡潔に

通知状はわかりやすさが第一。ほかの用件と一緒にしないなど、一目でわかる工夫をすると親切で気のきいた手紙に

これは失礼にあたります

内容の間違い

通知の手紙でいちばん重要な新住所、新部署などの記述ミスは相手を混乱させます

マイナス要素の情報を伝える

相手を不安にさせるような事柄は、事実でも書面では伏せます

×産後の経過が思わしくないため…

自分の報告だけ

通知の手紙で陥りがちな失敗。相手への挨拶を兼ねて、相手を気遣い、相手に関連する内容を書き加えるとよいでしょう

印刷した文面だけですませる

大勢に通知を出す場合は印刷したものを利用するのが便利ですが、それだけでは事務的で冷たい印象です

書き方のヒント

転居・住所変更の通知

新しい住所に誤りがないように注意することが必要です。「お立ち寄りください」などと、相手への気遣いを忘れずに

転職・退職の通知

やめた会社のマイナス面の内容は避けましょう。解雇でない限り「円満退社」「一身上の都合で」などとします。特に転職の場合、詳しい理由を書く必要はありません

開店・開業の通知

関係者各位、得意先に対する感謝の言葉を忘れずに。店や企業の特色を簡潔に書き、今後の愛顧、用命をお願いします

結婚の通知

媒酌人がいる場合は必ずその方の氏名を入れ、結婚で本人の姓が変わった場合は（　）で旧姓を書き添えます

こんなときには通知状を

就職・転勤・転職・退職・結婚・出産・転居・開店・開業・合格・卒業など、自分の状況に大きな変化があったときには、手紙でお知らせするのがマナー。特に遠方の方への通知は、相手に自分の近況を報告する意味でも大切です。

通知のマナー

ある程度まとまった数を送ることが考えられます。事前に準備し、必要な時期に発送できるようにしましょう。

手紙を送る時期

種類	時期
転居・住所変更	変更後すぐが望ましい。前もって新住所がわかる場合は、引越し前に通知状の準備をしておくとよい
転勤・転任	急な転勤の場合は、転勤後でも構わないが、「〇日付で」として、移動前に出すのがマナー
退職	退職後、在職中の感謝を込めてすぐに出すのが礼儀
開業・開店	ご用命をお願いする意味でも、開店、開業の一か月前には相手に届くように発送する
結婚・入籍	式・新婚旅行が終わったら、一か月以内に出すのが礼儀

誰に知らせる?

- 上司、取引先のお世話になっている方など仕事関係の方々、親族、友人、知人など。一般的に、毎年年賀状をやりとりするような関係の方と考えるとわかりやすいでしょう
- 「結婚通知」の場合、媒酌人、主賓を始め、披露宴、二次会などに参加してくれた方々には感謝の言葉を添えて必ず出すのがマナーです

通知の手紙 基本の形

前文

❶拝啓　桜咲きそろう春たけなわでございます。❷皆様におかれましては、ますますご清祥のことと存じます。

主文

❸さてこのたび、私どもは高橋一男様夫妻ご媒酌により、三月二十日に結婚式を挙げ、新たなる人生の一歩を踏み出しました。未熟者ではございますが、❹夫婦として力を合わせ温かい家庭を築いていきたいと考えております。❺どうか末永いご交誼を賜りますよう、よろしくお願い申し上げます。

末文

❻なお、左記の住所にささやかな新居を構えました。お近くにお越しの際は、ぜひお立ち寄りください。

❼まずは結婚のご挨拶を申し上げます。

敬具

❶頭語・時候の挨拶
❷相手の安否を尋ねる
❸報告の言葉
❹夢、目標
❺相手へのお願い
❻通知しておきたい内容
❼結びの言葉・結語

転居・住所変更の通知

基本的にははがきの通知で構いませんが、新しい環境への感想を添えると印象的な手紙になります。

好印象

新しい環境を報告する
どんな場所かが目に浮かぶような文章にすると、相手も楽しく読めます

手間を詫びる
住所録などの変更をしてもらうお願いを、お詫びとともに伝えると、心配りのできる人という印象に

わかりやすい形式で
大きくタイトルを置き、詳細を別記にすると見やすく親切な手紙になります

来訪を促す・今後の交際を請う
気軽に遊びにきてほしい旨を伝え、変わらぬお付き合いをお願いします。簡単な行き方、地図を添えると親切

失礼

新住所・連絡先の間違い
通知する手紙に誤りがあっては混乱のもと。正確を期しましょう

新居購入について自慢する
自慢に受け取られてしまうこともあるので、新居ということを強調せず、謙虚に知らせます

ていねい度

知人 ◀…転居の通知

拝啓　早春の候、皆様におかれましてはますますご清祥のこととお喜び申し上げます。

さて❶私こと

このたび、長年住み慣れた世田谷を離れ、左記の住所に転居いたしました。通勤には時間がかかりそうですが、多摩川沿いの緑あふれる自然に包まれた環境は、子どもたちにとって申し分なさそうです。

❷近くにお越しの節は、お気軽にお立ち寄りください。

取り急ぎ、ご挨拶とお知らせまで。

敬具

（新住所など）

書き換え表現

❶私こと
私儀／私事ですが／私事で恐縮ですが
※「私こと／私儀」は、「自分のことで恐縮です」という意味を込めて文末におく、もしくは一回り小さい字で書くことがあります

❷近くにお越しの節は、お気軽にお立ち寄りください
こちらにおいでの折は、ぜひお寄りください／お近くにお越しの際は、お訪ねください／お越しの際は家族そろって歓迎いたします

ていねい度

知人◀…年賀状で店舗移転の通知

謹んで初春のご祝詞を申し上げます

旧年中はご愛顧を賜り、誠にありがとうございました。本年もどうぞよろしくお願い申し上げます。

なお、本年一月末日より、左記の住所に移転いたします。新年早々、お手数をおかけして申し訳ありませんが、この機会に住所録などの変更をよろしくお願いいたします。

末筆ながら、皆様方のご健康とご多幸を心よりお祈り申し上げます。

（新住所など）

ていねい度

知人◀…住所表示変更の通知

住所表示変更のお知らせ

拝啓　秋らしい晴天が続いておりますが、いかがお過ごしでしょうか。

このたび、市町村合併に伴い、拙宅の住所表示が左記のとおり変更となりましたので、お知らせいたします。

お手数とは思いますが、住所録など、ご変更いただきますようよろしくお願いいたします。

敬具

（新住所など）

状況別書き換え

状況の変化を伝える

- 住み慣れた○○を離れ、左記へ転居いたしました
- ○○市合併のため、××市と市制施行しました
- この夏から、生まれ育った○○に戻ることになりました

新しい環境について述べる

- 会社にも近く、大いに通勤時間が短縮され、大変喜んでおります
- 何もかもが新しく新鮮な気持ちで毎日を過ごしております

変更を知らせ、手間を詫びる

- つきましては、来る○月○日より、私どもの電話番号が左記のとおり変更となります。恐れ入りますが住所録の変更などをお願い申し上げます

変更住所の表示例

新住所　〒一五四-△△△
東京都世田谷区○○　一-二-三
新電話番号　××-××××-××××
交通　小田急線○○駅下車・徒歩○分

転勤・転職・退職の通知

転勤、転職、退職など仕事上の変化を知らせる通知は、自身で行う最後の大切な残務。できるだけ速やかに出すことが重要です。

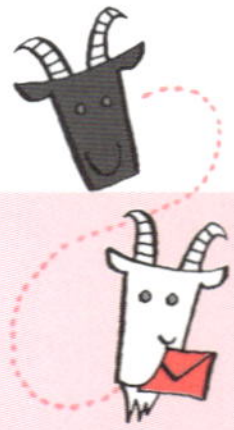

好印象

紹介を受けた人に報告する
就職や転職の際に世話をしてくれた人へは、お礼と身勝手を詫びる言葉を添えてしっかりと通知しましょう

在職中の感謝を伝える
今までの交際への感謝を伝えることがいちばんの挨拶になります

今後の予定を伝える
転職先で頑張る、実家に戻る、悠々自適に暮らすなど、簡単でも今後の予定にふれると、相手も安心します

以前と変わらぬ指導を請う
今後も相手との縁を大切にしたいことが伝わり、温かい結びになります

失礼

職場の愚痴や悪口
職場に関係ない人への手紙であっても、愚痴っぽい内容は悪印象です

マイナスの理由を書く
事情はいろいろあるでしょうが、込み入った内容を書くと心配する人もいるので、円満退社を強調します

ていねい度

知人◀…退職・独立の通知

拝啓　緑のあざやかな季節となりました。皆様にはご健勝にてお過ごしのことと拝察申し上げます。

　さて、私こと、このたび四月三十日付で株式会社日本物産を❶円満退社いたしました。❷在職中は公私にわたり、❸ひとかたならぬご厚情を賜りまして誠にありがとうございます。今後はこの十五年間で培いました流通ノウハウ、人脈を生かし、新たな会社を立ち上げたく構想しております。詳細が決まり次第、皆様方にご通知申し上げます。

　今までと変わらぬご指導、ご鞭撻のほど伏してお願い申し上げます。

敬具

書き換え表現

❶円満退社
一身上の都合により退職／円満退職し、○月○日付で○○に入社／定年退職

❷在職中は
私が○○に勤務した○年の間は／株式会社○○時代は

❸ひとかたならぬご厚情を賜り
何かとご配慮をいただき／多大なお引き立てにあずかり／温かいご指導を賜り

ていねい度

知人◀…転職の通知

拝啓　向寒の候、ご清祥のこととお喜び申し上げます。

さて、このたび定年を前に退社することと相なりました。これには訳がございまして、私の唯一の趣味であります陶芸で自分の才を試してみたくなった次第です。幸い子どもはすでに巣立ち、今は妻と二人きり。その妻が快諾してくれたので、思い切って決断いたしました。

これまでのご交際に感謝いたしますと同時に、今後とも変わらぬご声援のほど、よろしくお願い申し上げます。

敬具

ていねい度

友人◀…退職の通知（出産のため）

突然ですが、このたび永山株式会社を円満退社することになりました。といいますのも、今年四月に赤ちゃんを授かったからです。職場のはからいで妊娠期間にもかかわらず勤務を続けていましたが、十一月の予定日を前にして、ここに退社を決断いたしました。

わずか五年と短い期間でしたが、皆様からの温かいご指導、ご助力のおかげで充実した会社生活を送ることができ、心よりお礼申し上げます。これからも温かく見守ってくださいますよう、お願い申し上げます。

まずはご報告まで。

状況別書き換え

状況の変化を説明する

- 私このたび結婚のために○○を退職いたすことに相なりました
- 私こと、このたび人事異動に伴いまして、○○部部長の任に転じました
- ○月○日付をもちまして○支社○部勤務を命ぜられ、この○日無事着任いたしました

感謝の言葉

- 在職中は公私ともに多大なるご芳情を賜りまして、感謝の言葉もございません
- ○社に勤務した○年もの間、身にあまるご好誼をいただきましたこと、感謝いたしております

今後の予定

- 帰郷し、父親の営む会社を手伝うことになっております
- しばらくは充電期間ということでのんびりしようと考えております

決意の言葉

- 初心に戻り、初めの一歩から頑張ってまいります
- 新天地にて、自分の夢を実現させるべく誠心誠意頑張る所存でございます

ていねい度

知人◀…定年退職の通知

謹啓　春光うららかな季節、皆様におかれましてはますますご清祥のこととお喜び申し上げます。

さて、私儀　この三月末日をもちまして株式会社東西商事を定年退職いたしました。入社以来三十年に相なりますが、長きにわたり大過※なく勤務を続けることができましたのも、ひとえに公私にわたってご支援を賜りました皆様方のおかげと深く感謝いたしております。

今後は、会社からの配慮で東西デパートに嘱託として勤務させていただくことになっております。何卒変わらぬご指導を賜りますよう、よろしくお願い申し上げます。

略儀ながら、書面をもちましてご挨拶申し上げます。

謹白

四月一日

山田一子

ポイント

定年退職を知らせるときは

・定年を迎えて退職するということを明確に
・在職中の厚情に感謝する
・退職後の予定にふれる
・今後の交誼を願う

私事の通知における慣例

退職、転勤、転職などの私的な通知では、私事で恐縮ですという意味を込めて「私儀」、あるいは「私こと」を用います。

行末に書いたり、あるいはほかの文章よりも少し小さい文字にしたりすることもあります。

状況別書き換え

転勤の事実を伝える

●○月○日付で○○営業所に転勤いたしましたので、お知らせ申し上げます

●今春の人事異動により、○○支社に転勤と相なりましたのでご報告申し上げます

●○○営業所長を拝命し、○月○日に無事着任の運びと相なりました

在任中の感謝

●○○支社での○年間は、未熟な私にご芳情

ていねい度

知人◀…本社転勤の通知

拝啓　皆様には平素からお世話になっております。さて、私こと、このたび本社事業開発部部長を命ぜられ、三月二十九日付で大阪支店長を離任いたすことに相なりました。在任中は、公私ともども多大なるご指導ご鞭撻をいただき、感謝の言葉もございません。

本社に転任いたしましても、何かとご助力を仰ぐことも多々あると存じます。今後ともよろしくご指導のほど、お願い申し上げます。

まずは、右略儀ながらご挨拶とご報告まで。

敬具

ていねい度

知人◀…支社赴任の通知

このたび八月七日付で仙台支社営業部長を命ぜられ、十二日、無事着任いたしました。

本社在職中は公私にわたりご指導をいただいたおかげで、大過なく職務を遂行することができました。仙台支社でも、皆様から授かった教えを万事忘れることなく、職務に取り組む所存です。

転任に先立ちまして、ご挨拶に参上すべきところ、引き継ぎなどの慌ただしさに紛れ、意を果たせぬままの赴任になってしまいました。失礼の段、深くお詫びいたします。

を賜り、誠にありがとうございました

●おかげ様をもちまして大過なく勤め上げることができました

新たな決意

●新任地では一日でも早く当地の方々と打ち解け、誠心誠意勤めたいと思っております

●今後は皆様より授かりました教えを生かし、新たな職務に励む所存でございます

その他のお知らせ

●つきましては、私の後任といたしまして、○○が○月○日付で就任してまいります。私同様にご芳情を賜りますよう、よろしくお願い申し上げます

●本来なら出発前にご挨拶をいたすべきところ、業務の引き継ぎ、転勤の準備などに忙殺され誠に失礼をいたしました

●なお、転勤に伴いまして住所が左記のとおり変更になりました。お知らせ申し上げます

言葉の意味

※大過《たいか》なく：失敗や大きな過ちなどがないこと

開業・開店の通知

独立の意図や業務内容などを簡潔に通知するとともに、関係者各位への感謝の言葉を添えます。後半で愛顧、用命を願うような手紙が望ましいでしょう。

好印象

以前の愛顧・協力に感謝

単なる通知だけでは挨拶になりません。お客様、取引先へは今までのご愛顧に、知人へは付き合いに感謝します

いきさつを簡単に報告

独立・開業までの経緯を報告すると、共感を呼び応援したくなります

謙遜しながら前向きに

謙虚な姿勢で、指導を願いながら抱負を語りましょう

・未熟な身ですが

情報をわかりやすく

お客様・取引先が来やすいように場所や連絡先を別記にしましょう

失礼

印刷内容のみですます

事務的で、宣伝文のような印象を与えます。必ず一言を添えて

基本的な情報が不足

「営業がいつから始まるのか」などがはっきりしないと、相手が足を運びにくくなります

ていねい度

関係者各位◀…会社設立の通知

謹啓　春陽の候、ますますご清祥のこととお喜び申し上げます。

　さて、このたび私どもは、❶かねて準備を進めてまいりました株式会社リッツ❷設立開業の運びと相なりました。パソコンを中心とする電子機器、事務機器などのリース取引を主な業務内容といたします。

　会社経営に関してはまったくの素人ばかりが集まっての営業でございます。皆様のご支援、ご指導を得まして、今後とも専心※努力を重ねてまいる所存です。何卒、❸厚いご愛顧のほど、伏してお願い申し上げます。

謹言

書き換え表現

❶かねて準備を進めてまいりました

構想を温めておりました／長年の夢でした

❷設立開業

開店／独立開業／設立

❸厚いご愛顧のほど

格別のご高誼、ご支援を賜りますよう／ご指導ご鞭撻をいただきますよう／お引き立ていただきますよう

ていねい度

顧客・知人◀…美容院開店の通知

ヘアサロン オーブ 開店のご挨拶

前略　このたび長年の夢が実現しまして、本年九月、「ヘアサロン オーブ」を左記の住所に開店する運びとなりました。

ほんのささやかな佇まいではございますが、お客様から愛される店にするため、精一杯努力する所存でございます。

今後とも、何卒お引き立て賜りますよう、よろしくお願い申し上げます。

まずは書中にて、開店のご案内を申し上げます。

草々

ていねい度

知人◀…飲食店開店の通知

このたび、八月十日、荻窪駅前通りにラーメン専門店「新麺」をオープンいたします。

世田谷「うさぎ軒」にて八年の修業期間を経ての独立開店でございます。化学調味料、添加物はいっさい使わない素材主義をモットーにお客様を唸らせる味を追求してまいります。ぜひ一度、ご自身の舌でお試しくださいませ。

なお、開店当日は先着二十名様につき、当店自慢の半熟煮玉子を無料サービスさせていただきます。ご来店お待ち申し上げております。

状況別書き換え

開業・開店までのいきさつ

- 学生時代からの目標であった起業をすることができました
- 有志の者たちと相はかり、このほどようやく「株式会社○○」を設立いたしました

今後の抱負を語る

- 皆様のご愛顧におこたえできますよう努力精進を重ねていく覚悟でございます
- 社員一同、全力で取り組む決意でございます

今後のお願い

- 何卒倍旧のお引き立てを賜りますよう伏してお願い申し上げます
- 末永いご厚誼を賜りましたら幸いです

結びの言葉

- まずは右、小社設立のご挨拶まで
- 書中をもちまして、開店のご挨拶といたします

※会社案内、店舗案内、メニューなどがあれば、通知に同封するとよいでしょう

言葉の意味

※**専心《せんしん》**：心を集中させて、熱心に取り組むこと

結婚・出産の通知

喜ばしい出来事の通知では、自分たちのうれしさを素直に伝えながらも、お世話になったお礼、今後の助力へのお願いを添えることが大切です。

好印象

謙虚な姿勢で伝える

お礼と今後の支援へのお願いを兼ねた通知。相手に感謝する表現で好意と敬意を見せます

赤ちゃんの様子を伝える［出産］

元気な赤ちゃんです、と伝えると相手もほっとして心が温まります

前向きな言葉を述べる

受け取った相手が快く思えるような、明るい文面を心がけます

・楽しい育児ができそうです

新生活の情報を入れる

新居の住所や子どもの名前など、変化があったことを伝えましょう

失礼

幸せを強調しすぎる

デリケートな問題ととらえる人もいるので、はしゃぎすぎは禁物です

×私たちだけ幸せでいいのかしら

不安要素を伝える

相手を心配させる不用意な言葉は避けます

ていねい度

親族・知人 ◀…… 結婚の通知（本人から）

謹啓　早春の候、皆様ますますご清祥のこととお喜びいたします。

さてこのたび私どもは、二月二十日内輪だけで❶挙式をいたしました。本来ならば皆様をご招待し、ご披露しなければならないところ、席を設けられず申し訳ございませんでした。皆様のご好意にそむかぬように、ともに励まし合い❷温かな家庭を築いていきたいと決意しております。どうか今後とも変わらぬご厚誼を賜りますよう、心よりお願い申し上げます。

謹白

大田達也

絹子（旧姓　山田）

書き換え表現

❶挙式をいたしました

結婚式を執り行い、新生活の第一歩を歩み出すことになりました／結婚式を行い、新しい人生をスタートいたしました

❷温かな家庭

祝ってくださった皆様に恥ずかしくない家庭／明るい家庭／笑いの絶えない家庭

❸元気な赤ちゃん

健やかな女の子／父親そっくりの男の子

ていねい度

親族・知人 ◀… 結婚の通知（親から）

謹啓　春暖の候　皆様におかれましてはますますご清栄のこととお喜び申し上げます。

さて、四月五日

山田一男　長男　浩二
鈴木靖治　次女　恵美

の両名は、東西株式会社社長、町田健二ご夫妻のご※媒酌により、結婚の儀を執り行いました。ここに謹んでご報告を申し上げます。

未熟な二人のことではございますが、温かくお見守りくださいますよう、お願い申し上げます。

謹白

ていねい度

親族・知人 ◀… 出産の通知

七月二日、無事男の子を出産いたしました。体重は三一七〇グラムの❸元気な赤ちゃんです。ご心配をおかけいたしましたが、おかげ様で母子ともに元気でおりますので、どうかご安心ください。

健二さんともじっくり相談した結果、空を羽ばたくような元気でたくましい子に育ってほしいとの願いを込め「翔（かける）」と命名しました。

今後も、親子ともども温かく見守ってください。

まずは取り急ぎ出生のお知らせまで。

状況別書き換え

式・披露宴を行なわなかった場合

- 結婚式を近親者のみで執り行い、披露の宴は省略させていただきました
- 式、披露の宴などは催さず、入籍のみとさせていただきました

婚約の報告

- このたび、○○様ご夫妻のお力添えを賜り、婚約をいたしました。挙式は○月頃の予定でございます。近くなりましたら、改めてご案内申し上げます
- 私どもは○月○日に結納をすませ、婚約の運びと相なりました

媒酌人がいる場合

- ○○○○様ご夫妻のご媒酌により
- ○○建設社長、○○様ご夫妻のご媒酌のもと

結びの言葉

- なお、左記の住所にささやかながら新居を構えました。お近くにお越しの際は、ぜひ足を運んでいただけましたら幸いです
- なお、結婚に伴いまして新居を構えました。ぜひ、お気軽にお立ち寄りくださいませ

言葉の意味

※媒酌《ばいしゃく》：結婚の仲立ちをすること

離婚・再婚・婚約解消の通知

離婚をしたら、お世話になった仲人・媒酌人へは簡単な理由を添えて報告します。再婚して式をしない場合もしっかり通知を。

好印象

新生活への希望を語る［再婚］
「二度目」を強調する必要はありません。今後の希望を明るく述べて、通知する相手を安心させましょう

前向きな言葉［離婚］
前向きな話し合いの結果であることを伝えて相手を不安にさせないように

いきさつを簡単に述べる［再婚］
再婚までの経緯や再婚相手の紹介をすれば親しみが持ちやすいでしょう

お詫びを伝える［離婚］
媒酌人やお世話になった方には、心配をかけたこと、離婚という結果になったことへのお詫びも一緒に伝えます

✕ 失礼

込み入った詳細にふれる
「相手の不倫が原因」「裁判で係争中」など、あからさまに書くと受け取るほうも困惑してしまいます

暗い文面・後ろ向きな言葉
「悲しい」「また失敗しないか」などの言葉は相手を心配させます

ていねい度

親族・知人◀…離婚の通知

前略❶　突然のお知らせ申し訳ございません。

私ども夫婦は、このたび離婚すること❷になりました。結婚という関係を解消することが、今後の二人にとって最良の選択であると長時間話し合った末の結論で、お互い納得したうえでございます。

これまで賜りましたご厚情に感謝いたしますとともに、お心を騒がせましたこと❸、深くお詫び申し上げます。

なお、私は二人の子どもを連れ、ひとまずは郷里の実家で暮らす予定でございます。

まずは書中にてご報告とお詫びまで。

草々

書き換え表現

❶前略　突然のお知らせ申し訳ございません
冠省／略啓／突然で恐縮です／取り急ぎお知らせします

❷離婚することになりました
離婚という結論に相なりました／二人で話し合い、離婚を選択いたしました

❸お心を騒がせましたこと
いろいろとご心配をおかけしましたこと／お気遣いをいただきましたこと／ご相談に乗っていただきましたこと

ていねい度

親族・知人◀…婚約解消の通知

冠省　取り急ぎご報告いたします。

結婚披露宴のご案内を差し上げました私どもですが、やむを得ぬ事情がございまして、婚約を解消することになりました。

温かいお祝いの言葉などいただきながら、このような事態となりましたこと、誠に心苦しく感じております。

お詫びとともに、ここにご報告いたします。どうかご理解くださいますよう、伏してお願い申し上げます。

不一

ていねい度

親族・知人◀…再婚の通知

その節はいろいろとご心配をおかけいたしました。このたび、周囲からの勧めもございまして再婚することに相なりました。

鶴田という同じ会社の営業部の人です。人事異動で同じ部になったことがきっかけで交際が始まりました。入籍のみで式は挙げず、身内だけのささやかな宴を開きました。

機会がございましたら、ぜひ皆様にもご紹介したいと存じておりますが、まずは書状にて、お知らせまで。

状況別書き換え

事実を伝える
- 急なことではございますが、婚約を解消するに至りました
- このたび、縁がございまして再婚の運びとなりました

簡単ないきさつを述べる
- お互いを尊敬し合う気持ちは変わらないのですが、結婚生活を続けていくことは難しいとの結論に達しました
- ○○さんの紹介で知り合った方で、この人ならばと決心いたしました

お詫びと感謝
- ご心配をおかけしてしまい申し訳なく思っております
- 賜りましたお気遣いに感謝いたします
- 何かと気にかけていただき、ありがとうございました

自分の状況を報告する
- ようやく気持ちも落ち着きました
- とりあえずは実家に戻るつもりです

前向きな抱負を語る
- わが子とともに前向きに暮らしていこうと思っております
- 経験を生かして、これからは二人で明るい家庭を目指します

お知らせのプリント

催し事や行事の詳細を通知することが目的ですが
やわらかい表現を用いて親しみやすい雰囲気を出したいものです。

好印象

前文でやわらかさを出す
大勢への通知が目的なので事務的になりがちですが、前文やちょっとした言い回しに温かみを出しましょう

配慮しつつ参加を促す
相手の都合を思いやる態度を示して、謙虚に参加、協力を呼びかけると好印象

興味をひく文面にする
呼び物となる催しを明記したり「日頃の成果を見せるチャンス」などとメリットをアピールしたりしましょう

見やすくわかりやすい形式に ➡P13参照
日付や発信者、タイトルを記し、詳細を別記にすると見やすくて親切です

失礼

詳細の通知のみ
情報だけでは相手もなかなか興味が持てません。「地域安全のため」など、催しの趣旨を伝える工夫をしましょう

手紙の形式で書く
文章をつらつらと続ける形式では、内容がつかみにくく不親切です

自治会員▲…**催しのお知らせ**

ていねい度

□□○年10月15日

入船自治会会員の皆様へ

自治会長　太田清

親睦旅行のお知らせ

さわやかな秋晴れの季節となりました。

さて、このたび入船自治会では、皆様相互の親睦をはかり、なお一層の交流を深めていただくために、1泊2日の温泉旅行を計画いたしました。日時、場所などは下記に記したとおりです。

忙しい毎日の疲れを癒やす意味でも、のんびりとお湯に浸かり、おいしい料理とお酒で楽しみたいと考えております。ご都合をお合わせいただき、ふるってのご参加をお願い申し上げます。

記

日　程：□□○年11月4日(土)～5日(日)の1泊2日
集　合：午前9時　自治会館前
行き先：群馬県草津温泉
宿泊先：温泉旅館　籠屋
費　用：1万3千円(大人1人あたり)
※詳細は別紙の旅程表をご参照ください　　以上

保護者▲…運動会のお知らせ

ていねい度

秋季大運動会のお知らせ

夏休みも終わり、過ごしやすい季節となってまいりました。いよいよ子どもたちが待ちに待った運動会の季節です。

さて、恒例となりました『第○回○○小学校秋季大運動会』を下記の日程で開催いたします。子どもたちも当日に向けて練習の真っ最中です。どうか、その成果のほどを見てあげてください。ご家族の皆様方の多数のご参加、お待ちいたしております。

記

日　時：10月10日（日）　午前9時開会
場　所：本校グラウンド

※雨天の場合の決行、中止の判断は午前7時より連絡網にてお伝えいたします

以上

町内会員▲…催しのお知らせ

ていねい度

白山町内会恒例・春の桜祭りのお知らせ

桜もまもなく見頃の季節となりました。

さて、本年も白山町内会❶恒例の『春の桜祭り』を下記の要項で催します。

当日は、白山商店街による屋台をはじめ楽しい模擬店舗が多数立ち並ぶ予定です。皆様お誘い合わせのうえ、❷ふるってご参加ください。

記

日　時：4月2日（土曜日）午後1時～
場　所：白山神社境内

以上

書き換え表現

❶恒例の

今年で二度目の／前回ご好評をいただきました／今年初の試みとなります

❷ふるってご参加ください

多数のご参加をお待ちしております／ぜひお越しください／お気軽に足をお運びください

状況別書き換え

お知らせ内容を伝える

●長い歴史のある『○○校文化祭典』を二日間の日程で開催いたします

●町内の皆様の健康を考え、「歩こう健康会」を実施する運びとなりました

趣旨を説明する

●会員の皆様のさらなるご親交を目的とした集いでございます

●町内の子どもたちが安心して遊ぶためのパトロールです

参加を促す

●お忙しい時期とは思いますが、息抜きも兼ね、ふるってご参会くださいませ

●ご多用中はなはだ恐縮とは存じますが、ご協力いただけると幸いです

通知の手紙Q&A

Q 年賀状で結婚通知を兼ねたいときは？

A

結婚通知は挙式後、できるだけ早め（一か月以内が目安）に出すのがマナーですが、それが年末近くの場合は、年賀状をもって結婚通知とすることもよくあります。

まずは新年の挨拶を書いてから、結婚の報告、新居の報告と続けましょう。

Q 再婚の通知は出すべき？その際、「再婚」と書くべきですか？

A

再婚の場合は式や披露宴などで広く皆に知らせないことが多いので、しっかりと報告をしたほうがよいでしょう。ことさら再婚を強調する必要はありませんが、事情を知っている知人には「再スタート」「お互い再婚なので」などと率直に伝えるほうが自然です。

Q 転職や退職の通知は誰に出すべき？

A

顧客や取引先など、在職中にお世話になった人には、きちんとした挨拶状を個人名で出したいもの。また今後協力してもらう状況が出てくることも考えられますし、人脈をつなげておくと考えても有効です。

同僚や友人にはメールでの報告で構いませんが、上司や顧客、取引先などには、郵送で出したほうが礼儀正しい印象を与えられるでしょう。

社内の人へは退職当日に報告を兼ねてお礼に回り、お菓子などを配ることも多いようです。社外の人へは、前もって報告し、後任者などを連れて挨拶に行くこともありますが、改めてはがきを書けば、今後のアピールになります。

第10章

心配している気持ちを込めて

お見舞いの手紙

- 病気のお見舞い
- 事故のお見舞い
- 火事・災害のお見舞い

お見舞いの手紙

お見舞いの手紙には細やかな思いやりが必要。特に、病気や事故による入院の際は、身内やごく親しい人でない限り、直接病室に伺う前に、まずは手紙で安否を気遣うのがマナーです。

こうすれば好印象に

すぐに出す

知らせを聞いたら早めに、手紙にて心配な気持ちを伝えるのがマナーです

快復を祈り励ます

無理に明るい文面は逆効果。それとなく励ますほうが、すんなり受け入れられます

・からだを休めるいいチャンスです

心配、安心を伝える

心配している気持ちや、無事と知って安心した気持ちを伝えて、相手の状況を気にしていることを表現しましょう

看病の人への言葉

看病で付き添う家族の苦労も大変なもの。ねぎらいや、無理のないようにいたわる一言を添えれば、相手もほっとするはずです

これは失礼にあたります

忌み言葉を使う

相手は非常にナーバスな状態です。言葉は慎重に選ぶこと

「追伸」はタブー

繰り返しを連想させるのでNG。文は末文で完結させるのがマナーです

「仕事は順調」と告げる

休職している同僚に心配をかけない気遣いの一言でも、相手によっては寂しく思うもの。さりげなく復帰を願いましょう

病名や病状の詳細

あまりふれられたくない事情もあります。好奇心ととられかねません

×腫瘍が悪性だったとか

忌み言葉 ➡P31参照

相手の状況を考えれば察しがつくことですが、長引くことや暗いこと、繰り返し、死や病気をイメージさせる言葉は、お見舞いの忌み言葉です

病気見舞い・けが見舞い

×長引く、暗い状況を連想させる言葉

死　苦しむ　苦しい　根付く　寝付く　寝込む　滅びる　衰える　枯れる　落ちる　長引く　繰り返す　長い　再び　またまた　重なる　続く　…など

災害見舞い

×再度、ばらばらになるなどを連想させる言葉

再び　再々　再度　重ね重ね　返す返す　たびたび　皆々様　繰り返す　重なる　続く　長引く　長い　離れ離れ　離れる　ばらばらになる　苦しい　失う　見失う　さらに　…など

その他注意したい言葉

×事故について生々しく書く

×病名、症状の詳細にふれる

×「不幸中の幸い」と表現する

お見舞いへのお返し

●お見舞いへのお返しは原則不要

●受け取ったことを電話でお礼

●快復、落ち着いた状況になったら、改めてお礼状を

●品物でお返しする場合は、お見舞金(品)の1/3〜1/2程度、表書きは「快気祝い」「内祝」

お見舞いのマナー

まずは手紙で相手の安否を気遣います。贈る品物選びにも、細心の注意を払いましょう。

手紙・贈り物を送る時期

種類	手紙	贈り物	表書き
病気・入院	状況を知ったらできるだけ早く	手紙に添えて（後で病院に見舞える状況であれば、そのとき持参も可）	御見舞 お見舞い など
事故・けが	状況を知ったらすぐに	手紙に添えて（会える状況なら、会うとき持参も可）	御見舞 お見舞い など
火事・災害	状況を知ったらすぐに	手紙に添えて（近くに住む人なら、すぐに持参する）	御見舞 火災御見舞 震災御見舞 など
楽屋見舞い	招待、案内の通知を受けた後、数日後のうちに	その場所へ伺った際に本人に手わたすのがいちばん（行けない場合は、手紙に添えて）	楽屋御見舞 祝ご公演 祝発表会 など

お見舞金の目安［病気入院］

同僚・部下	1万円前後
兄弟姉妹	1万～3万円
甥・姪	1万～2万円
その他の親戚	5千～2万円
友人	5千～1万円

お見舞品のマナー

	品物	具体例	ポイント
適する	○娯楽品	雑誌や写真集、緩やかな楽曲のCDなど	気分がまぎれる
	○実用品	スリッパ、ティッシュ、テレホンカードなど	病院で役立つもの
	○花	香りがやさしく淡い色の花	できれば花瓶も持参
	○現金	適した品物が思い浮かばないときは現金を	入院中は何かと必要
適さない	×鉢植えの花	鉢植えは「根が付く」ことから「寝付く」に通じる	
	×花束	あじさい、つばき、菊、シクラメン、白い花、真っ赤な花	葬儀や血を連想
	×パジャマ	長患いを連想させる	
	×現金	4〈死〉、6〈無〉、9〈苦〉、13の付く金額	不吉な数字は避ける

お見舞いの手紙 基本の形

前文

❶前略　つい先日、叔父様がご入院されたと聞き、❷大変驚きました。

主文

❸その後、お加減はいかがなものかと心配でなりません。

すぐにでもお見舞いにかけつけたいところですが、かえってお体にさわる結果になっても申し訳ありません。❹まずは取り急ぎ、便りにて、お見舞い申し上げた次第です。

末文

いずれ時期を見て、お見舞いにお伺いしたいと存じます。❺一日も早いご快復を、心よりお祈りしております。

また、❻付き添われている叔母様をはじめ、ご家族の皆様におかれましても、くれぐれもご自愛くださいますよう願っております。

草々❼

❶頭語

❷驚きを伝える

❸安否を尋ねる
※時候の挨拶は省略してよいので、すぐに相手の安否を気遣う。長期入院で2回目以降の手紙なら、気分が落ち着くような気候の挨拶もOK

❹取り急ぎの手紙と伝える

❺快復を祈る

❻家族への気遣い
※見舞いの品を添える場合は、末文に簡単に添える。あまり気を遣わせないように

❼結語

病気のお見舞い

すぐに病室にかけつけたい気持ちもありますが、本人や家族の状況を考え取り急ぎの手紙で様子をうかがいます。快気を願い、いたわりの念をしたためましょう。

好印象

驚き、心配している気持ちを伝える
「自分のことを気にしてくれている」と、相手もうれしく感じます

快復を願い、前向きに励ます
無理のない言葉で励まし、相手を明るい気持ちにさせましょう

助力を申し出る
困っている相手を思いやって、手伝いや協力を申し出ると親切です

看護の人をねぎらう
家族の気苦労も大変なもの。看病をねぎらい、体をいたわる一言で、相手の家族の心をほぐしましょう

失礼

病状、病名の詳細にふれる
敏感になっている相手に対し、デリカシーのない発言は不適切です

気遣うあまり感情的になる
「さぞや苦しかったでしょう」などの感情的な言葉は、相手の気持ちを不安定にすることも

ていねい度

夫の上司◀…夫人の入院見舞い

❶急啓　奥様が入院なさったと承り、大変驚いております。その後お加減はいかがでしょう。何もかも一生懸命の奥様のことですから、少しお疲れが出たのではないでしょうか。よい機会とお考えになって、前向きなお気持ちで❷ご静養なさってくださいませ。

ご快方に向かう時機を見てお見舞いに伺わせていただきます。一日も早い奥様のご快復を心から願っております。まずは取り急ぎ、書中にてお見舞い申し上げます。

不一

書き換え表現

❶前文

●前略　急なご病気で入院なさったことを伺いました。大変心配でなりません

●急白　お加減はいかがですか。○○氏の話によると、手術は成功でその後の経過も順調だとか

前略…親しい間柄の友人や親族など

急啓／急白…目上の人、上の立場の人など

前文お許しくださいませ…女性が書く場合

❷ご静養

ご養生／骨休め／復調に精進／ご加療専一に／治療

ていねい度

恩師◀…自宅療養のお見舞い

前略　四月二十日に退院されたと聞き、私もほっと安心しました。

予定よりも早いご退院、本当におめでとうございます。

しばらくの間は、ご自宅にて療養されるとのことですが、心温かいご家族の皆様と一緒に過ごす環境が、きっと快復へのよい処方箋になることと思います。焦らないでじっくりと復調にご精進くださいませ。

ご退院のお祝いと、付き添われたご家族へねぎらいの意を込めまして、心ばかりの品を同封いたしました。

まずはお見舞いまで。

かしこ

ていねい度

叔父◀…入院見舞い

叔父様が緊急手術で入院なさったこと、つい先日、母から聞きました。いつもご無沙汰ばかりで何も知らず、お見舞いが遅れたこと、本当に申し訳なく思っています。

その後の経過はいかがでしょうか。毎日元気いっぱいに歩き回っていた叔父様のこと、きっと、じきに快復すると信じています。叔母様も突然の看病生活でお疲れでしょう。

私でよければ何でもお手伝いしますので、遠慮なくおっしゃってください。近いうち、主人とお見舞いに伺います。

まずは書中にて、お見舞いまで。

状況別書き換え

驚きを伝える

●ご病気など無縁な方だと思っていただけに、とても驚きました

●突然の知らせに、ただ驚いております

いたわりの言葉

●きっと神様が、あなたに休息を与えるために用意してくれた時間だと思います。それに甘えてお体を休められてはいかがですか

付き添いの家族に対するねぎらい

●ご家族の皆様もさぞご心痛のことと思いますが、ご看病の疲れが出ませんよう、ご自愛くださいませ

●皆様のご心痛もいかばかりかと拝察申し上げます

お見舞品を添える

●テレホンカードを同封させていただきました。何かとご不便なことも多いかと存じます。私でよければお手伝いさせていただきますので、遠慮なくご連絡くださいませ

●連日のご看病で気分も沈みがちなのではと心配です。ゆったりできる音楽をいくつか同封しましたので、気分転換に聴いていただければ幸いです

友人の夫◀…入院見舞い

急白　奥様のご入院❶を知り、大変驚いております。先日お見舞いに伺わせていただいたところ、面会を控えられているとのことで直接お会いできなかったのですが、その後のご病状❷はいかがでしょうか。

ご主人様も、奥様の突然の入院で何かと戸惑って❸いらっしゃることと存じます。奥様とは学生時代から仲良くさせていただいていますので、私に何かお手伝いできることがございましたら、遠慮なくおっしゃってくださいませ。時間を見て病院のほうにも伺わせていただきます。奥様の一日も早いご快復を心から祈っております。また、ご主人様も慣れないご看病❹の疲れで体調を崩されないよう、くれぐれもご自愛くださいませ。

まずは取り急ぎ、書中にて、お見舞いまで。

不備

八月十二日

鈴木花子

大木隆史様

ポイント

相手の心中を思って

お見舞いの手紙は、心配する気持ちを伝え、励まし、快復を祈るのが大きな目的。その際、受け取る側の心中をよく想像することが大切です。相手は自分や家族の病気で、普段より敏感になっているもの。心配するあまり暗い文面になりすぎたり、また、励まそうとして無責任に強気な言葉をかけたりすると、かえって心情を害することになりかねません。気遣い、いたわりながら、明るくやわらかい文面を心がけましょう

書き換え表現

❶ご入院
ご病気／緊急の手術／突然のご発病／ご療養

❷ご病状
お加減／経過／ご容態／ご体調

❸戸惑って
お疲れで／ご心痛で／ご心配で／不安で

❹慣れないご看病
手厚いご看病／病院と家との往復

ていねい度

義姉◀…介護疲れのお見舞い

前略　お義姉さんには父の介護をお任せしており、申し訳なく思っております。私が実家の近くにいればよかったのですが、遠く離れて家庭を持つ身では帰省もままなりません。本当に心苦しい限りです。

　感謝の意を込めて心ばかりの品を同封いたしました。ご賞味いただければ幸いです。お盆には帰省する予定でございます。その際はわずかではありますが、精一杯お手伝いいたします。父の介護でお疲れのことと存じます。お身体大切になさってください。

草々

ていねい度

同級生の母親◀…子どもの入院見舞い

　昨日、娘の幸子から「麻子ちゃんが病気で入院したよ」と聞き、とても驚きました。その後の経過はいかがでしょう。いつも幸子と元気いっぱいに遊んでいた麻子ちゃんなので心配でなりません。

　近いうちに幸子ともどもお見舞いに伺いますが、その後も幸子が一人でお訪ねしても構わないようでしたら、何度でも伺わせます。かわいい一人娘さんのこと、さぞやご心痛かと思いますが、お母様もご看病で無理のないようになさってください。

　まずは書中にて、お見舞いまで。

状況別書き換え

気遣いの言葉

- すぐにお見舞いにかけつけたいところですが、この時期に押しかけてもかえってご静養のお邪魔になると思い、取り急ぎ書中にしたためました
- 私でよければ、何なりと気軽に電話にてお申し付けください

励ましの言葉

- 持ち前の明るさと、粘り強さがあれば、きっと大丈夫です

ねぎらいの言葉

- ○○様のご熱心な介護には頭が下がる思いでおります
- 奥様も病院と家の往復でさぞやお疲れのことと思います

結びの言葉

- くれぐれも養生なさってくださいませ
- ご快癒を信じ、まずは取り急ぎ書中にてお見舞いを申し上げます
- 落ち着かれた頃を見計らって、お見舞いに伺います。そのときはぜひ、いつものお元気な顔を見せてください

事故のお見舞い

事故は突然の出来事です。知らせを聞いたら、まずは取り急ぎお見舞いの手紙を。お見舞いなどに行くのは相手の状況がわかってからのほうがよいでしょう。

好印象

心配を伝え、経過を聞く
「あなたを心配している」という誠実な気持ちは、相手を勇気づけます

相手をいたわる
事故の衝撃は心理的にも大きいもの。相手の心中を思いはかり、いたわりの言葉をかけます

助力を申し出る
けがで体の自由がきかないこともあるため、何か力になりたいと伝えると相手も心強いもの

安心の気持ちを伝える
無事で何よりと伝えて、思い詰めがちな相手の気を軽くしましょう

失礼

オーバーな同情
元気づけたい気持ちはわかりますが、必要以上に心配するのも白々しい印象に

傷の状況を具体的に書く
自分のけがについて不安でいっぱいのはず。配慮をしましょう

ていねい度 ✒✒✒

上司◀…水の事故のお見舞い

急啓　お子様が海で①事故に遭われ、②おけがをなさったとお聞きしました。③大事に至らず何よりです。ご看病を含め、ご家族の心痛をお察しいたします。

今はご自宅で療養なさっているとか。遊びたいさかりの時期にお子様も大変でしょうが、まずは完治が先決です。退屈しのぎになりますかどうか、私の好みで見つくろって数冊の絵本を同封しました。お子様にどうぞ。

一日も早いご快復を心よりお祈り申し上げます。

不一

書き換え表現

①事故
思いもよらない事故／突然の事故／交通事故

②おけがをなさった
入院なさった／手術をされた

③大事に至らず
命に別状はないとのこと／経過もよろしいとのこと／経過も順調とのこと

④粗菓
粗品／お見舞いの品／ほんの気持ち

ていねい度 ●●○

被害者◀…けがのお見舞い（事故の加害者から）

急白　昨日の事故で、自動車を運転しておりました宮部と申します。体調にお変わりございませんか。

自転車のハンドルに接触し横転させてしまったこと、誠に申し訳なく思っております。事故の瞬間は、「大丈夫」というお言葉が聞けたので安心しましたが、やはり心配でお手紙を差し上げました。

その後何か不都合がございましたら、お手数でも私宛てにご一報くださいませ。病院、その他の対処を十分にさせていただきます。

かしこ

ていねい度 ●○○

遠くに住む叔母◀…火傷のお見舞い

叔母さん、その後の経過はいかがでしょうか。

台所でお湯を沸かしていて、ひっくり返してしまい大火傷をされたと電話で聞いたときは、大変驚きました。命に別状はないとのことで、今はほっと胸をなでおろしています。

右足の火傷で歩けないのはお辛いでしょうが、ここは大事を取って治療に専念なさってくださいませ。

失礼ながら、[4]粗菓を同封いたしました。お慰みにお召し上がりいただければ幸いです。

状況別書き換え

相手の具合を尋ねる
- 大事ないと伺いましたが、お加減はいかがですか
- 治療も無事に終了し、ひとまずは安心と聞きました。今のご気分はいかがですか

いたわりの言葉［相手が被害者の場合］
- ルール違反による事故とか。憤りを感じます
- 飛び出してきた車と接触したとのこと、さぞ恐ろしかったことと拝察します

いたわりの言葉［相手に過失がある場合］
- このたびのこと、大変だったでしょう
（事故の原因、詳細にはふれない）

お見舞いの品を送る
- 別送の品は心ばかりのお見舞いの気持ちです。ご賞味いただければ幸いです
- ささやかなお慰みでもと思い、別便にて生花をお送りしました

お見舞いについて
- 遠方ゆえ、お見舞いに伺うことができませんこと、心苦しく思っております

結びの言葉
- 一日も早いご快復をお祈りいたします
- くれぐれもお大事になさってください

火事・災害のお見舞い

動揺・落胆している相手を元気づけてあげることがポイントです。火災の場合はいろいろな事情もあるので詳細にはふれず、簡潔な内容で。

好印象

安否を尋ねる

災害の場合、ニュースだけが入ってきて安否が不明なことも。その場合は心配する言葉をまっ先に

心配な気持ちを伝える

こちらがどれだけ相手のことを考えているか伝えれば、相手もうれしいもの

力添えを申し出る

困っている相手に対し、具体的な援助を希望すると心強いものです

復興を願い、励ます

早く普通の生活に戻れることを祈り、無理のない言葉で励まして、元気づけましょう

失礼

詮索や忌み言葉

原因を尋ねるような文や気に障る言葉は、相手を不愉快な気持ちに

相手を刺激する言葉

「せっかく新築されたばかりなのに」などの酷な言葉は、お見舞いの趣旨から大きく外れます

ていねい度

知人◀…水害のお見舞い

急白　このたびの台風でお住まい辺りが❶水害に見舞われたことを知りました。❷詳細が不明なだけに、とても心配でなりません。皆様のご無事を心から祈るばかりです。私どもにお力添えできることがありましたら、何なりとご遠慮なくお申しつけください。すぐにお電話を差し上げようと思いましたが、時期が時期だけに回線をふさいではいけないと、取り急ぎ書状にてお見舞いさせていただきました。

一日も早い❸復旧をお祈りいたします。

不一

書き換え表現

❶**水害**
地震／火災／予期せぬ災厄／○○の被害

❷**詳細**
安否／ご無事／詳しい状況

❸**復旧**
復興／沈静化／再建

ていねい度

叔父 ◀… 地震のお見舞い

急呈　今回の地震で避難所に移られたと聞きました。不慣れな環境で、ご心労はいかばかりかと拝察いたします。

本当にささやかではありますが、お見舞いを同封いたします。とりあえずのご用にお使いいただければ幸いです。遠方ゆえ、この程度のご協力しかできないことが残念でなりません。皆様、くれぐれもお身体をお大事に。

一刻も早い復興と皆様のご健康を、心よりお祈り申し上げます。

かしこ

ていねい度

友人 ◀… 火事のお見舞い（類焼）

突然の出来事、心よりお見舞い申し上げます。

伺えば隣家からの出火とのこと、あなたのお気持ちを思うと、胸が痛むばかりです。いまだお取り込み中の時期でしょう。お伺いは差し控え、書中にてお見舞いいたします。

お見舞いのしるしを些少ながら同封しました。日用品、お食事などにお使いいただければ幸いです。

ほかにも足りないものなどがあれば、遠慮なく、お電話ください。携帯電話は090-××××-××××です。

状況別書き換え

お見舞いの言葉［火事見舞い］

●○○様のご自宅が火災に遭われたと伺い、取り急ぎ書中にてお見舞いを申し上げます
（※類焼の場合は「火災」「火事」も使用可。失火の場合は使用せず、原因にもふれないこと）

お見舞いの言葉［災害見舞い］

●テレビにて御地の地震のニュースを見ました。被害の大きさに大変驚いております

相手の安否が不明な場合

●昨日より電話が不通で、大変に心配しております
●皆様の無事を心から祈っております

お見舞金を送る

●些少のものを同封しておきます。当座の用にお使いいただければ幸いです
●お見舞いのしるしです。気持ちばかりを同封させていただきました

そのほかの気遣い

●洋服、靴など取り急ぎ必要であろう日用品を別便にてお送りいたしました

お見舞いの手紙Q&A

Q こちらが被害を与えてしまった場合のお見舞い状は？

A

すぐにお詫びを兼ねたお見舞いの手紙を出し、相手の病状を心配している姿勢を見せましょう。ただ、示談の進め方などは、個人で対処すると問題になることも多いので、ていねいに「金銭的なことは保険会社に誠意ある対応をお願いしている」と伝えて相手を安心させます。

Q 災害見舞いで気をつけることは？

A

知り合いが災害に遭ったら、まずは安否の確認を。取り急ぎお見舞いを送ってもよいですが、近くに住んでいるならできる範囲の手伝いをします。大規模な災害の場合は交通機関などの麻痺も考えられるので、落ち着くまで公共の救助に任せたほうがよい場合もあります。

Q 相手の容態がとても悪いようです。こんなときは？

A

直接お見舞いに行くのは控えたいところですが、手紙であればそこまで問題ではありません。心配する気持ちをしたためて送ってもよいでしょう。読むタイミングを相手に任せられるのが手紙のよいところです。

また、容態が悪いことを知っていたとしても、文中では「お加減はいかがですか」とさりげなく尋ねるのがよいでしょう。「とても悪い状態だと聞きました」などと書くのはもってのほか。読んだ相手が落ち込んでしまいます。

こういう場合はなかなかお見舞いの機会がつかめないもの。まずは手紙や電話で相手や相手の家族の反応をうかがってから行動するのが得策といえます。

第11章

人と人とをつなぐ

紹介・推薦の手紙

- 就職先・団体の紹介
- 人物の推薦

紹介・推薦の手紙

紹介・推薦状は知らない人同士を引き合わせるための大切なツール。双方の立場を考慮して、信頼関係を損なわないような文面を心がけましょう。

こうすれば好印象に

判断材料を与える
企業なら業務内容や業績、人物なら性格や学歴・経歴を明確に書くことで、手紙を読む側が客観的に判断できます

判断をゆだねる
相手に判断を一任することを示す一言を書き添えると、負担を感じさせません
・よろしければご紹介させていただきます

低姿勢で頼む
自発的に紹介する場合は、低姿勢でお願いすると好印象です

自分との関係を明記
紹介する人や企業との関係を明確にすることで、信頼感をアピールできます

これは失礼にあたります

横柄な態度
「紹介してあげる」というような恩着せがましい態度は相手に不快感を与えます

熱心にすすめる
長所を誇張するなどあまり強くすすめすぎると、相手は一歩ひいてしまいます

期待を抱かせる
相手に必要以上に期待を持たせるような表現をすると、後でトラブルになる恐れもあります

あやふやなことを書く
不確かな情報や誇張は混乱を招くばかりか、こちらへの不信につながります
×留学経験があるらしく

盛り込みたい内容

学歴
特に仕事に関係のある学歴を持っている場合は、書いてアピールします。留学経験も同様

経歴
今までの職務経歴、どんな職務態度だったかを明記します

自分との関係
なぜ紹介するのか、どのような経緯で紹介するに至ったかを説明

本人の意欲
本人が強く望んでいる旨を伝えて、やる気をアピールします

具体的な長所
曖昧な言葉ではなく、「几帳面」「責任感がある」などと参考になりやすい長所や職務への姿勢を書きます

あれば条件も
残業ができない、短期勤務を希望しているなど、わかっている希望条件はあらかじめ伝えるとよいでしょう

名刺を使うとき

自分の名刺に簡単な紹介のメッセージを書いて、紹介する人物に持参させることも可能です。その際は、自分の名刺の余白か裏面に先方の名前と、紹介する人の名前や簡単な説明を書きます。

ただし、目上の人には失礼になるので注意が必要です。

紹介・推薦のマナー

紹介・推薦状は面識のない人同士の橋渡しをする、重要な手紙です。引き受けるときは、最後まで責任を持ちましょう。

こんなときに推薦・紹介状を

種類	場合	ポイント
就職先の紹介	就職や転職、アルバイト先を探している人に企業をすすめる	会社案内を添えると親切 双方の希望に沿っていることが大事
人物の推薦・紹介	知人や親戚・家族などを企業に推薦したり誰かに紹介したりする	身元や自分との関係を伝える 親交のない人物の紹介は避ける
施設や団体などの推薦・紹介	病院や学校、相談先などを探している相手にすすめる	相手にとってどんなメリットがあるかを明記する
物の推薦・紹介	自分で利用してよかった商品やサービスなどをすすめる	率直な感想を伝える パンフレットなどを添える
おすすめの店や旅館を推薦	自分で利用したことのある店や旅館などをすすめる	率直な感想を伝える 店舗案内があれば添える

紹介状に関するマナー

- 持参するときは封をしません
- 訪問先では誰の紹介で来たのかを伝えましょう
- 紹介状を書いてくれた相手に結果を教えましょう

紹介・推薦の手紙 基本の形

前文 / 主文 / 末文

❶急啓　ご書状、読ませていただきました。❷ご主人の会社が倒産され、お困りのご様子、お気の毒に存じます。

❸さっそくですが、私の知り合いが経営している不動産会社で営業の経験者を探しているようですので、よろしければご紹介させていただきます。❹全国に支店を展開している優良企業で、比較的若い営業マンが多いようです。❺大山さんの今までのご経歴を生かせるのではないかと存じます。

もしご興味がございましたら、紹介しますので、ご一報ください。

❻取り急ぎ、お知らせまで。

草々

❶頭語・時候の挨拶
※大至急の場合などは頭語だけでもよい

❷相手をいたわる・ねぎらう言葉

❸紹介の内容

❹紹介先の特徴やメリット

❺紹介・推薦の理由

❻結びの言葉・結語

就職先・団体の紹介

相手の負担にならないよう、適度なアピールを心がけるのがポイントです。特徴やすすめる理由も明記しましょう。

好印象

軽くすすめる程度でおさえる
「興味があれば」などの言い回しで、相手に選択をゆだねるようにすると、さりげなく好印象な紹介状に

いたわる言葉を冒頭に
依頼されて紹介する場合は特に、相手が困っている状況を思いやる一言を

紹介した理由を述べる
なぜその企業や団体を紹介したのか、具体的に理由を書くと、相手も納得できます

詳細を同封する
企業案内やパンフレットなどを同封すると、判断材料が増えて親切

失礼

恩着せがましい表現
相手を恐縮させる表現はNG
×探し回ってやっと見つけた

いたずらに期待を持たせない
「先方はあなたのような人材をほしがっている」などと、必要以上に期待させる表現は使わないこと

ていねい度

知人◀…転職先の紹介

急啓

❶お手紙拝読いたしました。

ご子息の高校受験が控えている時期に、会社の都合で給与がカットされてしまうとのこと、❷さぞお困りのこととお察し申し上げます。

つきましては、私の主人の知り合いが外資系の証券会社で役員をしておりますので、もしよろしければご紹介させていただきます。

コンサルタント❸を探しているようですので、海外の金融事情について豊富な知識を持っていらっしゃる松本さんなら、適任かと存じます。

ご興味がございましたら、ご一報くださいませ。

不一

書き換え表現

❶**お手紙**
ご書状／ご書面／ご懇書《こんしょ》／尊書／貴書

❷**さぞお困りのこととお察し申し上げます**
お困りのご様子、お気の毒に存じます／心中お察し申し上げます

❸**を探している**
を募集している／の採用を予定している

ていねい度 ★★☆

知人◀…息子の就職先の紹介

急白　先日ご相談のあった大輔君の就職先の件ですが、ぴったりの案件がありました。私の知人が経営しているIT関係の会社が広報を募集しているそうです。まだ設立して五年目のベンチャー企業ですが、若手中心のため非常に活気に満ちた会社です。

連絡先を記しておきますので、一度面接を受けてみてはいかがでしょうか。担当は広報室の部長である山中さんという方になります。

取り急ぎ、ご紹介を申し上げます。

不一

ていねい度 ★☆☆

親戚◀…企業の紹介

皆様、お元気ですか？　念願のマイホームを購入されるとのこと、おめでとうございます。

さて、我が家を建てるときにお世話になったのは、中村工務店というところです。自然素材を使った家作りをしたいのなら、一度相談してみてはいかがでしょう。無理やり契約を結ばせようとすることはないので、安心してください。

ほかにも、私でお役に立てることなら協力しますので、いつでもご連絡ください。とりあえず、お知らせまで。

状況別書き換え

相手をいたわる言葉
●一日も早く就職先が見つかることを、お祈り申し上げます
●○○さんなら、すぐに新しい職場になじめると思います
●私でお役に立てるのなら、いつでもお力になります

紹介した理由
●今年で創立五十周年を迎える老舗の企業で、不況の中でも安定した経営を続けてきた、信頼できる会社です
●私もこの会社に工事を頼みましたが、誠実でていねいな対応をしていたので好感を持てました

仲介する場合
●もし興味がございましたら、○○会社に勤める知人をご紹介いたします
●一度、お話だけでも聞いてみてはいかがでしょうか

結びの言葉
●ご検討のうえ、ご一報ください
●とりあえず右、ご参考までに

人物の推薦

推薦状は、紹介状よりも一歩踏み込んだ、かかわりの深いものになります。

好印象

信頼できる理由を具体的に

単に「いい人」「信頼できる人」と紹介するのではなく、具体的な根拠を説明すると信頼感が増します

学歴や職歴を伝える

客観的な判断材料を提示することで、安心して検討できます

推薦する理由を述べる

紹介する人物の印象をよりよくするために、その人物が相手に興味を示していることや、相手を必要としていることを伝えます

・以前から御社の商品に興味を持ち

失礼

採用を強要する

強制的な文面になると逆効果となり、トラブルのもとにもなりかねません

長所を誇張する

よい点をアピールしすぎると、かえって不信感を抱かれることも

ていねい度

取引先◀…採用を推薦する

拝啓　初夏の候、貴社ますますご発展のこととお喜び申し上げます。

このたびは、私の大学時代の後輩、❶伊藤恭子さんをご紹介申し上げます。伊藤さんは大学卒業後、アメリカのビジネススクールに留学してMBAを取得した、大変優秀な人物です。貴社のグローバルな経営戦略に興味を持ち、入社を希望しております。

ご多忙中のこととと存じますが、❷ご引見のほど、よろしくお願い申し上げます。

敬具

書き換え表現

❶○○さんをご紹介申し上げます

○○さんをご推薦いたします／○○さんの就職についてご相談申し上げます

❷ご引見のほど

しかるべくお取り計らいいただきますよう／ご面談のうえ、よろしくお取り計らいのほど／ご検討のほど

❸貴重な戦力になる

うってつけの人材な／適任になる

ていねい度

保育園◀…入園を推薦する

拝啓　例年にない寒さでございますが、杉村園長先生にはお変わりなくお過ごしのこととお喜び申し上げます。いつも娘の舞が大変お世話になっております。

このたびは、知人のご子息である田辺雄介君が貴園に入園を希望しているので、ご紹介させていただきます。雄介君は明るく快活で、弟の面倒もよく見る優しい男の子です。ご両親はお二方とも勤めておられ、保育園探しに苦労なさっているとのことです。一度、ご面談いただけると幸いに存じます。

ご検討のほど、よろしくお願いいたします。

敬具

ていねい度

知人◀…採用を推薦する

先日のお電話でもお伝えしましたが、医療事務の経験がある人物として、本状持参の佐藤典子さんをご紹介します。

佐藤さんは私が以前勤務していたクリニックで、一緒に事務を担当しておりました。非常にていねいに仕事をするので、医師や患者さんからの信頼も厚く、安心してご紹介できる人物です。小山様のクリニックでも❸貴重な戦力になるのではないかと思います。

ご引見のうえ、よろしくお取り計らいください。

状況別書き換え

人物を推薦する

●性格は明朗で、○○の分野に秀でた好青年です

●非常にまじめで努力家ですので、仕事を任せても間違いのない人物です

人物を推薦する［あまり親しくない場合］

●見たところ実直な青年で、温和な人柄のように思われます

お願いする

●私からもお願い申し上げます

●お話だけでもお聞きくださいますようお願いいたします

●私同様、ごひいきのほどお願い申し上げます

相手に判断をゆだねる

●今後のことは、○○様と○○様とのあいだで、ご自由にお決めいただければと存じます

連絡があることを伝える

●来週早々、本人からご連絡を差し上げる予定になっております

紹介・推薦の手紙Q&A

Q 紹介状にはどこまでの情報を書いたらいい？

A

紹介状は説得力ある情報を盛り込むことが大切。人柄や周囲からの評判といった情報も有用ですが、それだけだと弱くなりがち。客観的事実や取得している資格などを伝え、相手が判断しやすい紹介状にします。その人を紹介する理由を明確にし、この機会に自分もまた評価されるということを意識しましょう。

Q 頼まれた訳ではないけれど、紹介をしたい

A

自分から積極的に推薦状を書いて誰かを紹介したくなることもあるでしょう。熱い気持ちを伝えたいところですが最低限の礼儀は守って。謙虚でありつつも説得力のある紹介状がいちばん好印象になると心得ましょう。

Q 自己推薦文を書きたいときは？

A

履歴書などに添えて、自己推薦文を書くのもひとつの方法です。「自己推薦文」というと、どうしても肩に力が入ってしまいますが、つまりは近年一般的にいわれている「自己PR文」のことです。相手に判断してもらうという意識で書きましょう。

しかし、自分がいかに適任かを豪語するなど、あまり自信に満ちた態度は禁物。あくまで客観的に、冷静に、自分の能力や思いをアピールしましょう。

また、履歴書などとともに郵送する場合は、必ず「添え状」を同封するのがマナーです。形式にのっとった礼儀正しさと、相手へのわかりやすさを重視した構成で、担当者の目にとまる文章を心がけましょう。

第12章

ていねいに、気持ちよく 承諾の手紙

- 保証人の承諾
- 借金依頼の承諾
- その他の依頼の承諾

承諾の手紙

自分を頼ってくれた相手の気持ちを尊重し、喜んで応じるような文面にするのが重要なポイント。返事も早めに出して相手を安心させましょう。

こうすれば好印象に

快諾したことを明確に

快く引き受けたことが伝わる書き方で、相手も恐縮しすぎず、気持ちよい手紙になります

承諾する理由を述べる

なぜ引き受けるのか簡単に伝えると、相手も安心して依頼することができます

・**○○さんを応援したいので**

話を前にすすめる

借金ならいくら用意できるのか、保証人ならいつサインできるのか、こちらから次のステップを示してあげると、相手は安心できます

すばやく返信する

相手は、こちらの返事によって次なる対応を考えなければなりません。早ければ早いほど、誠実な人という印象に

これは失礼にあたります

恩着せがましい

「助けてあげた」「貸しを作った」などは、相手を見下している印象があり失礼です

×今回は特別です

非難・説教する

一方的な忠告や非難がましい意見を述べるのは失礼です

×あなたにも責任があるのでは

相手を「信用できない」姿勢

条件を強調したり、責任の所在をすぐにはっきりさせようとしたりすると、信用されていないのかも、と寂しい気持ちに

嫌々の態度

しぶしぶ引き受けている印象が伝わると、相手は「頼まなければよかった」などと思います

×気は進みませんが

書き方のヒント

引き受けられる範囲を示す

例えば借金のうち一部だけなら負担できる場合など、条件をのめる範囲に限界があるのなら、それをきちんと伝えること

・**○万円ならご用立てできます**

・**私にできる範囲でご協力いたします**

短く簡潔に書く

相手はイエスかノーの返事を知りたいのに、承諾した理由などをくどくど述べると嫌々引き受けているような印象になります

返事を早く出す

断る場合、相手は次の依頼相手や手段を考えなければなりません。諸々の事情がからんでくるので、返事は早めに出すこと。迷っている、即答できない場合は、その状況だけでも伝える態度が望ましいでしょう

身元保証人の期限

企業に就職するときは身元保証書を提出しなければならないこともあります。身元保証人が保証責任を負うのは、期間の定めがないときは3年、期間が定めてあるときでも最長で5年と決まっています。

承諾のマナー

条件の確認などはしっかりと。とはいえ、つねに相手を思いやる心を忘れないようにしましょう。

こんなときに承諾の手紙を

種類	場合
借金の依頼を受けたとき	借金を申し込まれたときや、借金の返済期間を延長するよう頼まれたとき
保証人の依頼を受けたとき	身元保証人、連帯保証人などになるよう頼まれたとき
人物・団体の紹介の依頼を受けたとき	信頼できる人物や団体を紹介するよう依頼されたとき
仕事の依頼を受けたとき	講演や講義、セミナー、執筆などのオファーが来たとき
司会やスピーチを頼まれたとき	結婚式やパーティーでのスピーチなどを頼まれたとき
品物を貸してほしいと頼まれたとき	カメラやバッグなどを貸してほしいとお願いされたとき

付記する内容

金額
- いくらなら貸せるのか明記
- いくらで引き受けているのか確認

期限
- 返してほしい期日を通知
- 返答がほしい期日を尋ねる
- いつ頃必要になるか聞く

日時
- 都合のよい日時を聞く
- 締め切りを設定する

承諾の手紙 基本の形

前文

❶前略　お手紙拝見いたしました。
❷ご主人が入院されたとのこと、本当に驚きました。ご家族の皆様の心中をお察しいたします。

主文

❸ご依頼の件、承知いたしました。
❹日頃豊田さんにはお世話になっておりますので、お役に立てるのなら喜んでご用立ていたします。ただちに銀行に振り込みますので、口座番号をお教えくださいませ。

末文

❺ご主人が一日も早くご快復されることを、心よりお祈り申し上げます。
❻取り急ぎ、ご返事まで。

草々

❶頭語
※頭語・時候の挨拶は省略しても構わない
❷健康・安否を尋ねる
❸依頼を承諾するという返事
❹承諾する理由
❺今後の明るい展望を思わせる言葉
❻結びの言葉・結語

保証人の承諾

吉事にかかわることが多いので、快く引き受ける文面にしましょう。お礼・喜びの言葉もきちんと添えて。

好印象

快諾したことを明確にする

快く引き受けたという点が相手に伝わる書き方をすると、相手もすがすがしい気分に

すぐに返信する

断りにしろ、受諾にしろ、相手は結果を待っています。返事は早めに

承諾する理由を述べる

なぜ受けたかを簡単に述べると、相手を信頼しているという気持ちが伝わります

喜びの言葉を伝える

吉事の場合は、「おめでとう」と伝えると、相手の気持ちもほぐれます

失礼

恩着せがましく書く

しぶしぶ引き受けているような表現は、自ら恩を売っているかのような尊大な印象を与えます

- 今回は特別に
- 気が進みませんが

ていねい度

知人◀…連帯保証人の承諾

拝復❶　ご書状拝読いたしました。

念願のマイホームをご購入されるとのこと、おめでとうございます。連帯保証人の件ですが、喜んで❷お引き受けいたします❸。加藤様には息子の就職の際に大変お世話になっておりますので、私どもでお役に立てるのなら幸甚に存じます。銀行に提出するために必要なものなどございましたら、用意いたしますのでご連絡くださいませ。

とりあえず書中にてご返答申し上げます。

敬具

書き換え表現

❶拝復
復啓／敬復／謹答／拝答

❷喜んで
謹んで／できる範囲で／可能な限り

❸お引き受けいたします
ご協力させていただきます／お力添えさせていただきます／お引き受けしますので、ご安心ください

ていねい度

知人◀…身元保証人の承諾

お手紙拝見いたしました。このたびは真由美さんが大学をめでたく卒業され、第一志望の企業に就職が決まったとのこと、心からお祝いを申し上げます。

さて、身元保証人の件は承知いたしました。

書類にサインなどをしなければならないでしょうから、一度わが家までお越しください。主人も成長した真由美さんに会えるのを楽しみにしております。

取り急ぎ、お返事申し上げます。

かしこ

ていねい度

姪◀…賃貸契約の保証人の承諾

お手紙拝見しました。希望の大学に合格したとのこと、おめでとうございます。

いよいよ奈緒美ちゃんも両親のもとを離れて一人立ちをするとは、月日の流れは早いものですね。奈緒美ちゃんは一人っ子なので、お父さんとお母さんはさぞ寂しがっているのでは？

保証人の件は喜んで引き受けます。書類は東京に出てきたときにでも、自宅まで持って来てもらえませんか。

お父さんとお母さんにもよろしくお伝えください。

状況別書き換え

喜びの言葉
- ご子息の就職が決定との報に、わがことのようにうれしく、心よりお喜び申し上げます

承諾する言葉
- ご用件、承知いたしました
- ご意向の儀、承知いたしました

承諾する理由
- ほかならぬ○○様のご依頼ですから、喜んでお引き受けいたします
- いつもご厚誼いただいておりますので、せめてもの恩返しに、喜んでお引き受けいたします

励ましと期待の言葉
- 小さい頃からしっかりしていた○○君のことですから、実社会に出ても何の心配もないでしょう

書類を郵送する場合
- 書類提出をお急ぎのようでしたら、ご郵送くだされば必要事項を記入し、ご返送いたします

借金依頼の承諾

デリケートな内容なので、誤解を招かないような文面を心がけましょう。また、はがきでなく、必ず封書で送ります。

好印象

相手を信頼している姿勢で

「あなただから引き受けた」という気持ちが伝わるよう、快く応じます

思いやり、安心させる

相手の窮状を思いやる表現を入れると、親身な心遣いが伝わります

事態が好転することを願う

相手の状況がよい方向に向かうことを願うと、温かなメッセージになります

何としてでも協力する姿勢

「全額は無理ですが」と、可能なだけの援助を申し出ても、気持ちは伝わります

✕ 失礼

条件が不明確

具体的な援助の方法がわからないと相手が次にすすめません

謙遜しすぎる

「たいした額ではないから平気」などと謙遜しすぎると、誤解を招くこともあります

ていねい度 ✒✒✒

知人◀…支払い猶予の承諾

ご書信拝読いたしました。旦那様が事故に遭われてご入院の由、❶ご心労のこととお察し申し上げます。

さて、お支払いの件ですが、❷お申し入れのように三か月お待ち申し上げます。ただ、❸当方としても春には娘の大学入学が控えており、何かと物入りですので、事情をご理解いただけると幸甚に存じます。

末筆ですが、旦那様の一日も早いご快復を心よりお祈り申し上げます。

かしこ

書き換え表現

❶**ご心労のことと**
さぞご心痛のことと／お困りのことと

❷**お申し入れ**
お申し越し／お申し出

❸**当方としても**
こちらとしても／私どもも

ていねい度 ✒✒

知人◀…借金の一部を承諾

拝復　ご主人の会社が倒産されたとのこと、心中お察しいたします。私も父が事業を営んでいるので、原田様の窮状は他人事とは思えません。

ご依頼の件、承知いたしました。全額ではありませんが、五十万円ならご用立てできそうです。ただちに銀行に振り込みますので、ご一報くださいませ。

すぐにご主人の就職先が見つかることを、心よりお祈りいたしております。

敬具

ていねい度 ✒

姪◀…独立資金の出資を承諾

お便り拝見しました。学生時代から起業を目指していた裕子ちゃんが自分のお店を持つと知り、自分のことのようにうれしく思います。

私たちもできる限り応援したいと思いますので、出店のための三百万円は工面いたします。また、主人が経営者の立場からアドバイスをしたいと申しております。詳しいお話を聞きたいので、一度わが家に顔を見せてもらえませんか。

状況別書き換え

承諾する理由

- 日頃の恩に少しでも報いることができればと思い、ご協力いたします
- ○○さんには言葉に尽くせぬほどお世話になっておりますので、喜んで引き受けさせていただきます

安心させる言葉

- 苦しいときはお互い様ですから遠慮に及びません
- 返済や利息についてはあまり気になさらないでください
- 全額ご用立てしますので、ご安心ください

協力する言葉

- 何とか算段して、ご用意いたします
- ほかでもない○○様のためですから、何とか工面いたします

承諾の条件

- 夏には全額ご返済いただけるとのことですので、ご協力いたします
- お申し入れの全額とは申せませんが、半額でも構わないのであれば、ご協力いたします

お金を送る場合

- 別便の現金書留にて送金いたしました
- 郵便為替でお送りしましたのでご確認ください

その他の依頼の承諾

どんなお願い事でも、引き受けると決めたからには快く応じたいものです。相手への思いやりも忘れずに。

好印象

喜びの気持ちを伝える
頼られてうれしいことなら、素直に表現すると明るい文面になります

低姿勢で
「お役に立てれば幸い」など、引き受ける立場であっても謙虚な姿勢を貫くと好感を持たれます

迅速に返事する
即答できない場合も、待っている相手のことを考えて、現段階で答えられることを伝えましょう

安心するように伝える
相手がほっとするような一言を添えると、温かい手紙になります

失礼

根掘り葉掘り聞く
「何に必要なのか」「誰が使うのか」など、事情を事細かに聞くのは失礼。知りたいのなら、「参考までに話を聞かせて」とお願いすること

煮えきらない態度
しぶしぶの了承は相手に失礼。条件がある場合は快諾したのちに一筆添えて

ていねい度

改まった相手◀…紹介依頼の承諾

拝復　お手紙拝見いたしました。あべクリニックの院長をご紹介する件、❶確かにお引き受けいたします。

❷常々お世話になっておりますので、高田様の❸お役に立てるのであれば光栄に存じます。

つきましては、今月中に先方にご挨拶に伺いたいと存じますが、ご都合はいかがでしょうか。なお、阿部院長には私から連絡をしておきますのでご安心くださいませ。

右、取り急ぎ❹ご承諾のご通知まで。

かしこ

書き換え表現

❶確かにお引き受けいたします
承知いたしました／確かに請け合いました

❷常々お世話になっておりますので
日頃ご厚誼をいただいておりますので

❸お役に立てるのであれば
お力になれるのであれば／ご協力ができれば

❹ご承諾のご通知まで
用件のみにて失礼いたします／ご返事まで

ていねい度

知人◀…貴重品を貸すことを承諾

お便り拝見しました。アンティークのネックレスを結婚披露パーティーに付けていきたいとのこと、素敵なお話だと思いました。もちろん喜んでお貸しいたします。

ただし、これはフランスに旅行したときに購入したもので、かなり高額です。お取り扱いにはくれぐれも注意していただけるでしょうか。また、パーティーが終わったらなるべく早くご返却いただけると幸いです。

近いうちに、自宅まで取りにいらしてください。

かしこ

ていねい度

友人◀…来訪を承諾

お手紙ありがとうございます。大学を卒業して私が地元に戻ってから、もう五年も会っていないんですね。

お子さんを連れて遊びに来てくれるなんて、両親ともども喜んでいます。五月の長野は過ごしやすくていい時期ですから、ぜひ泊まりがけで来てください。

詳しい日程が決まりましたら、早めにお知らせくださいね。駅まで迎えに行きますから。

それでは、会える日を楽しみに待っています。

状況別書き換え

依頼に対するお礼

- 光栄至極の拝命と存じます
- 願ってもないお話をありがとうございます

喜びの言葉

- ○○様のお役に立てるのなら光栄です
- ほかならぬ○○様のご依頼ですから、喜んでお引き受けいたします
- お声をかけていただき、うれしい限りです

条件をつけるとき

- ○日までにご返却をお願いします
- 希望どおりのものがそろえられるかわかりませんが、善処いたします

即答できない場合

- いつまでにご返答すれば間に合うのでしょうか
- まずは現段階でのご返事を申し上げます。詳細は改めてご連絡いたします
- 一度詳しくお話を伺えませんか

相手の都合を伺う

- 狭い家ですが、構いませんか?
- ご希望の条件をすべてかなえられるかどうかわかりませんが、大丈夫でしょうか

承諾の手紙 Q&A

Q 承諾する理由はどう書けばいいの？

A

恩着せがましい態度は避けたい、かといって二つ返事で承諾するニュアンスにもしたくない…。承諾の手紙の難しさですが、そういう場合は「信頼しているのでお引き受けします」「お世話になっているので、ここはぜひ」と明るく理由を示した後、こちらの事情を伝えるようにします。

Q 光栄なことを頼まれた場合の承諾の言葉は？

A

承諾の手紙はすべてが嫌々ながらのものであるとは限りません。相手からの依頼が、こちらの思ってもみなかったようなうれしいものだった場合、「喜んでお引き受けいたします」「素敵なお誘いをありがとうございます」と素直な気持ちを伝えるのがよいでしょう。

Q 承諾するのに不安が残る場合は？

A

どんなに考え抜いた末の決断だったとしても、一度承諾状を出すからには、快諾しているニュアンスを出して伝えることが礼儀です。

だからといって、まだ不安が残っているのに快諾をし、後から問題が起こってしまうのも困ります。相手の提示する条件に不満や疑問がある場合は、その旨をしっかり尋ね、確認することです。

イエスかノーかを答えなければならない訳ではないので、「一部なら可能」「こういう条件なら承諾できる」などと、こちらなりの提案を投げかけてもよいでしょう。

第13章

相手を傷つけない、上手な 断りの手紙

- 保証人を断る
- 就職先紹介を断る
- 借金依頼を断る
- 案内・誘いを断る
- その他の依頼を断る

断りの手紙

断りの手紙は誰でも気が重いもの。しかし、相手はよくよくのことでお願いしてきたのだという事情を汲み、そのうえでできないことははっきりと伝えるのが大人の礼儀です。

こうすれば好印象に

事情を伝える
単に断るだけでなく、こちらの事情を伝えるなどして理由を添えると、相手も納得し、理解してもらえます

自分の非力を詫びる
自分の力になりたかったことが伝わり、謙虚な印象に
・お役に立てず申し訳ありません

やわらかい言葉で
相手に期待を抱かせるのはよくありませんが、頼ってくれた相手を傷つけないような表現には配慮を
・辞退させていただきます

関係の継続を願う
断り＝断絶ではなく、これからもよい関係を続けられるような一文を添えましょう

これは失礼にあたります

曖昧な態度を取る
言いにくいからといってはっきりしない態度を取らないでいると、誤解を招き、相手にも迷惑です

断る理由がわからない
ただ単に「NG」と言われるだけだと、「嫌われているのかな」と相手は不安です

無責任な批判・忠告
安易な忠告や責める口調は相手の心情を刺激し、トラブルのもとになります
×資金計画が甘かったのでは

強い言葉で拒否する
冷淡な言葉や強い拒否を表す言葉は、相手を傷つける恐れがあります
×お断りです

上手な断り方

早く返答する
返事が遅れると、相手が都合のよいように解釈する恐れも

曖昧な態度を取らない
「しばらく考えさせて」など曖昧な返事をすると、相手は期待がふくらんだ分、断られたときに傷つくことに

アドバイスは控える
「私ならこうする」などのアドバイスをすると、押しつけがましい印象に

相手を尊重する
相手の考えに賛成できなくても、批判はしないこと。気持ちを受け止めている、という姿勢を示します

感情も適度に伝える
事務的な印象にならないよう、「胸が痛む」「恥ずかしい」など、自分の感情を上手に盛り込みましょう

断る理由

断りの理由としてよく使われるのは、「余裕がない」「先約がある」「忙しい」「家族が病気」など。実際にはそうではなくても、「嘘も方便」を利用して具体的に理由を書くと、相手も納得しやすいものです。ただし、後のことを考え、下手なごまかしは使わないほうがよいでしょう。

断りのマナー

はっきりした態度とやわらかな言葉。しこりを残さないためにはどちらも大切になってきます。

よく使われる「断る理由」

場合	理由
借金を断る	家計が苦しい／出費の予定がある
保証人を断る	別の人の保証人である／大役すぎる
人の紹介を断る	最適な人がいない／疎遠になっている
仕事の紹介を断る	募集していない／疎遠になっている
入会や寄付を断る	家計が苦しい／出費の予定がある
招待を断る	別の予定（出張など）がある

※慶事の招待を断るのに弔事を持ち出すのは失礼。ほかの理由を書き添えるか、「よんどころない事情で」とする

印象よく断るコツ

相手の窮状に同情する
「さぞお困りでしょう」
「大変でしょう」

▼

了承したい気持ちを伝える
「快諾したい気持ちはやまやまですが」
「何とかお役に立ちたいのですが」

▼

早いうちに丁重に断る
「ご希望に添いかねます」
「残念ながらお力になれません」

▼

納得できる理由を伝える
「こちらも○○で入り用です」
「ほかで保証人を引き受けています」

▼

無力を詫びる
「お力になれずに申し訳ありません」
「お役に立てず心苦しく思います」

▼

別の機会の協力を申し出る
「ほかにお役に立つことがあれば…」
「またいつでもご相談ください」

断りの手紙　基本の形

前文

❶拝復　お手紙拝見いたしました。
❷ご子息の就職が内定したとのこと、心からお喜び申し上げます。

主文

❸さて、身元保証人のご依頼の件ですが、誠に申し訳ございませんが、ご辞退させていただきたいと思います。
❹まだ社会経験も浅く、そのような大役を果たすには力不足です。
❺お力になれなくて大変心苦しく思いますが、ご了承くださいませ。

末文

❻保証人の件ではご協力できませんが、ほかにお役に立てそうなことがあれば、遠慮なく申し付けてください。私にできることならお手伝いいたします。
❼まずはお詫びかたがた、ご返答まで。

敬具

❶頭語・時候の挨拶
※返事として出す場合、時候の挨拶を省略しても失礼になりません
❷相手を気遣う言葉
❸断りの言葉
❹断る理由
❺お詫びの言葉
❻今後の付き合いをお願いする言葉
❼結びの言葉・結語

保証人を断る

断るときでも誠意が感じられるような文面にするのがポイントです。

好印象

はっきりと断る
期待を持たせないので、相手が次の行動に移りやすくなります

相手を気遣う
相手の窮状を思いやるような言葉を使うと、温かみのある文章になります

自分の無力を詫びる
断る原因を自分の非力とすることで、「信頼されていないのかも」という相手の不安をやわらげる印象に

別の機会の協力を申し出る
文末で、「次回、お力になれることがあれば」と申し出ると好印象です

失礼

相手を「信頼できない」姿勢
信じてもらえないのは辛《つら》いもの。断るのはあくまで自分の都合だと強調して

強く拒否をする
冷淡なイメージを抱かせます。断りの言葉にはフォローをしっかりと

ていねい度

知人◀…連帯保証人を断る

復啓　お手紙拝読いたしました。大木さんのお店の経営がそこまで悪化しているとは存じ上げませんでした。さぞご心労のことと存じ、胸が痛む思いでございます。

さて、連帯保証人の件ですが、お引き受けしたいのはやまやまですが、❶ご要望に沿いかねますことをお伝え申し上げます。息子が私立の大学に進学することが決まり、わが家の家計も厳しい状況でございます。

❷お役に立てなくて心苦しいばかりですが、何卒❸ご寛容くださいませ。

敬具

書き換え表現

❶ご要望に沿いかねますことをお伝え申し上げます
お役に立てそうもないというお返事をさせていただきます

❷お役に立てなくて心苦しいばかりですが
お役に立てなくてお恥ずかしい次第ですが／せっかくのご希望に沿えないのは申し訳ないと思いますが

❸ご寛容
ご容赦／ご了承／ご了察

ていねい度

叔父◀…身元保証人を断る

お手紙拝見いたしました。達也君の就職が内定したとのこと、心からお喜び申し上げます。

さて、身元保証人のご依頼の件ですが、誠に申し訳ございませんがご辞退させていただきたいと思います。私事で恐縮ですが、今転職を考えておりますので、そのような役目には不適任かと考えました。

お力になれなくて大変心苦しく思いますが、ご了承くださいませ。

かしこ

ていねい度

姪◀…賃貸契約の保証人を断る

お手紙ありがとう。咲ちゃんも、いよいよ東京で一人暮らしですか。これからはちょくちょく会えそうですね。

ところで賃貸アパートの保証人の件、ほかでもない咲ちゃんのお願いですので、引き受けたいのはやまやまですが、私はフリーランスという立場で収入が不安定なので、保証人には適していないと思います。

ほかにお役に立てることがあれば、またご相談ください。

状況別書き換え

断る理由
- 私も銀行から融資を受けたばかりで余裕がありません
- 別の知人の保証人を引き受けたばかりですので、お役に立てそうにもありません
- 荷の重すぎるお役に思えます
- 私のような若輩者には力不足です
- そのような重責を果たす自信がありません

謝罪の言葉
- このようなお返事しか差し上げられず、心苦しく思います
- お力添えしたいとは存じながらこのような返事になり、誠に恐縮です
- 大事なときにお役に立てないこと、どうぞお許しください

お願いする言葉
- 私の立場をご賢察いただければ幸いです
- どなたかほかに適任者をお探しくださるようお願いいたします

結びの言葉
- お詫びかたがたご返事申し上げます
- 今後も変わりなくお付き合いをよろしくお願いいたします

就職先紹介を断る

相手の親切を無駄にしないように、表現には細心の注意を払いましょう。

好印象

相手を立てる
プライドを傷つけないように相手を尊重します。紹介してくれた企業を断る場合は、相手の心遣いに感謝を

残念な気持ちを伝える
力になれないことを素直にお詫びすると、誠意が伝わります

手を尽くしたことを伝える
「方ぼう探し回った」など、尽力したことがわかれば、相手も納得するでしょう

相手の状況に関心を示す
相手の状況を気遣い、関心を寄せる態度を見せると温かい手紙になります

失礼

無責任な発言
「別の職種で探してみては?」など、相手の事情を考えずにむやみに意見を書くと、トラブルのもとに

がっかりさせる言い回し
「もっと早ければ」などの一言は、相手を現状以上に落胆させます

ていねい度

改まった相手◀…就職先紹介依頼を断る

拝復　ご書状、拝読いたしました。このたびは勤務先が倒産されたとのこと、心から❶ご同情申し上げます。
❷先般お申し越しのあった就職の件につきまして、残念ながらご希望に沿いかねることをお知らせ申し上げます。
知人にもあたって植松様のご経歴を生かせるような職種を探してみたのですが、見つからなかった次第です。
このようなお返事になり、❸誠に申し訳なく思います。どうぞ❹ご諒恕のほど、お願い申し上げます。

敬具

書き換え表現

❶ご同情申し上げます
ご心痛お察しいたします／お気の毒に存じます

❷先般
過日／先日

❸誠に申し訳なく思います
非常に心苦しく思っております／どうぞお許しください

❹ご諒恕《りょうじょ》
ご了承／ご了察／ご寛容

ていねい度

知人◀…紹介された就職先を断る

前略ごめんください。このたびは希望どおりの就職先を見つけていただいたこと、心より感謝いたします。しかし、家族とも相談したところ、やはり東京に出向くのは難しいとの結論に至りました。母の具合が悪く、家のことを私がやらなければならないので、地元の就職先を見つけるしかないようです。

せっかく方々を探していただいたのに、お断りすることになってしまい、お詫びの言葉もございません。

先方にも大変申し訳ないとお伝えくだされば幸いです。

かしこ

ていねい度

親戚◀…縁故入社の依頼を断る

お手紙ありがとう。大学卒業を控えておきながら、新卒を採用する企業がなかなか見つからないとのこと、地方での就職はまだまだ大変ですね。

美紀ちゃんがどれだけ聡明なのかは私もよくわかっていますので、できればお力になりたかったのですが、私の会社では当分新規採用はしないとのこと。お役に立てず、心苦しいばかりです。

よい結果が出ることを、かげながらお祈りしております。

状況別書き換え

承諾したい気持ちを表す

- お役に立ちたいのはやまやまですが
- できればご要望に沿いたいのですが
- 何とかお役に立ちたいと

恐縮を表す言葉

- ご相談にあずかりながらお役に立てず
- せっかく信頼してご相談いただいたにもかかわらず
- わがままを申し上げて心苦しく
- ご期待に沿えず恥じ入るばかり

断る理由

- 私自身の会社が経営不振という有様で、人を採用する余裕がありません
- ○○さんのご希望に沿えるような就職先が見あたりませんでした
- つい先日、地元の企業で採用が決まったばかりです

励ます言葉

- どうぞお気を落とさずに
- 無事に就職先が見つかりますことを祈っております
- 事態が一日も早く好転しますよう、心からお祈りいたします

借金依頼を断る

借金は、頼むほうも、断るほうも心苦しいもの。しこりを残さないよう丁重な文面に。

好印象

力になりたい旨を伝える
「貸したい気持ちはやまやまだが」と伝え、事情がそれを許さない旨を書くと、ていねいに断ることができます

相手の心情を思いやる
相手の苦しみに共感する言葉を添えると、安心しうれしいものです

努力したことを伝える
あちこち尋ねてみたり、お金を集めようとしたりしたことを伝えると、相手も事情を納得します

力不足を詫びる
自分の無力さを詫びると、相手も突き放されたように感じません

失礼

自分の苦境を強調しすぎる
自分の生活がいかに苦しいのかを言い立てると、相手は迷惑をかけたと感じてしまいます

突っぱねる
「そんな大金は貸せません」などと、拒絶するような表現はNGです

ていねい度

知人◀…借金依頼を断る

拝復　お手紙拝読いたしました。❶ご事情、深くお察し申し上げます。
ほかならぬ横山様のご依頼ですので、何とかお役に立ちたいと存じますが、とてもお役に立てそうもございません。実は、当方も主人の母親が倒れてまとまったお金が必要になった次第です。
❷ご相談にあずかりながらお力になれず、大変申し訳ありませんが、どうぞ事情を❸ご賢察くださいますようお願い申し上げます。
取り急ぎ書中にてお詫び申し上げます。

敬具

書き換え表現

❶ご事情、深くお察し申し上げます
ご窮状、お察しいたします／心からご同情申し上げます／ご難儀、拝察いたします

❷ご相談にあずかりながら
頼りにしていただいたのに／ご相談していただいたのに

❸ご賢察
ご推察／お察し

ていねい度

知人◀…急な借金依頼を断る

お手紙拝見いたしました。ご窮状がよくわかり、胸が痛む思いです。

私にまでご相談いただくのは、よくよくのこととお察しいたします。

頼りにしてくださったのに大変申し訳ありませんが、あまりに急なお話なので、ご希望の期日までにご用意することはできかねます。

今回はほかの方にあたっていただけないでしょうか。また別の機会でしたらご協力させてください。

まずはお詫びかたがたご返事まで。

かしこ

ていねい度

友人◀…再度の借金依頼を断る

たびたびのお申し出、お困りの様子は痛いほどよくわかります。けれども、先日のお手紙でもお伝えしたように、五十万円はすぐに用意できるようなお金ではありません。

実は、実家の父の再就職先が決まらず、当面私が援助することになりました。そんな訳で申し訳ありませんが、数回にわけてお貸しするのも難しい状況です。

再度ご相談いただいたにもかかわらず、お力になれないのは大変心苦しいのですが、右の事情をお察しください。

状況別書き換え

非力を詫びる

- 大切な友人が窮地に立たされているのに何の力にもなれず、心苦しく思います
- 頼りがいがなくて申し訳ありません

貸せない理由

- 私も毎月精一杯の暮らしをしておりますので、融通できる金額は一割にもなりません
- マイホームを購入したばかりですので、お力になれる状況ではありません

相手の事情を汲む言葉

- 私にまでご相談いただくのは、よくよくのご胸中と存じます
- よくよくのご事情とお察しいたします

今後の付き合いに関する言葉

- お金のことではお力になれませんが、ほかにお役に立てそうなことがあれば、遠慮なく申し付けてください
- お断りしたからといって、あなたへの応援を惜しむ訳ではありません

励ます言葉

- 事態が好転し、事業が再び軌道に乗ることをお祈りしております
- 無事に解決することを心より祈っております

案内・誘いを断る

親しい人からの誘いでも、今後のお付き合いのことを考え、断るときは丁重に。

好印象

不参加の理由を述べる
どういう事情で参加・協力できないのかを明確に述べると、相手も理解しやすいでしょう

ていねいに謝る
招待にこたえられない無礼を詫びると、断りながらもていねいな印象になります

お祝いする気持ちを伝える
パーティーなどへの招待を断る場合は、お祝いする気持ちがあることを書くと、誠意が伝わります

今後の厚誼を願う
「また誘ってほしい」など、次回以降のお付き合いをお願いすると、角が立ちません

失礼

消極的な表現
「興味がない」「気分が乗らない」など、消極的な言葉は相手を不愉快にさせる恐れがあります

あやふやな返答
「行けたら行く」のような曖昧な返答は相手を困らせることが多いもの

ていねい度

改まった相手◀…会合の誘いを断る

冠省　このたびは、出版記念パーティーにご招待いただき、誠にありがとうございます。三年もかけて執筆されたと伺い、大村先生の還暦を迎えてもなお衰えない情熱には圧倒されるばかりでございます。

さて、ぜひ❶参上して久し振りに大村先生に❷お目にかかりたく存じておりましたが、海外出張を命じられ、欠席せざるを得ないことになりました。❸せっかくご招待いただいたのに、申し訳ございません。日を改めてご挨拶にまいりますので、その際はよろしくお願い申し上げます。

不一

書き換え表現

❶参上して
伺って／出席して

❷お目にかかりたく
お会いしたく／ご挨拶したく

❸せっかくご招待いただいたのに
せっかくのお招きにこたえられず／ご好意を無にするようで

ていねい度

先輩◀…保険勧誘を断る

前略　保険勧誘員として再出発されたとのこと、おめでとうございます。はりきっていらっしゃる松田先輩の姿が目に浮かぶようです。

さて、お手紙の件ですが、松田先輩には学生時代にお世話になったので、お役に立ちたいのはやまやまですが、保険はすでに加入しております。知り合いにも声をかけてみますが、ご期待には沿えないかもしれません。

もし進展がありましたら、またご連絡します。何卒よろしくお願いいたします。

草々

ていねい度

義姉◀…入会の誘いを断る

お手紙ありがとうございます。仕事に育児に趣味にと、学生時代と変わらずエネルギッシュに活動している恵理子さんには驚くばかりです。

さて、お誘いくださったコーラスの会の件、せっかくですが入会は見合わせなければなりません。上の子が小学校に入学したばかり、下の子が幼稚園と、まだまだ手がかかりますので、しばらく習い事はできない状況です。発表会は見に行きますので、ぜひ知らせてくださいね。

状況別書き換え

辞退の言葉

●このたびは失礼させていただきたいと思います

●私には荷が重いので、今回はお断りしたいと存じます

断る理由

●何をおいても伺いたいところですが、やむを得ない事情で参加できなくなりました

●せっかくお誘いいただいたのですが、仕事の都合で行けそうにありません

●知り合いのすすめで加入したばかりです

今後のお付き合いを願う言葉

●次の機会には、何をさしおいても伺いたく存じます

●これにこりず、またお誘いください

●ぜひまたご案内ください。お待ちしております

結びの言葉

●会の盛況をお祈りしております

●○○さんにもよろしくお伝えください

●取り急ぎご返事まで

断り

案内・誘いを断る

その他の依頼を断る

ケースは違っても「謝罪＋断る＋断る理由」という基本は変わりません。

好印象

依頼してくれたことを喜ぶ
今回は無理でも、声をかけてもらってうれしいという気持ちを伝えれば、今後の付き合いでも角が立ちません

納得できる理由を述べる
なぜ断るのかきちんと説明すれば、快く納得してもらえます

「受けてあげたい」姿勢を見せる
「ほかの件なら」などと伝えると、相手の依頼にこたえたい意思があるとわかり誠実な印象に

今後の付き合いにふれる
これからもよい関係を保ちたいとアピールすれば、相手も安心します

失礼

言い訳めいた文章
引き受けられない理由を長々と書くのは、言い訳をしているように思われます

断る理由を説明しない
事情がわからないと、悪意や不親切と誤解されてしまう恐れもあります

ていねい度

知人◀…PTA役員の依頼を断る

拝復　春暖の候、ますますご清栄のこととお喜び申し上げます。

このたびはPTA役員という大役のお話をいただき、光栄に存じます。本来なら喜んでお引き受けすべきところですが、実は同居している❶母が入院し、家事と看病に追われる毎日でございます。来月には退院できるようですが、退院後もしばらくは看病が必要になるような状況です。

❷このような事情がございまして、今回のご依頼の件は❸謹んでご辞退申し上げます。

まずはお詫びかたがたご返事申し上げます。

敬具

書き換え表現

❶母
実母／老母

❷このような事情
右の事情／かかる事情

❸謹んでご辞退申し上げます
ご辞退させていただきたく存じます／残念ながらお役に立てません

ていねい度

友人の娘◀…推薦依頼を断る

ご書状、拝受しました。無事に看護学校を卒業されたとのこと、おめでとうございます。

さて、大槻医院への推薦の件ですが、今まで親しくしていた看護師長が退職し、交流がなくなってしまった次第です。私が推薦しても効果はないでしょうから、直接面接を受けられてはいかがでしょうか。由美さんの実力なら、推薦などなくても採用されると思います。

お力になれなくて大変申し訳ありませんが、ご了承くださいませ。

かしこ

ていねい度

友人◀…来訪依頼を断る

ゴールデンウィークに一家で九州に遊びに来られるとのこと、本当なら歓迎したいところですが、あいにく主人の具合がかんばしくありません。家で寝ていることも多いので、自宅に泊まってもらうのは難しいと思います。

夏頃には快復していると思いますので、夏休みにでも雄太ちゃんを連れて遊びに来ては？

主人も雄太ちゃんに会いたがっているので、ぜひ顔を見せてくださいね。

状況別書き換え

謝罪する
- 誠に申し上げにくいのですが、ご希望に沿いかねます
- このようなお返事しか差し上げられないのが心苦しいのですが、お力になれそうもありません
- 幾重にもお詫び申し上げます

断る理由
- 若輩者の私が大役を仰せつかっても、もしもの場合に責を果たす能力などございません
- 私には荷が重すぎます

許しを請う
- 何卒ご理解のほど、よろしくお願いいたします
- 残念ですが貴意に沿いかねますので、あしからずご了承願いたく存じます
- 申し訳ありませんが、事情をお汲み取りくださいませ

結びの言葉
- 取り急ぎお手紙でお詫びさせていただきます
- 次回にまたお誘いくださいますよう、お願いいたします

断りの手紙 Q&A

Q 迷ってなかなか断りきれない場合は？

A

できれば早めに返事を。迷っているならその旨だけでも伝えて。返信を遅らせると相手が次の対応を考える時間が減ってしまいます。ただ、曖昧なことを言って期待を持たせてから断るのも迷惑になります。どの程度なら承諾できるかを初めから明確にするのがよいでしょう。

Q 縁談を断る場合はどんな手紙にすればよいですか？

A

縁談を断る際も、曖昧で真意がつかめない文面は避けます。相手のよいところを書き、ほめたうえで、自分より素敵な人がいるはず、という表現にするのが一般的です。相手のプライドを傷つけないように注意しましょう。

Q 今後の付き合いがギクシャクしないか不安です

A

今後の付き合いを気持ちよく続けるためにも、断りの手紙のポイントをしっかりと守りましょう。

ギクシャクする理由は、相手が「納得のいかない理由で断られた」「はねつけられた」「冷淡な態度を取られた」と感じたときです。そのような要素を入れないように、「あなたをないがしろにしているわけではない」とアピールする文面を目指します。

親しい人には、質問にあるような率直な気持ちを文章にしてもよいかもしれません。また、今回は無理でも、ほかに手伝いできることがあるかもしれないと申し出る姿勢も大切です。

第14章

冷静に善処する

苦情・催促の手紙

- 商品・サービスへの苦情
- 近隣の迷惑行為への苦情
- 依頼事の催促
- 返金の催促
- 返却の催促

苦情・催促の手紙

相手に反省を促し、よい方向に導くのが目的。迷惑を被っていることを率直に伝えることは必要ですが、高飛車な表現は避けて、相手の事情も考慮に入れましょう。

こうすれば好印象に

相手に理解を示す
気持ちの通った文面になり、問題が解決しやすくなります
・**何か理由があってのことかと**

謙虚な表現
高飛車な態度は逆効果。へりくだることで相手の理解が得やすくなります
・**申し上げにくいのですが**

お願いの形にする
強要する表現は避け、配慮をお願いする形にすると、相手の気持ちがほぐれます
・**ご検討のほどお願いいたします**

改善策を明確に伝える
相手がこちらの要求に応じやすくなり、スムーズな問題解決につながります
・**善処をお願い申し上げます**

これは失礼にあたります

非を責める［催促］
目的はあくまで「返却してもらう」こと。相手は後ろめたさを感じているので、安心して連絡を取れません

感情的な表現［苦情］
相手の感情を逆なでし、事態をこじらせかねません。冷静かつソフトな表現に
×こんなひどいことをされ

曖昧な文面［苦情］
こちらの言い分が伝わりにくいので、何にどう迷惑しているのか、はっきりと具体的に説明しましょう

相手をののしる［苦情］
今後の人間関係にしこりを残すような強い調子で非難するのは避けます
×人間として失格

書き方のヒント

知っておきたい表現

●**相手に弁解の余地を与える**
・事情をご説明ください
・釈明があれば伺います

●**迷惑の状況を伝える**
・我慢の限界です
・目にあまります

気をつけたいこと

●**気持ちに余裕をもって書く**
冷静かつ客観的な文面を心がけましょう。書いてもすぐ出さず、一晩おいて読み直すくらいの余裕を持つことが大切です。

●**事情を尋ねる**
相手が忘れていたり、約束を履行できないやむを得ない理由があったりするかもしれないので、一方的に非難せず、まずは事情を尋ねるようにしましょう。

●**きちんと名乗る**
相手をよく知らない場合は、自分が誰であるかをきちんと伝えましょう。

上手な催促

こちらが悪いわけではないけれど、気が引けるのが催促。その気持ちを伝えると、控えめで嫌味のない催促になります。

ただし、事実関係ははっきり伝えて誤解のないように。やわらかい表現を使いながらも、毅然とした態度でのぞむことが、相手のよい対応を引き出すコツです。

苦情・催促のマナー

まずは控えめに、相手の心情を損ねないようなお願いの形で。状況が変わらず再度連絡する場合は、いくらか強い調子もOKです。

こんなときに苦情を

種類	場合
近所の迷惑行為	・騒音の迷惑　・ごみ出しマナー　・路上駐車 ・ペットの害　・子どものいたずら
企業などから受けた損害、迷惑行為	・購入商品が不良品だったとき ・注文品の未着、誤配送 ・店員の接客態度やサービスの悪さ
学校、職場の迷惑行為	・セクハラ行為 ・子どもへのいじめ

催促のポイント

催促には手紙がよく利用されます。その際、相手への敬意を保った書き方をするのがマナーです

- **依頼事の催促**
  まずは依頼に応じてくれたことへの感謝を伝えます。状況の推移を説明し、「その後いかがですか」と尋ねましょう
- **返金の催促**
  責任の追及ではなく、すばやく返金してもらうことが目的。何度出しても反応がなければ、内容証明を使っても
- **返品の催促**
  こちらでも必要になった、ほかに貸す相手ができた、などと理由をつけると印象が悪くなりません

催促の手紙　基本の形

前文

❶拝啓　吹く風もさわやかな季節となりました。❷山田様には、お変わりなくお過ごしのことと存じます。

主文

❸さて、突然で恐縮ですが、先日お貸ししました旅行バッグは、お役に立ちましたでしょうか。❹もし、ご用済みでしたら、ひとまずご返却いただきたく、一筆申し上げた次第です。

❺実は、連休を利用して二泊三日の温泉旅行を予定しており、こちらでも必要となってしまいました。

❻催促がましいお願いで失礼とは存じますが、できれば、❼今月末までにご返送くださいますようお願い申し上げます。

末文

❽取り急ぎ、お願いまで。

敬具

❶頭語・時候の挨拶
❷健康・安否を尋ねる
※2回目の催促以降は前文は略してもよい
❸相手への気遣い
❹催促
❺返却してほしい理由
❻お願い
❼返却の方法
❽結びの言葉・結語

商品・サービスへの苦情

不良品への苦情は注文日や商品番号を書き添えて。サービスに関しては、「愛用者として残念」とやわらかく伝えます。

好印象

釈明の余地を与える
質問の形を取り、相手からの反応を引き出すようにすると好印象

・事実関係の解明をお願いいたします

ソフトな表現にする
感情的でない、やわらかい表現を用いると、相手の心情を荒らげません

善処をお願いする
今後の善処をていねいに頼むと、相手も納得し、理にかなった苦情になります

よい点も認める
否定的な言葉だけではなく、気に入っている点も添えて、一方的な苦情にならないようにします

失礼

おどすような表現
恐迫は相手の態度を硬化させるだけです

×しかるべき手段も辞さない

名指しで個人攻撃する
感情に任せた大人気ない言葉は慎みましょう

ていねい度

メーカー◀…不良品の苦情

取り急ぎ一筆申し上げます。

去る二月十四日、通販にて貴社のセーターを注文いたしました小倉京子と申します。

本日商品が届き、早速試着しようと広げてみたところ、袖口のほつれに気づきました。貴社の製品はデザインや品質のよさが気に入って何回か購入しておりますだけに、このような商品が送付されてきたこと、大変残念でなりません。

品物は返送いたしますので、早急に原因を究明され、❶完全な商品との交換をお願い申し上げます。

かしこ

書き換え表現

❶完全な商品
代替品／新品／注文どおりの商品

❷貴社の信用問題にもなりかねません
貴社の名誉にもかかわります／貴社の管理責任にもなりかねません／経営姿勢が問われます

❸折り返しご一報
至急に善処／事情をご説明／責任ある回答を

ていねい度

配送業者◀…誤配送の苦情

前略ごめんください。

三月九日に、貴社にて宅配便を依頼いたしましたが、別のお宅に誤配送されておりました。すぐに控えの伝票で確認しましたが、当方で記載した住所、宛名に不備はございませんでした。どのような経緯で間違いが起きたのかわかりませんが、これでは❷貴社の信用問題にもなりかねません。

つきましては、伝票の控えをお送りいたしますので、事情ご調査の上、❸折り返しご一報くださいますようお願い申し上げます。

かしこ

ていねい度

店◀…接客態度の苦情

先日、貴店でDVDをレンタルした者です。借りたい作品がどこにあるかわからず、そばにいた店員の方に尋ねたところ、「表示があるんだから、自分で探せよ」と乱暴な言い方をされ、大変困惑いたしました。

貴店は、ジャンルも品数も豊富なので、よく利用させていただいておりますが、このような店員の接客態度には、いささかがっかりいたしました。

今後は顧客に対する適切なサービスの提供と店員の指導教育の徹底を切に要望いたします。

状況別書き換え

事実を説明する

- ○月○日に注文しましたが、いまだ到着しておりません
- 送付していただいた品が、注文の品と相違しておりました
- 開封したところ、ひびが入っておりました

苦言を呈する

- これでは、安心して食べられません
- 失望の念を禁じ得ません
- 貴社の管理体制に問題があるのではないかと拝察いたします

善処をお願いする

- 誠意あるご回答をお願い申し上げます
- 早急に、注文どおりの品とのお取りかえをお願いいたします
- 大至急の善処と今後のサービスの改善を希望いたします
- 貴社の教育体制の見直しを希望いたします

近隣の迷惑行為への苦情

今後のお付き合いを考慮に入れて、ていねいな表現を。相手を責めるより、これからの改善策を考えることが大切です。

好印象

まずは日頃の感謝の気持ちを示す
苦情に入る前に、近隣に住む者としてのお礼を述べると角が立ちません

おだやかな表現
やわらかい言葉で、相手の心情を荒らげないようにします

相手の立場に配慮する
要求を並べるだけではなく、相手の立場を思いやった言葉をかけると好印象

歩み寄る姿勢を示す
こちらからの解決策を示すなど、一方的な要求でないことを伝えると対応が引き出しやすいもの

失礼

事実が主観的すぎる
客観的に見えないと信ぴょう性に欠けるもの。独りよがりな印象に

非常識を責め立てる
「非常識」という非難は自分勝手とも取られがち。迷惑に感じている点を率直に述べるほうがよいでしょう

ていねい度

担任◀…子どものいじめへの苦情

拝啓　小山美奈子の母でございます。田中先生にはいつもお世話になっております。本日は娘の件で①ご相談申し上げたいことがあり、筆を執りました。

学校が大好きだった美奈子が、最近、登校を嫌がっております。訳を尋ねたところ、同級生数人から②いじめを受けていると聞き、大変ショックを受けております。

近日中に一度、娘の様子につきましてご意見を伺いたいと存じます。ご多忙中とは存じますが、早急に③ご対応をお考えくださいますようお願い申し上げます。

敬具

書き換え表現

①**ご相談申し上げたいことがあり**
一言申し上げたく／直接申し上げにくいことがあり

②**いじめを受け**
けがをさせられ／無視され／悪口を言われ／暴力を受け／嫌がらせを受け

③**ご対応**
ご配慮／改善策／対処

④**息子さん**
ご子息様／娘さん／お嬢さん／お子さん

ていねい度 ✎✎

近所の人 ◀…子どものいたずらへの苦情

急ぎ申し上げます。突然で恐縮ですが、今日はお宅の息子さん[4]のことで申し上げたいことがあり、筆を執りました。

実は、一階の掲示板に落書きをしているところを何度かお見かけしました。このままいたずらが続きますと、ほかの住人の方とのトラブルにもなりかねません。事が大きくならないうちに、一度息子さんに注意していただけないでしょうか。

大変心苦しいのですが、何とかご配慮くださいますようお願い申し上げます。

かしこ

ていねい度 ✎

飼い主 ◀…ペットの苦情

近所に住む鈴木でございます。いつもお世話になっております。

実は、折り入ってお願いがあり、お手紙を差し上げることにいたしました。

お宅で飼っていらっしゃる猫が、わが家の植木鉢にいたずらをするので困っております。お留守のことが多く、お気づきにならないかと存じますが、今後気持ちよくお付き合いさせていただくためにも、何かしらのご配慮をいただけませんでしょうか。

面倒をおかけいたしますが、何卒、よろしくお願い申し上げます。

状況別書き換え

事情説明
- 犬の鳴き声に夜も眠れぬ日が続いております
- お宅様の飼い猫のフンの始末で困っております
- 同じクラスの児童から無視されたと泣いて帰ってまいりました

歩み寄りの言葉
- いたずら盛りのお子さんであることはわかりますが
- わが子にいっさい落ち度がないとは申しませんが
- 私も犬を飼っていたことがあるので、ご事情はわかるつもりです

相手に配慮する言葉
- 良識ある○○様のこと、こちらの事情もご理解いただけると

改善をお願いする
- 犬は夜間だけでも室内に入れていただけませんでしょうか
- ご面倒とは存じますが、それとなく注意していただきますよう
- 事の次第をお確かめのうえ、間違いがなければ対処をお願いいたします

依頼事の催促

こちらから依頼したことで相手を急かすのは失礼です。催促の手紙は、依頼から時間をあけて、「その後いかがですか」と経過を尋ねる形にしましょう。

好印象

前文をきちんと入れる
控えめに状況を尋ねるのが礼儀。冒頭から落ち着いた印象になり、相手も気持ちが急かされません

返事をもらったお礼
まずは返答してくれたことへの感謝の気持ちを伝えます

進捗状況を伺う
直接的な催促ではなく、状況を尋ねることで印象のよい手紙になります

話を前にすすめる
具体的に相手にしてほしいことや、こちらのできることを伝え、なるべく状況が好転するような流れに

失礼

性急な表現
前文を省くなどあからさまに相手の対応を急かすのはお願いしている立場上、失礼です

返事がないことを怒る
憤りをあらわにすると、返事をする気が失せる可能性も

ていねい度

知人◀…入金の催促

再啓　ますますご清祥のこととお喜び申し上げます。先般はていねいなご返答をありがとうございました。

さて、大変❶申し上げにくいのですが、※過日ご用立てをお願いいたしました入院費用の○万円ですが、お約束の期日を過ぎましたことから、いかがかとお伺い申し上げます。ご催促申し上げる立場ではございませんが、病院への支払い期日が差し迫り、苦慮しております。

身勝手なお願いで恐縮ではございますが、事情を❷お汲み取りのうえ、指定口座にお振り込みいただけませんでしょうか。不躾ではございますがよろしくお願い申し上げます。

敬具

書き換え表現

❶**申し上げにくいのですが**
心苦しいのですが／失礼とは存じながら／催促がましくて恐縮ですが

❷**お汲み取りのうえ**
お含みおきのうえ／ご賢察のうえ

❸**見込み**
進展具合／見通し／経過／めど／状況

❹**ご迷惑は承知のうえ**
厚かましいお願い／不本意な申し出／ご無理なお願い／不躾なお願い

ていねい度

著名人◀…依頼原稿の催促

拝啓　先般はご多忙中にもかかわらず、原稿の執筆をご快諾いただきましてありがとうございました。

さっそくですが、原稿の進み具合は、いかがですか。お約束の期日から一週間を過ぎてもご連絡がなく、編集部一同大変心配しております。

恐れ入りますが進行の都合上、ご依頼いたしました原稿を今月末までには頂戴いたしたいのですがいかがでしょうか。もしかんばしくないようでしたら、急ぎご執筆賜りますようお願い申し上げます。

まずは書中にてお伺いまで。

敬具

ていねい度

友人◀…転職依頼の催促

日に日に寒さが厳しくなりますが、その後いかがお過ごしでしょうか。

先日は、転職先のご紹介の件をご快諾いただき、誠にありがとうございました。

さて、ご多忙中のところ大変申し上げにくいのですが、その後見込み[3]のほどはいかがでしょうか。待遇や条件などにつきまして、何か問題がありましたら、ご遠慮なくおっしゃってください。[4]ご迷惑は承知のうえですが、吉報を鶴首してお待ち申し上げております。

状況別書き換え

お伺いの言葉

- 先日は厚かましいお願いをご承諾くださいましてありがとうございます
- お願いしました件についてお伺い申し上げます
- 大変恐縮に存じますが、例の件、いかがなりましたでしょうか

こちらの事情に理解を求める

- 窮状をお察しいただき、早急にお返事いただけますようお願い申し上げます
- 失礼を承知のうえ、再度お願い申し上げる次第です
- 当方の事情をお察しいただけると幸いです
- 期限が差し迫り、やむにやまれずお伺い申し上げます

お願いの言葉

- ご多忙中恐縮ですが、折り返しご一報くださいますようお願い申し上げます
- お返事を心待ちにしております
- 事情をお汲み取りのうえ、ご高配のほど切にお願い申し上げます

言葉の意味

※**過日**《かじつ》：過去の、ある日のこと。先日、先般などと同じ

返金の催促

相手が忘れていたり、返済したくてもできない事情があったりするかもしれません。初回の催促は怒りの感情をおさえ、相手を傷つけないようにやんわりとした表現にしましょう。

好印象

心苦しい気持ちを盛り込む

「このようなことは辛《つら》い」と伝えると、相手の心も軟化しやすくなります

相手の状況を思いやる言葉

相手の不都合を思いやったり、事情を汲むような言葉を添えたりすると親切です

こちらの事情を伝える

どうしても必要なことを伝えましょう。理由を書くことで相手も早急に返そうと考えるはずです

相手に猶予を与える

若干の猶予を与えることで、善処を引き出すことができる場合も

失礼

ていねいすぎる前文

催促の手紙で「～お喜び申し上げます」は不適切です

強い調子で催促する

強い口調で責め立てると相手を刺激し、返しにくくさせます

※ただし、再三の催促に応じないときは、強い表現もやむを得ません

ていねい度

知人◀…再度の催促

前略ごめんください。先日、返済の件でお手紙を差し上げましたが、ご覧いただけましたでしょうか。

あれから半月になりますがいまだご連絡をいただけず、何か思いがけない問題でも起きたのではと心配しております。何度も催促するのは大変心苦しいのですが、できれば❶早急にご連絡くださいますようお願い申し上げます。ご事情によっては、毎月少しずつお返しいただいてもかまいません。ご連絡をいただけない場合は、❷不本意ながらご家族に連絡を取らせていただきますので、その旨ご承知おきください。

かしこ

書き換え表現

❶早急にご連絡ください
至急ご送金ください／現況だけでもお聞かせください

❷不本意ながら
遺憾ながら／誠に申し上げにくいことですが／心苦しい限りですが

❸ご用立て
ご融通／お貸し／お立て替え

❹出費が重なり
入り用があり／余裕がなく

ていねい度

知人◀…貸金返済の催促

拝啓　北風が身にしみる季節となりましたが、いかがお過ごしでしょうか。

さて、さっそくですが、先日③ご用立ていたしました○万円、お約束の返済期日を10日程過ぎておりますが、いかが相なっておりますでしょうか。窮状はお察しいたしますが、何のご連絡もないので少々気をもんでおります。年末を控え、当方も何かと入り用となりますので、まずはご連絡だけでもいただきたく存じます。

取り急ぎ、お願いまで。

かしこ

ていねい度

友人◀…立て替え払いの催促

お元気にお過ごしのことと存じます。

さて、あなたから頼まれてネットで購入した圧力鍋の使い心地はいかがでしょうか。その際、立て替えた代金ですが、できれば今週中に返済していただきたいのです。いつでもよいと言っておきながら、このところ何かと④出費が重なり、このような催促がましいお手紙を差し上げてごめんなさい。

急なお願いで申し訳ないのですが、ご連絡をくださいますようお願いいたします。

状況別書き換え

相手の状況を思いやる

- 何か不測の事態でも起きたのかと拝察いたします
- どうなさったのかと心配しております
- 何かとご都合はおありかと存じますが

こちらの事情を訴える

- 当方の事情もお察しいただきたく
- どうしても○○までに支払いの必要が生じまして
- ご用立てしたお金は、息子の入学金にあてる予定のものですので

反省を促す

- 何のご連絡もなく、困惑しております
- どんな理由があるにせよ、何のご連絡もいただけないのは残念です

返済についてお願いする

- 返済のめどだけでもお知らせいただけませんでしょうか
- 催促がましくて恐縮ですが、○○日までに返済いただければ幸いです

返却の催促

貸したものを催促するときは、「こちらも必要になったから」と説明すると角が立ちません。いつまでに、どのような方法で返却してほしいかをはっきり書くことも大切です。

好印象

困っていることを伝える
期限の超過よりもこちらの状況を伝えると、相手も「返そう」という気持ちに

信用している姿勢を示す
「またいつでもお貸しします」などの一言で相手も安心して連絡できます

なぜ返してほしいかを説明する
こちらで入用になった、ほかに貸す先ができたなど、納得できる理由を添えると返却してもらいやすいでしょう

返却をお願いする
謙虚に返却を呼びかけると、高圧的にならずに催促をすることができます

失礼

悪気があると決めつける
相手が返そうと思っていて忘れていただけの場合は、不快な気分にさせてしまいます

責めるような文面
こちらと連絡を取りたくなくなり、返事が来ない可能性も

ていねい度

知人◀…急な返却の催促

取り急ぎ申し上げます。大変申し上げにくいのですが、先般お貸ししました「○○」の本ですが、いったんお返しいただけないでしょうか。実は企画書作成のため、資料として使いたいのです。来週には提出しなければならず、いささか急いでおります。

ご返却は急がないと申し上げましたのに、事情が変わってしまい申し訳ございません。身勝手なお願いで大変恐縮ですが、事情をご賢察のうえ、❶近日中に❷ご返送くださいますようお願い申し上げます。

早々

書き換え表現

❶近日中に
一両日中に／近いうちに／至急／早急に／速やかに／できるだけ早く

❷ご返送
お返し／ご返却／送り返して／ご送付

ていねい度

知人◀…再度の催促

前略ごめんください。以前お貸ししましたワイングラスの件で返却をお願いした際、十一月中にお返しいただけるということでお待ちしておりましたが、いまだそれがかなわず困惑しております。

あのグラスは、両親から結婚のプレゼントとして贈られた大切な品ですが、信頼するあなただからこそお貸ししたのです。クリスマスパーティーのためにどうしても必要ですので、至急ご返却くださいますようお願いいたします。

まずは、ご連絡をお待ち申し上げております。

かしこ

ていねい度

友人◀…返却の催促

寒さもようやく緩んでまいりましたが、お元気でおられますでしょうか。ところで、先般お貸しいたしましたビデオカメラは、もうご用済みでしょうか。よろしければ、そろそろご返却いただきたく、一筆申し上げました。実は三月に娘の卒園式があり、そのときに使いたいのです。ご都合のよい日をお知らせくだされば、こちらから取りにまいります。必要な折には、またいつでもお貸ししますので、よろしくお願い申し上げます。

お返事お待ちいたします。

状況別書き換え

さりげなく用件を切り出す

- 先日お貸しした「○○」はもう読了なさいましたでしょうか
- もしやあなたにお貸ししたままになっていないでしょうか

返してほしい理由

- ほかの方にもお貸しする約束をしておりまして
- 海外出張が決まり、急に必要になってしまいました

返却の方法を提示する

- ついでの折に立ち寄らせていただきます
- わざわざお持ちいただく必要はありませんので、ご郵送ください
- ○月○日までに到着するよう宅配便でお送りいただけると助かります

催促を詫びる

- こちらの都合で急がせてしまい申し訳ありません
- 催促がましくて失礼とは存じますが

苦情・催促の手紙Q&A

Q 早急に返金の催促をしたいときは？

A

催促の手紙であってもていねいであることが大切ですが、いよいよ相手からの返事がなく、早急に催促をしたいなら、前文を省略→速達で出す→書留で出す→内容証明郵便にするなどというように、徐々に「こちらも本気です」ということを知らせるのがよいでしょう。

Q メーカーなどへの苦情は電話でOK？

A

苦情を受ける窓口で対応をしてくれることもあります。しかし口頭の苦情は双方が感情的になりやすく、電話の対応が悪かったと、苦情が苦情を生むケースも少なくありません。性急な行動より冷静な手紙のほうが、相手のよい対応を引き出すこともあります。

Q 催促の手紙で、なぜこちらがお詫びをしなければならないの？

A

相手が約束を守ってくれるように再度依頼するのが催促です。確かにこちらに非はありませんが、「話が違う！」と相手を責め立てるのが目的である訳でもありません。いかにして、約束を守ってもらうかが重要なのです。

期日を守らなかったことにいつまでもこだわっていると、相手もだんだん感情的になってくるもの。おさまらない気持ちをぶつける手紙ではなく、相手が気持ちよく催促に応じてくれるための手紙にしようと心がけましょう。そうすれば、相手を思いやる言葉と、催促をして申し訳ない、と詫びる言葉が自然に出てくるでしょう。

第15章

心から、誠意を持って
お詫びの手紙

- 借金返済遅延のお詫び
- 子どもの不始末のお詫び
- 破損・紛失・不良品のお詫び
- 会合欠席のお詫び
- 失言・失態のお詫び
- 苦情・催促へのお詫び

お詫びの手紙

自分の非を認めて反省し、相手に許してもらうのが目的です。こちらの誠意を十分に伝えるために、一刻も早く書くことが大切です。

こうすれば好印象に

自分の非を認める
やむを得ない事情があったにせよ、他人に迷惑をかけたことに変わりはありません。まずは自分の失敗や落ち度を素直に認めましょう

正確に事情を説明
なぜお詫びするような事態になったのか、相手が納得できるように説明します。言い訳がましくならずに、きちんと整理して述べるのがコツ

反省の態度を示す
お詫びの言葉で終わりではなく、今後の対応を示して、反省していることをアピールしましょう

どう償うのか伝える
今後どうするのか、事後対策を具体的に示し、相手に判断をゆだねると信頼関係の回復につながります

これは失礼にあたります

カジュアルな手紙用具
心からの謝罪の気持ちを伝えるには、白無地の便せんにタテ書きが正式です。色柄やヨコ書きの便せんは、カジュアルな印象になり、真剣さが伝わりません

不快な内容を蒸し返す言葉
相手がそのときの不快な気持ちを思い出すような具体的な言動などを書くのは避けましょう
×あなたに○○と言ってしまい

言い訳をする
自分を正当化する、他人に責任転嫁するなどの表現は、相手の心証を悪くするので避けましょう

書き方のヒント

知っておきたい表現

●**自分の非を率直に認める**
・自分の不甲斐なさに恥じ入るばかりです
・弁解の余地もなく、お恥ずかしい限りです

●**心から謝罪する**
・本当に申し訳ございませんでした
・お詫びの言葉もございません
・心よりお詫び申し上げます

●**許しを請う**
・身勝手ながら、どうかお許しくださいますようお願い申し上げます
・何卒ご容赦いただきたく、伏してお願い申し上げます

気をつけたいこと

●**できるだけ早く出す**
お詫びの手紙は遅くなるほど書きにくくなり、謝罪のタイミングを逃すので、一刻も早く出すのが原則です。相手からの催促や苦情を受ける前に、自分から詫びることが大切です

●**言い訳や弁解はしない**
ひたすら謝罪に徹することが大切です。理由は簡潔に説明し、まずは心から詫びる気持ちを表現しましょう

お詫びのマナー

状況に応じて、お詫びの品を持って相手宅に出向くことがあります。その際も、謙虚な姿勢、ひたすら反省する姿勢を貫くこと。

手紙を送る時期

種類	時期
失礼・失態	事態が起きてからすぐ、あるいは気づいたらすぐに反省の気持ちを書いて送る
催促を受けて	催促を受けたらすぐに、現状の報告も兼ねてお詫びの手紙を出す
お詫びの品を手渡す	相手のところへ謝罪に出向く場合は、前もってお詫びの手紙を出し、後日改めて謝罪に伺う旨を書き添えておく

こんなときにお詫びを

- **相手を傷つけたとき**
  どんな状況であろうと、相手を傷つけるような言葉や行為をしたときは、その場で謝るだけでなく、改めて手紙で謝罪や反省の気持ちを伝えます
- **約束が守れなかったとき**
  会合を欠席する、待ち合わせをキャンセルするなど、約束事が守れなかったときは、改めて手紙できちんと理由を説明し、お詫びしましょう
- **借金や借用品の返済が遅れるとき**
  物品でも金銭でも、借りたものを期限内に返せないときは、相手から催促や問い合わせが来る前に書面で謝罪するのが礼儀です

お詫びの手紙 基本の形

前文 ／ 主文 ／ 末文

❶前略　突然ですが、お詫びしなければならないことがあり、一筆申し上げます。

実は、先日お借りしたデジタルカメラの件ですが、❷誤って床に落としレンズを傷つけてしまいました。❸大切な品と存じながら、取り返しのつかないことをしてしまい、本当に申し訳ありません。メーカーに問い合わせましたところ、十日ほどお時間をいただければ、修理可能とのことです。

❹当方で修理を終えましてからご返却差し上げたいと存じますが、いかがでしょうか。❺どのように対処させていただくのがよろしいか、ご指示いただければ幸いです。

❻取り急ぎ、お詫びとお伺いまで。

草々

❶頭語
※緊迫した状態であることを伝えるために、時候のあいさつなど前文は省いてもよい

❷お詫びの理由

❸お詫びの言葉

❹対処法の提示

❺相手の意向を尋ねる

❻結びの言葉・結語

借金返済遅延のお詫び

借金返済の遅れは約束の期限前に申し出ます。遅れる理由と返済予定日を明確にしましょう。期限を過ぎてから出すときは、その謝罪も忘れずに。

好印象

借金承諾への感謝
頼みを聞き入れてくれたことへのお礼を示すのが礼儀です

借り入れの結果
親切の結果、どのような状況の好転が見られたかを伝えることで、相手も「貸してよかった」と感じます

今後の対策を伝える
日程や金額など具体的にどうするかを伝えることで、相手のやきもきする気持ちを安心させます

どう善処するかを示す
遅れは必至であっても、現時点でできる最善策を示すと誠意が伝わります

✕ 失礼

ごまかしや言い訳
見えすいたごまかし、言い訳がましい態度などは不信感をあおります

×物忘れがひどく

原因・理由が不明
本当に責任を負う気があるのか、再び遅延されないかと不安に思われることも

ていねい度 ✎✎✎

知人◀…遅延承諾のお詫びとお礼

前略　このたびは大変ご迷惑をおかけいたしました。❶厚かましいお願いにもかかわらず、返済期日を延期していただきまして、心より感謝しております。❷おかげ様をもちまして、融資が受けられることになりました。

今週末には、ご指定の口座にお振り込みいたしますので、よろしくご査収※くださいますようお願い申し上げます。今後二度とこのようなことを繰り返さないよう自戒いたしますので、これにこりず今後ともご厚誼を賜りますようお願い申し上げます。

草々

書き換え表現

❶**厚かましいお願い**
身勝手なお願い／不躾なお願い／急なお願い／突然の申し出

❷**おかげ様をもちまして**
おかげ様で／○○様のおかげで／ご厚意のおかげで

❸**ご猶予いただく**
ご猶予賜る／お待ちいただく／延期していただく

ていねい度

知人 ◀… 遅延のお詫び（今は返せない）

前略　先日は不躾なお願いをお聞き入れくださり感謝しております。おかげ様で何とか窮地を脱することができました。改めてお礼申し上げます。

本日は、返済の件につきお詫び申し上げたく、筆を執りました。実は、予定しておりました入金が遅れることになり、お約束の期日に間に合いそうもございません。重ねてのお願いで誠に恐縮ですが、来月十日まで③ご猶予いただけませんでしょうか。身勝手ながら、ご容赦のほどお願い申し上げます。

草々

ていねい度

友人 ◀… 遅延のお詫び（半額返済）

催促のお手紙、確かに拝見しました。期日までにご返済できないばかりか、ご連絡も差し上げず、本当に申し訳ありません。あてにしていたボーナスが、業績悪化のため支給が遅れることになってしまいました。ご返済につきましては、本日半額のみお振込み申し上げましたので、よろしくご査収※ください。

大変心苦しいのですが、残金は今月末ということでご了承いただけませんでしょうか。どうか寛容なご処置をお願い申し上げます。

状況別書き換え

お詫びの言葉

- 期日までにご返済のお約束が果たせず、面目次第もございません
- 心ならずもお約束の期日に遅れ、お詫びの言葉もございません
- 信頼を裏切るようなことをいたしましたこと、弁解の余地もございません
- ご連絡を怠り、申し訳ございませんでした

誠意を示す

- 一部ではございますが、本日入金させていただきます
- 一週間以内に必ず全額ご返済することをお約束いたします

許しを求める

- 身勝手なお願いではございますが、三日ほどお待ちいただけないでしょうか
- 窮状をお察しのうえ、何卒ご容赦ください
- ご立腹のことと存じますが、ご理解を賜りますようお願い申し上げます

言葉の意味

※査収《さしゅう》：了解のうえで申し入れを受け止めること

子どもの不始末のお詫び

子どもの不始末は、親としてどう責任をとるかが大切。本人が反省していることも忘れず伝えます。

好印象

今後の対策にふれる
相手が知りたいのは「これからどうするのか」という点。今後の姿勢などを伝えます

親の責任を認める
自分の非力さを詫びることで、「責任感のある親」という印象に

本人が反省していることを伝える
不始末をした当人の気持ちがいちばん大事。反省の様子や言葉を伝えましょう

家族としての対応を示す
今後同じことがないように、どのような対応をするのかを述べると、相手も納得し、気持ちもおさまります

失礼

子どもをかばう言葉
わが子かわいさが前面に出ると、相手の不信感を招きます

ぞんざいな書き方
走り書きや雑な文字などがあると、心から謝っていないように見えます

ていねい度

同級生の親 ◀…けがをさせたお詫び

前略　このたびは、①息子がとんでもない②ご迷惑をおかけしてしまい、本当に申し訳ありませんでした。

大事なご子息様にけがをさせてしまったこと、何とお詫び申し上げてよいのか言葉もございません。本人も事の重大さに改めて気づいたようで、いたく反省しておりますが、主人も私ももっと厳しくしつけていればと、③親として至らなかったことを痛感しております。

近日中に息子と一緒にお詫びに伺いまして、治療費のことなどご相談させていただきたく存じます。

まずは書中をもちまして、心より謝罪を申し上げます。　草々

書き換え表現

①息子
子ども／娘／愚息／わが子／うちの○○

②ご迷惑をおかけして
不始末をして／軽はずみな行為をして／愚行をして／過ちを犯して

③親として
保護者として／母として／家族として

ていねい度

学校◀…万引きの始末書

前略　このたびは、娘の幸子が大変ご面倒をおかけいたしまして、深くお詫び申し上げます。親の監督不行き届きからこのような不始末をしでかしましたこと、誠に申し訳なく存じております。

娘には、このたびの行為がれっきとした犯罪であり、法的な処罰を受けて当然であることを厳しく言い聞かせました。本人も事の重大さを厳粛に受け止め、今は心から反省しております。今後は、保護者として十分に指導・監督してまいります。

まずは取り急ぎお手紙でお詫び申し上げます。

草々

ていねい度

学校◀…喫煙の始末書

前略　今回は、本当にご迷惑をおかけしました。保護者として心よりお詫び申し上げます。主人も私も喫煙はしないため、まさか息子がたばこに興味を持つとは思いもよりませんでした。本人によれば、これまでに三回程喫煙したものの常習はしていないとのことでした。

息子には、未成年者の喫煙が違法であること、また、たばこがいかに有害なものであるかを説明し、二度と喫煙しないよう注意いたしました。今後ともどうかよろしくご指導のほどをお願い申し上げます。

草々

状況別書き換え

お詫びの言葉

- 愚息○○が、本当に申し訳ないことをいたしました
- 娘の不調法※につきまして、深くお詫び申し上げます

親として反省する

- 家庭での教育の至らなさから生じたことで、深く反省しております
- 今回の不始末につきましては、親にも責任の一端があると思っております

本人の反省を伝える

- 申し訳ないことをしたと、しょげかえっています
- 本人も自覚し、ひたすら反省しております

家族としての対応を示す

- 二度とたばこに手を出さないと誓わせました
- 軽はずみな行動を慎むよう夜を徹して言い聞かせました

言葉の意味

※**不調法**《ぶちょうほう》：不始末をすること、行き届かないこと

ていねい度

担任◀…ガラスを割ったお詫び

冠省　昨日お電話でご連絡いただきました○○の母でございます。○○先生には、いつもお世話になっております。

このたびは、息子が廊下の窓ガラスを割ってしまい、大変申し訳ないことをいたしました。休み時間にお友達とふざけていてほうきを振り回していたとのこと。このようなことになってしまい、❶親としての監督責任を痛感しております。

本人もさすがに大変なことをしてしまったと自覚したようで、今はすっかりしおらしくなっております。今後は調子に乗ってこのような❷軽はずみな行動は絶対にしないことを❸約束させました。

なお、ガラスの修理代金などの弁償につきましては、どのようにさせていただけばよろしいでしょうか。ご指示いただきたく存じます。

ご迷惑をおかけするばかりで恐縮ですが、これからもよろしくご指導くださいますようお願い申し上げます。

不一

ポイント

親の立場から反省を述べましょう

子どもや身内の不始末について詫びる場合は、親として、または家族としてどう反省しているかを書くと誠意が伝わります

子どもの不始末をかばうような表現は避けましょう

「子どものしたことだから」「うちの子がそんなことをするとは信じられない」といった表現は、無責任な印象を与え、相手の感情を逆なですることになりかねません。子どもをかばうような表現は避け、きちんと謝罪しましょう

書き換え表現

❶**親としての監督責任**
しつけの至らなさ／親としての監督不行き届き／私どもの管理不足

❷**軽はずみな行動**
乱暴なまね／粗暴な行為／乱暴をはたらくこと／手荒な振舞い

❸**約束させました**
言い聞かせました／誓わせました

ていねい度

担任◀…提出物遅れのお詫び

前略　本日、娘が作文を提出していないとのご連絡を承りまして、大変驚きました。誠に申し訳ございません。

娘に問いただしてみたところ、原稿用紙には向かうものの、なかなかテーマが見つからず今日に至ってしまったようです。私も気づかず、先生にご迷惑をおかけして申し訳ありませんでした。

ご迷惑をおかけしますが、一両日中には提出させますので、どうかよろしくご高配のほどお願い申し上げます。

草々

ていねい度

同級生の親◀…けんかのお詫び

昨日は、息子が◯◯ちゃんに乱暴なまねをして本当にごめんなさい。心よりお詫びします。思わず手をあげてしまったとのことですが、どんな理由があろうと暴力をふるうことは許されないと厳しく叱りました。

本当は大好きな◯◯ちゃんに、ひどいことをしてしまったと本人も後悔し、すっかりしょげています。今回につきましては、どうかお許しください。乱暴な行為をした側が、このようなお願いをするのは身勝手とは存じますが、どうぞよろしくお取り計らいくださいませ。

状況別書き換え

親として反省する

- このようになる前に、家族としてすべきことがあったはずだという自責の念でいっぱいです
- 子どもを甘やかしすぎたのでは、と遅まきながら反省しております
- 親としてもっと子どもの行状に関心を向けるべきでした

親としての対応を示す

- お金で解決できるとは思っておりませんが、ぜひ弁償させていただきたく存じます
- 今後どうすべきか、子どももまじえて主人と話し合いました
- どのような処遇も甘んじて受ける覚悟でございます

今後の付き合いにつなげる言葉

- 至らぬ息子ではありますが、これからも温かいご指導のほどをお願い申し上げます
- ご迷惑をおかけしたうえに誠に身勝手なお願いで恐縮ですが、今後ともどうぞお見捨てなくご指導賜りますようお願い申し上げます

破損・紛失・不良品のお詫び

何よりも先にお詫びの言葉を述べることが大切。「弁償すればすむだろう」という横柄な表現にならないように注意します。

好印象

とにかく早く事実を告げる

言い出しにくいからと報告が遅れると、さらにお詫びする要素が増えるだけ。まずはすぐ伝えましょう

正直に事情を説明する

ごまかさず、真実を述べることで相手に誠意を伝えます

弁償方法について意向を聞く

こちらの判断だけで決めずに相手に尋ねることで、よりよい方法をとることができます

善後策にふれる

「新しい品を送る」など、具体策を伝えると相手も安心します

失礼

理由を長々と説明する

たとえ事実であっても、相手には言い訳がましい印象を与えます

経過や理由をごまかす

正直な理由を述べずに真実をごまかすのは、相手の不信感のもとに。今後の関係が悪化します

ていねい度 ✒✒✒

お客様◀…不良品販売のお詫び

拝啓　平素は格別のご愛顧を賜り、厚く御礼申し上げます。

このたびは、弊社製造の衣料品の一部に不良品がありました件につきまして、多大なご迷惑をおかけし、誠に申し訳ございませんでした。心よりお詫び申し上げるとともに、一週間以内に❶良品を納品いたします。お手数をおかけして申し訳ございませんが、不良品につきましては、そのままご返送くださいますようお願い申し上げます。

今後はこのようなことが発生しないよう❷最善の努力をいたす所存でございますので、何卒ご容赦くださいませ。

まずは、お詫びとお願いまで。

敬具

書き換え表現

❶良品
新しい品／代替のお品物／ご希望の品

❷最善の努力をいたす
努力を重ねる／品質管理を徹底する

❸お借りした
拝借した／借用した／お貸しいただいた／ご貸与くださった

❹紛失して
なくして／汚して／壊して／傷を付けて／しみを付けて／損傷して

ていねい度

上司◀…借用品の紛失のお詫び

前略　先日は、帰宅の際、傘をお貸しくださいまして誠にありがとうございました。本日は、お詫び申し上げなければならないことがあり、筆を執っております。

　実は、③お借りした傘を電車の中に置き忘れてしまいました。すぐに駅の遺失物係に問い合わせたのですが、届け出がないとのことでした。ご厚意でお貸しくださった大切な品を私の不注意で④紛失してしまい本当に申し訳ございません。どのように償えばご容赦願えますか。ご意向をお聞かせください。

　取り急ぎ、お詫びかたがたお問い合わせまで。

草々

ていねい度

友人◀…訪問時の破損のお詫び

　先日は、お宅にお伺いした際、大切な食器を割ってしまい、本当に申し訳ありませんでした。お手伝いをするつもりが、つい手をすべらせてしまい、自分のふがいなさに情けない思いでいっぱいです。メーカーに問い合わせてみたところ、幸い同じ品がありました。近日中に新しいものを携え、改めてお詫びに上がりたいと思います。ご愛用の品にはとても代えられるものではありませんが、お許しいただければ幸いです。

　誠に勝手ではございますが、まずはお詫びとお願いまで。

状況別書き換え

お詫びをする
- お許しを得なければならないことがあり、お手紙を差し上げます
- 取り返しのつかないことをしてしまい、お詫びのしようもありません
- 大事な品に傷を付けてしまい、本当にごめんなさい

事情を説明する
- ご貸与にあずかりました○○を損傷してしまいました
- かけがえのない品を汚してしまいました

相手の意向を聞く
- 在庫はあるとのことですが、お取り寄せしてよろしいでしょうか
- 新しい○○で弁償させていただくということでいかがでしょうか
- ご意向があれば、遠慮なくおっしゃってください

末文
- まずは書面にてお詫び申し上げます
- 取り急ぎ、お詫びとお伺いを申し上げます

会合欠席のお詫び

会合や式典を欠席するときは、必ず理由を書きましょう。そして、招待に対するお礼やお祝いの言葉も忘れずに書き添えます。

好印象

お誘いへのお礼を伝える
いきなり欠席を伝えることから始めるのではなく、招待への感謝を伝えると相手もうれしいもの。慶事ならお祝い、弔事ならお悔やみの言葉を加えてもよいでしょう

誠意を示す
後日改めて伺うといった誠意を伝えると、相手を大切に思う気持ちが伝わります

今後に向けた言葉を添える
今回は無理でも、次の機会にはぜひ参加したいということを伝えると、相手もうれしいものです

失礼

自分の不幸を理由にする
お祝い事に欠席する理由を不幸なことにすると、喜びに水をさします。「やむを得ない事情」などとするのが礼儀

忙しさを理由にする
後回しにされているという印象です

ていねい度

取引先◀…記念式典欠席のお詫び

拝啓　時下ますますご隆盛のこととお喜び申し上げます。

　このたびは、貴社創業二十周年の記念式典にお招きいただきありがとうございました。しかしながら、出席できず大変申し訳ありませんでした。何をおいてもお祝いに伺うべきところでございますが、❶やむを得ない事情がございまして不参加とさせていただきました。❷非礼は重々承知しておりますが、事情をお察しのうえ、何卒❸ご容赦くださいますようお願い申し上げます。

　まずは書中にてお詫び申し上げます。

敬具

書き換え表現

❶やむを得ない事情
一身上の都合／出席を辞退せざるを得ない理由

❷非礼
ご無礼／失礼の段

❸ご容赦
ご理解／事情をご賢察

❹残念ですが
勝手ながら／大変心苦しいのですが／申し訳ございませんが／申し上げにくいのですが

ていねい度

親戚◀…法要へ代理出席のお詫び

前略

お母様の三回忌の法要のお知らせを頂戴いたしました。ありがとうございます。

ぜひとも参列させていただき、思い出話を伺いたいところなのですが、当日は研修のため遠方におります。もしお差し支えなければ、私の代理といたしまして、娘の由香を伺わせますので、どうかご了承くださいますようお願い申し上げます。

まずは、お詫びのみにて失礼いたします。

草々

ていねい度

幹事◀…同窓会欠席のお詫び

先日は、同窓会のご案内をありがとうございました。

④残念ですが、あいにくその日は、法事と重なってしまい、出席できません。せっかく幹事さんがお骨折りくださったのに、参加できなくて本当に申し訳ありません。

ご参加の皆様には、くれぐれもよろしくお伝えくださいませ。

取り急ぎ、欠席のお詫びまで。

状況別書き換え

欠席のお詫び

- お約束したのに、出席できなくなってしまい申し訳ない気持ちでいっぱいです
- 直前になってのキャンセルで皆様には大変ご迷惑をおかけいたしました
- 急な体調不良でやむを得ず欠席させていただいた次第です

誠意を示す

- いずれ日を改めまして、お祝いに上がる所存です
- 失礼とは存じますが、代理に息子を出席させますので
- 遠方よりご盛会をお祈り申し上げております

今後に向けた言葉

- この埋め合わせは必ずさせていただく所存ですので、どうかお許しください
- これにこりず、今後ともご厚誼賜りますようお願い申し上げます

失言・失態のお詫び

どんな理由があろうと言い訳をせず、終始、反省し謝罪することに徹しましょう。最後に、同じ過ちを繰り返さないことを約束し、相手の許しを求めます。

好印象

謝罪の言葉から入る

何を差し置いても、まずは謝罪の言葉から伝えることが、相手の立腹を鎮めるいちばんの方法です

行いを振り返り、反省する

自分の無礼を顧みて認めることで、きちんと反省していることが伝わります

お詫びに徹する

弁解やごまかしは厳禁。お詫びの手紙では、とにかく謝るのがルールです

今後に向けての言葉

この先も関係を続けていきたいという気持ちがアピールできます

・自分を厳しく律してまいります

失礼

単なるお詫びの繰り返し

何に対して謝っているのかを明確にしないと、機械的で真剣味のない手紙に思われます

言い訳・自己弁護する

自分の正当性ばかり主張すると、せっかくの誠意が伝わりません

ていねい度

取引先◀…部下の失言のお詫び

急啓　先般の会議の折、弊社担当者が大変無礼な発言❶をいたしまして、誠に申し訳ありませんでした。

白熱した議論の場とはいえ、御社を中傷するような冷静さを欠いた❷言葉には、ただただ恥じ入るばかりでございます。当人には、このような失態❸を二度と招かぬよう厳重に注意し、全社員に対しても教育の徹底をはかる所存です。部下の失言を改めてお詫び申し上げますとともに、このたびにつきましては、どうかご黙許※❹くださいますようお願い申し上げます。

不一

書き換え表現

❶無礼な発言
心ない発言／感情的な言い方／軽はずみな発言

❷冷静さを欠いた言葉
自分を見失った言葉／調子に乗った言葉／酔いに任せた言葉

❸失態
不始末／醜態／あるまじき行為

❹ご黙許
ご寛恕《かんじょ》／お許し／ご海容《かいよう》

ていねい度

知人◀…夫の失態のお詫び

取り急ぎ申し上げます。昨晩は、夫が大変ご迷惑をおかけいたしました。また、深夜にもかかわらず、自宅まで送っていただきまして、ありがとうございました。お送りいただかなくてはいけないほど酩酊しましたこと、誠にお恥ずかしく、主人も私も穴があったら入りたい心境でおります。

今後は自制いたしますので、どうかこれにこりずよろしくお付き合いくださいますようお願い申し上げます。まずはお詫びかたがたお礼まで。

かしこ

ていねい度

知人◀…飲み会での失言のお詫び

先日の忘年会では、本当にごめんなさい。わたしの軽はずみな発言で、どんなにか気を悪くされたことでしょう。どうしてあんなことを言ってしまったのか、今は悔やんでも悔やみきれない気持ちでいっぱいです。ほろ酔い気分でつい調子に乗ってしまいました。とにかく、心からのお詫びの気持ちを伝えたくて、ペンをとりました。謝罪してすむこととは思っていませんが、どうかお許しください。

本当に申し訳ありませんでした。

状況別書き換え

お詫びの言葉

- 失礼なことを申し上げてしまい、申し訳ありません
- 粗暴な行いをお許しください
- あなたの名誉を傷つけるようなことになり、慚愧にたえません
- あるまじき行為をしてしまい、自分を責めるばかりです
- あのような暴言をはき、顔向けができません

今後に向けての言葉

- 気持ちを入れかえて精進してまいります
- 今後は十分気をつけますので
- 同じ過ちを繰り返さぬようお誓い申し上げます

許しを求める

- 何卒ご寛恕のほどお願い申し上げます
- ご迷惑をおかけするばかりですが、今後とも見捨てることなくお付き合いくださいますようお願い申し上げます

言葉の意味

※**黙許**《もっきょ》：黙認すること。黙って見逃すこと

苦情・催促へのお詫び

「知らせてくれてよかった」という謙虚な気持ちを伝え、配慮を欠いた行為を謝罪したうえで、具体的な対処を伝えます。

好印象

指摘に感謝する
苦情をありがたく受け取るという謙虚な姿勢を示すと、相手の許しが出やすくなります

自らの非を認める
何が悪かったのかを改めて反省すると、実直な印象に

相手の受けた苦痛を思いやる
相手の立場を想像した言葉を書くと、「わかってくれた」と安心します

対処法を示す
苦情・催促へのお詫びでいちばん重要な要素。しっかりと伝えてそれを実行すれば、相手も納得します

失礼

できない対応を約束する
安易な約束は避け、双方で現実的な対応を考えましょう

不遜《ふそん》な態度
詫びる態度を見せない、苦情に逆上するなど、感情的な対応は相手を不快にさせるだけです

ていねい度

近隣◀…騒音の苦情へのお詫び

お手紙確かに拝見いたしました。❶ご指摘、ありがとうございます。

息子のギター練習の音が、ご近所の皆様の安眠の妨げになっているとのこと、大変失礼をいたしました。夜は控えるように注意はしていたのですが、つい夢中になり時間を忘れていたようでございます。このような❷非常識な行いをいたしましたこと、息子ともども深く反省しております。今後は、夜七時以降は絶対に練習しないよう厳しく言い聞かせますので、何卒❸ご容赦くださいませ。

取り急ぎ、お詫びのみにて失礼いたします。

かしこ

書き換え表現

❶ご指摘
ご忠告／苦情／ご意見

❷非常識な
配慮に欠けた／気配りの足りない／常識を欠いた／ルールを無視した

❸ご容赦
穏便にお取り計らい／寛大な措置をお取り

❹怖い思い
不快な思い／嫌な気分／不愉快な思い

ていねい度

近隣◀…ペットの苦情へのお詫び

突然このようなお手紙を差し上げる失礼をお許しください。

昨日、ご子息様が家の前を通りかかった折、私どもの飼い犬が突然吠えかかった由、誠に申し訳ないことをいたしました。幼いお子様のこと、さぞや[4]怖い思いをされたことと存じます。私どもの注意が行き届かなかったばかりに、ご迷惑をおかけしたことを深く反省しております。今後は、しっかりと管理してまいる所存ですので、どうかお許しくださいますようお願い申し上げます。

取り急ぎ書中にてお詫び申し上げます。

かしこ

ていねい度

知人◀…頼まれ事の催促へのお詫び

息子さんの就職先の件ですが、ご連絡がすっかり遅くなってしまい申し訳ありません。

現在、心当たりに打診しているところです。今度の月曜日には、返事をいただけることになっていますので、結果が分かり次第、すぐにご連絡申し上げます。大事な息子さんの将来のこと、さぞや気をもんでおられることと存じますが、今しばらくご猶予くださいませ。

まずは、お詫びかたがた、現況のご報告まで。

状況別書き換え

指摘を受けて

- そのようなご迷惑をおかけしているとは思いもよらず、失礼いたしました
- まったく気がつかず、申し訳ありませんでした

反省の気持ちを表す

- 事の重大さを痛感しております
- 認識の甘さを恥じるばかりです
- 飼い主としての責任の重さを厳粛に受け止めております

お詫びの言葉

- 長い間不快な思いをさせてしまいましたこと、幾重にもお詫び申し上げます
- どのように非難されても弁解の余地はございません
- お返事が遅れましたこと、心よりお詫び申し上げます

対処法を示す

- これからは、しっかりとつないでおきますので
- きちんと防音対策を施しますので
- ルールを守るよう厳重に注意しますので

お詫びの手紙 Q&A

Q お詫びのしるしに、弁償を申し出たい

A

相手のものを紛失した場合、まず弁償を！と焦りがちですが、相手がその対応で納得するとは限りません。あくまでどのように対応したらよいか、相手に判断をゆだねる書き方が大切です。その際、「弁償させていただきたく」とお伺いを立てる表現にするとよいでしょう。

Q やむを得ぬ事情を説明したいが、言い訳がましくなりますか？

A

どうしても伝えたい事情がある場合でも、まずは非を認めて謝ることが必要。十分な謝罪をした後、「このような事情がありました」と書き加えるのがよいでしょう。初めから説明ばかりになると、どんな正当な理由であっても、相手は「言い訳された」と思ってしまうものです。

Q 急なキャンセルへのお詫びはどうすれば？

A

当然のことながら、この場合、まずは電話で知らせることが何より大切です。その場でもていねいにお詫びしますが、後日、改めてお詫びの手紙をしたためましょう。

こちらも残念に思っていることと、キャンセルしなければならない理由をはっきりと述べ、申し訳なく思っている気持ちを伝えましょう。どれかひとつでも欠けると、相手はないがしろにされたという気持ちを抱くことになります。

そして、キャンセルによって会費などが発生する場合は、こちらからきちんと「お支払いいたします」と伝えます。不要な場合もありますが、それは相手からの連絡を待ってから。まずは払う意思があることを伝えて誠意を見せます。

第16章

正しく、厳粛に
弔事の手紙

- 死亡通知
- 会葬礼状
- 忌明けの挨拶・香典返し
- 法要の案内・返事
- お悔やみ状
- その他の弔事の文例

弔事の手紙

人の死にかかわる弔事の手紙は、厳粛な気持ちで書くことが何よりも大切。たとえ相手が親しい相手でも書式の決まり事やマナーを守り、礼儀正しく書きましょう。

こうすれば好印象に

文面と表書きは薄墨で
「涙で墨がにじんでしまった」という意味で薄墨を使います。ペンのインクは黒かブルーブラックで

遺族への共感
沈痛な心情を慰めるつもりで、悲しみをわかち合う一言を
・**ご家族のお悲しみはいかばかりかと**

感謝の気持ちを伝える
貴重な時間をさいて参列してくれたことや今までの交誼に対して、故人に代わってていねいなお礼を述べましょう

句読点を使わない
句読点は本来、文章を読みやすくする記号。弔事では失礼ととらえる人もいるため、手紙の種類によって避けるのが無難

これは失礼にあたります

「ついでに」ととられる表現
つい使ってしまいがちな「○○のついでにお参りに」という表現は、相手を軽んじる響きがあり失礼です

自分の近況にふれる
故人への弔意を表すものに、自分の近況などを書く必要はありません

忌み言葉を使う
不吉な言葉や、死に対する直接的な表現があると、相手の悲しみをあおってしまう恐れがあります（下段参照）

不適切な表現
どんな表現でも、死を肯定するかのような言葉はNGです
×天寿をまっとうされ

忌み言葉 ➡P31参照

一般的な弔事

×重ね言葉
たびたび　ますます　重ね重ね　次々　返す返す　しばしば　くれぐれも　皆々様　いよいよ　ときどき　しみじみ　まだまだ　…など

×不幸が続くことをイメージさせる言葉
さらに　引き続き　続いて　追って　再び　繰り返し　重ねて　再三　ようやく　待ちに待った　やっと　…など

×生死にかかわる直接的な言葉
死ぬ　死亡　死去　生存　生きる　四（＝死）　九（＝苦）　…など

宗派によって異なる言葉

×仏式葬儀での忌み言葉
浮かばれない　迷う　…など

×神式、キリスト教式では使わない言葉
冥福　供養　成仏　往生　合掌　…など

お悔やみの手紙

通常の手紙では、文面が一枚で終わってしまった場合、白紙の便せんをもう一枚付けることがあります。しかし弔事やお見舞いの手紙では「重なる」ことを連想させないよう便せんは一枚におさめ、封筒も白無地で一重のものを使います。

弔事のマナー

弔事にかかわる手紙は、迅速に出すことが大切。マナーにのっとった対応が特に求められる場面です。

手紙を送る時期

手紙	時期
死亡通知	通夜、葬儀の日取りと場所が決まってから。葬儀後に出す場合はなるべく早く
お悔やみ状	通夜や葬儀に出席できない場合、訃報を聞いたらすぐに出す。香典を同封するときは、不祝儀袋に入れ、手紙を添えて現金書留で送る
会葬礼状	通夜、葬儀の際に書面にして、返礼品と一緒に参列者に渡す
法要の案内	一か月～三週間前までに

※忌明けの挨拶…仏式では四十九日か三十五日の忌明け（神式では五十日祭、キリスト教では一か月の召天記念日）に、香典返しを添えて送る

不祝儀袋の体裁

- 水引は白黒の結び切り
- 表書きなどには薄墨を使う
- 宗派ごとの表書き

［全宗派共通］御霊前
［仏式］御香典、御香料、御供料（「御仏前」は四十九日以降）
［神式］御玉串料、御榊料
［キリスト教式］御花料、御ミサ料（カトリック）

香典の金額の目安

勤務先関係	5千円
兄弟姉妹	3万円
祖父母	1万円
叔父・叔母	1万円
その他の親戚	1万円
友人・隣人	5千円

弔事の手紙　基本の形

主文

❶亡父尾野宏の葬儀に際しましては　ご多用中にもかかわらず　❷遠路わざわざご会葬くださいましたうえに　ご丁重なるご芳志を賜りまして　誠にありがたく　厚く御礼申し上げます　❸混雑にとりまぎれ　行き届かぬことばかりでございましたことをお詫び申し上げます

末文

❹略儀ながら書中をもって　謹んで御礼申し上げます

❺□□○○年○月○日

❻東京都○○区○○町○-○-○
喪主　尾野一男
外　遺族一同

❶前文は省略
※お礼状の続柄は、喪主から見た関係
❷会葬と香典へのお礼を述べる
❸不行き届きを詫びる
❹結びの言葉・結語
❺葬儀の日付
❻喪主の名前

死亡通知

前文は省略し、故人の氏名、死去に至った要因、死去の日時、葬儀場などを簡潔に記します。葬儀後に出す場合は、連絡を遠慮した理由とお詫びを書き添えましょう。

好印象

生前の親交のお礼
故人に代わって、感謝の気持ちを伝えることで礼儀を尽くしましょう

葬儀の宗派を明記
参列者が用意に困らないように気遣いましょう

葬儀場の所在を詳しく説明
参列者が行きやすいよう地図や行き方などの情報を盛り込む工夫を

正確な情報を簡潔に
相手にとって必要であろう確かな事柄を入れてあげると親切です

失礼

通知漏れ
住所録や年賀状などをチェックして通知漏れのないように注意

直接的な言葉を使う
忌わしい記憶や不快感を誘発し、取り乱しているように思われます
×バイクにはねられ

ていねい度

葬儀通知

亡夫坂本義男儀　かねて病気療養のところ❶薬石効なく　二月六日
午後四時七分　五十四歳で❷永眠いたしました
ここに生前の❸ご厚誼に深謝いたしますとともに　謹んでご通知申し上げます
葬儀及び告別式は仏式により左記のとおり執り行います

記

日時　二月九日(日)　葬　儀　午後一時～二時
　　　　　　　　　　告別式　午後二時～三時
場所　○○寺(JR線荻窪駅より徒歩五分)

書き換え表現

❶薬石効なく
いろいろと治療を尽くしましたが

❷永眠いたしました
他界いたしました／死去いたしました／長逝いたしました

❸ご厚誼に深謝いたします
ご厚情に深く感謝申し上げます／ご厚誼に厚く御礼申し上げます

ていねい度

父の友人◀…密葬後の死亡通知

父良文儀　去る五月七日午前二時　心不全のため永眠いたしました　八十二歳でした
葬儀は生前の故人の遺志により　五月十二日　自宅において近親者のみにてとどこおりなく相営みました
亡父が生前にいただきましたご厚情に深く感謝申し上げるとともに　右　謹んでお知らせ申し上げます

ていねい度

母の友人◀…葬儀後の死亡通知

母節子こと、去る三月六日に、昨年暮れより入院治療しておりましたが胃癌のため、七十四歳にて永眠いたしました。

本人は最期まで前向きに病気と闘っておりましたが、病魔には勝てず、明け方に眠るように旅立ちました。

年始めには一時帰宅もかない、孫たちと楽しいお正月を過ごせたことが、せめてもの慰めです。

葬儀は十日、○○寺で近親者のみにて執り行いました。

生前のご厚誼に感謝し、書中をもってご報告いたします。

状況別書き換え

葬儀の宗派

- 葬儀・告別式は○○教会において、キリスト教式にて執り行います
- 故人の希望により、○○斎場にて神式で執り行います

葬儀を通知しなかった相手へ

- 遠方よりお運びいただくのは申し訳なく、葬儀の通知をご遠慮させていただきました。どうかお許しください
- 酷暑の折でもございましたので、葬儀の通知は控えさせていただきました。ご報告が遅れましたこと、お詫び申し上げます
- 本来なら直ちにご連絡申し上げなければならないところを、ご通知が遅れましたこと、お詫びいたします

香典、供花、供物などを断る

- なお勝手ながらご供花・ご供物の儀は故人の遺志により固くご辞退申し上げます
- 故人の遺志により、ご厚志は固くご辞退申し上げます

会葬礼状

葬儀や告別式の後、参列者へ感謝の気持ちを込めて返礼品とともに手渡されます。特に故人と親交の深かった人や葬儀でお世話になった方へは、後日、自筆でお礼状を。

好印象

香典・供花などへのお礼を
参列のお礼に加え、いただいたご厚志への感謝を丁重に述べるのがマナー

葬儀の不行き届きを詫びる
葬儀当日にお礼できなかったことなどを詫びて、失礼のないように

書面であることを詫びる
直接お礼に出向かず手紙で失礼する旨を詫びると、誠意の伝わる手紙になります

葬儀の宗派に応じた言葉を使う
表現をその宗派に合わせると、気遣いができる人という印象に

・**過分なるお花料を（キリスト教式）**

失礼

誤字・脱字
改まった文書なので、誤りは大変失礼です

句読点に注意
当日に配る正式な挨拶状なので、行頭をそろえ、句読点は入れないのがならわしです

ていねい度

会葬礼状

故田中信也の葬儀告別式に際しましては　❶ご多用のところご会葬くださいましたうえ　ご丁重な❷ご厚志を賜り　厚く御礼申し上げます
取り込み中のことと て　行き届かない点も多々ありましたことと存じますが　何卒あしからず❸ご寛容のほどお願い申し上げます
早速※❹拝眉のうえ　御礼申し上げるべきところですが　略儀ながら書中をもちましてご挨拶申し上げます

書き換え表現

❶**ご多用のところ**
ご多忙のところ／お忙しい中

❷**ご厚志**
ご芳志／ご厚情／ご弔慰

❸**ご寛容**
ご容赦／お許し

❹**拝眉のうえ**
参上して／伺って／拝趨《はいすう》のうえ

ていねい度

妻の友人◀…弔電・供花のお礼

亡妻正美儀、葬儀に際しましては鄭重※なご弔電ならびにご供花をいただきまして、誠にありがとうございました。

ご弔慰のお言葉謹んでお受けいたし、霊前に供えさせていただきました。お心遣いに感謝申し上げるとともに、生前の家内へのご厚誼に心より御礼申し上げます。

おかげ様で葬儀もとどこおりなく執り行うことができました。早速、御礼申し上げるべきところ、取り込んでおりましてご挨拶が遅れましたこと、深くお詫びいたします。

今後とも変わらぬご厚誼のほどよろしくお願い申し上げます。

ていねい度

母の友人◀…弔辞献呈のお礼

先般の亡母洋子の葬儀に際しましては、ご丁重なるご弔辞ならびにご厚志を賜り、謹んで御礼申し上げます。

長年ご懇意にしていただいていた織田様にお言葉をいただき、故人もさぞ喜んでいることと存じます。

母に代わりまして、生前に賜りましたご厚情に心より感謝申し上げます。

本来ならば御礼にお伺いすべきところですが、略儀ながら本状をもって御礼申し上げます。

状況別書き換え

香典、供花、供物などへのお礼

- ご鄭重《ていちょう》なご芳志を賜り、深謝申し上げます
- ご丁重なるご弔慰を賜り、心より御礼申し上げます
- 過分なるご香典、ご供物、ご供花を賜りまして、ご芳情誠にありがたく存じます

葬儀の宗派に応じた言葉

- ご丁寧な御玉串《みたまぐし》を頂戴し、誠にありがとうございました(神式)
- 過分なるお花料を賜り、お心遣いに感謝申し上げます(キリスト教式)

当日の不行き届きを詫びる

- 当日は混雑にまぎれ、十分なご挨拶もできず、何かと至らぬこともあったかと存じますが、何卒お許しくださいませ

言葉の意味

※**拝眉《はいび》**:実際にお目にかかること。「会う」の謙譲語

※**鄭重《ていちょう》**:礼儀正しく、手厚いさま。「丁重」と同じ

忌明けの挨拶・香典返し

忌が明けたら、香典返しの品と挨拶状を送ります。
香典返しをしない場合は、その旨を書き添えて。

好印象

葬儀の際のお礼を述べる

わざわざご足労いただいたことをいたわる気持ちを込めます。遠方の方には特にていねいにすると好ましくなります

法要が無事すんだことを伝える

おかげ様で、という気持ちを込めて挨拶すると、心のこもった手紙に

仏式の場合は戒名を報告

浄土に送り出す意味を込めて報告を

香典返しをしない場合は理由を書き添える

有意義に使ったとわかると、相手も喜びます

・遺児の養育費に…

失礼

「お返し」という表現

義務的な響きがあり、情の乏しさが現れてしまいます

悲しみに暮れる

忌明けの挨拶では、気持ちが落ち着いたことを伝えて相手を安心させることも大切です

ていねい度

忌明け・香典返しの挨拶

謹啓　亡父正蔵の葬儀❶に際しましては　ご丁重なご弔詞ならびにご香料❷を賜り　厚く御礼申し上げます　本日

○○院○○○居士

七七忌法要を滞りなく相営みました

つきましては　供養のしるしに心ばかりの品をお送りいたしました　何卒ご受納❸くださいますようお願い申し上げます

右　略儀ながら書中をもちましてご挨拶申し上げます

謹白

書き換え表現

❶**葬儀**
永眠／逝去

❷**ご香料**
ご厚情／ご芳志／ご厚志／お花料／ご香典

❸**ご受納**
お納め

❹**ご了承ください**
ご理解ください／ご理解とご芳情を賜り

ていねい度

忌明けの挨拶（香典を寄付する場合）

謹啓　亡母絵里子儀　葬儀に際しましては格別なるご厚志を賜り
まして　厚く御礼申し上げます　おかげ様で本日
○○○○○
○○日の法要を営みました
なお　皆様から賜りましたご厚志は　故人の遺志により　○○福祉
団体へ寄付いたしましてご返礼に代えさせていただきました　何卒
❹ご了承くださいますようお願い申し上げます
まずは略儀ながら　書中をもって御礼申し上げます
謹白

ていねい度

忌明けの挨拶（香典返しをしない場合）

先般の亡妻頼子儀死去に際しましては、ご多忙の折にもかかわらず、ご丁重なるご弔詞ならびにご厚志を賜り、誠にありがとうございました。本日、近親者のみで五十日祭を相営みましたこと、ご報告させていただきます。

はなはだ勝手を申しますが、皆様から頂戴いたしましたご芳志につきましては、まだ学生である遺児の教育費にあてさせていただきたく存じます。何卒ご寛容をもってご了承賜りますようお願い申し上げます。

略儀ながら本状をもって御礼申し上げます。

状況別書き換え

宗派ごとの法要

- 五七日忌の法要を相すませましたこと
- このたび五十日祭を無事に執り行い
- 本日、召天記念の集いをもちまして

香典返しを送った報告

- 忌明けのしるしに心ばかりの品をお届けいたしました
- 供養のしるしまでに心ばかりの品をお送り申し上げました

香典返しをしない理由

- ご香典の一部を○○に寄付させていただきましたこと、ご了承賜りますようお願い申し上げます
- ご芳志につきましては、誠に勝手ながら、残された子供達の養育費にあてさせていただきたいと存じます
- ご厚志は、はなはだ勝手ながら故人の供養料にあてさせていただきたく存じます

法要の案内・返信

法要の案内は、相手の都合を考えて一か月前には出します。料理や引き出物の手配があるので、二週間前には返信を。

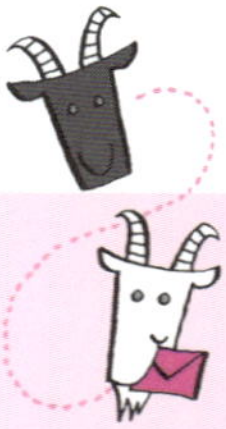

好印象

食事の用意の有無を知らせる
その日に別の用事のある出席者もいるので、伝えておくと相手が予定を立てやすくなります

必要な情報を正確に
日時や場所など、相手が迷わないよう配慮すると親切です

へりくだった言葉遣い
「ささやかな」「粗餐」など、控えめな言葉で相手を敬います

欠席の理由を書き添える
明確な理由を添え、残念な気持ち、不本意であることを告げると相手も納得できます

失礼

前文に「お喜びいたします」を使う
おめでたい言葉なので不謹慎と思われます。三回忌以降ならOK

思い入れの強い文面
法要では、無念さよりも偲び、懐かしむ気持ちを大切にします

ていねい度

一周忌法要の通知

謹啓　新緑の候　ますますご清祥のことと拝察申し上げます
来る六月十五日(日)午前十時より　亡夫克行
○○○○○居士
の❶一周忌法要を○○寺(浦安市堀江五-二-○)にて相営み　法要後は
近くの「割烹まつ」にて粗餐を差し上げたく存じます
ご多忙のところ恐縮に存じますがぜひともご臨席賜りたく　ご案
内申し上げます
※なお出欠を同封のはがきにて五月二十日までにお知らせいただければ幸いです

書き換え表現

❶**一周忌法要**
心ばかりの法要／形ばかりの法要／ささやかな法要

❷**三回忌**
三年祭(神式)／三年目の記念式(キリスト教式)

❸**偲ぶ会**
追悼会／ささやかな席

ていねい度

偲ぶ会の通知

拝啓　日ごとに暖かくなってまいりました。早いものでこの四月二十八日は恩師である佐伯良弘先生の三回忌[2]にあたります。

つきましては卒業生の皆様にお集まりいただき、三回忌法要を兼ねた偲ぶ会[3]を左記の予定で開催したいと存じます。

ご多忙中とは存じますが、ぜひご出席くださいますようお願い申し上げます。

敬具

記

一、日時　四月二十六日(日)　午後一時

一、会場　ホテル桜風(〇三-〇〇〇〇-××××)

ていねい度

伯母◀…法要不参加の返信

このたびは亡き伯父様の三回忌の法要にお招きくださいまして、ありがとうございます。伯父様が亡くなられてもう二年になるとは、早いものですね。

さて、せっかくのお招きですが、あいにく当日はどうしても欠席できない会議が決まっており、大変残念ですがお伺いすることができません。ご仏前にお参りできませんこと、どうかお許しくださいませ。また改めましてお伺いさせていただきたく存じます。

よろしくお願い申し上げます。

状況別書き換え

返信をお願いする

- なおご都合のほどを、同封のはがきで〇月〇日までにお知らせください
- はがきにて出欠のお返事をいただきたく存じます

食事の案内

- 当日はささやかではございますがお食事をご用意させていただきます
- 粗餐を用意させていただきますので、〇〇を偲び、思い出話などお聞かせください

出席をお願いする

- 有縁の皆様にぜひご来臨いただきたく存じます
- ぜひお越しくださいませ

出席できないことを詫びる

- 子どもの学校の行事があり、残念ながら出席できませんこと、お詫び申し上げます
- 同居している義父が体調を崩しておりまして、家を空けることができませんので、申し訳ございませんが欠席させていただきます

言葉の意味

※**粗餐《そさん》**：人に出す食事をへりくだっていう言葉

お悔やみ状

訃報を受けたにもかかわらず都合で通夜や葬儀に出席できない場合は、すぐにお悔やみ状を送ります。まず弔電を打ってから、香典を添えて送ってもよいでしょう。

好印象

故人の思い出を書き添える
人柄などをほめると、供養につながり、家族も喜びます

相手に同情を寄せる
自分のことのように悲しみを共有すると思いやりのある印象に

遺族を心配する一言を
心も身体も疲れている相手をいたわり、慰めましょう

故人の冥福を祈る
文末では故人の冥福を祈って締めくくるようにします。家族が安らかな気持ちになれるよう心配りを

失礼

「追伸」を使う
悲しいことが繰り返されないように、追伸は加えないのが礼儀

忌み言葉を使う
デリケートな相手の心情に配慮し、一言一言に注意を払いましょう

ていねい度

友人の夫 ◀…妻を亡くした人へのお悔やみ（香典に添えて）

このたびは奥様❶ご永眠のお知らせを受け、突然のことに❷驚きを隠せません。

本来ならすぐにでもお伺いしたいのですが、幼い子どもがいるためそれがかないませんこと、お許しください。

心ばかりのご香料を同封いたしました。どうかご霊前にお供えくださいませ。

まずは書状にて、奥様の❸ご冥福をお祈り申し上げます。

合掌

書き換え表現

❶ **ご永眠**
他界／ご急逝／ご逝去

❷ **驚きを隠せません**
呆然とするばかりです／言葉もございません

❸ **ご冥福**
ご召天（キリスト教）

ていねい度

知人◀…子どもを亡くした人へのお悔やみ

ご子息様のご訃報に接し、ただ呆然としております。

最愛のお子さんを亡くされたご両親の心中はいかばかりかと言葉もございません。ただ○○君のご冥福をお祈りするばかりです。

さぞかしお力落としのことと存じますが、一日も早くお心の痛みが癒えますよう、お祈りいたしております。

仕事の都合でご葬儀には伺えませんが、近日中にお線香をあげさせていただきたいと存じます。

まずは書状にて、お悔やみ申し上げます。

合掌

ていねい度

友人◀…夫を亡くした人へのお悔やみ

旦那様の急逝のお知らせ、信じられない思いです。普段、お元気な方だっただけに、何と言ってよいのか言葉も見つかりません。

不慮の事故ということで、あなたも含め、ご家族の悲しみはいかばかりかと思いますが、どうかお身体だけは大切に。

すぐにでもかけつけたいのですが、海外赴任中のことでそれもままなりませんこと、お許しください。

心より旦那様のご冥福をお祈りいたします。

合掌

状況別書き換え

冒頭の言葉

- 旦那様が永眠されたとの報に、信じられない思いでおります
- このたびは突然のお知らせに驚いております
- ○○様ご他界のお知らせを受け、呆然としております

いたわり・励ましの言葉

- さぞかしお疲れのことと存じますが、どうかお体にお気をつけください
- どうぞお体をおいといくださいませ
- 一日も早くお元気になられるようお祈り申し上げます

お悔やみの言葉

- 謹※んで哀悼の意を表します
- 心よりお悔やみ申し上げます
- 謹んでお祈り申し上げます

言葉の意味

※**謹《つつし》んで**：改まり、かしこまった態度で

知人◀…葬儀に参列できなかったとき

このたびは美佐子様の突然のご訃報❶に接し、信じられない思いでおります。ご家族の皆様のご悲嘆❷をお察し❸いたしますと、慰めの言葉もございません。

不慮の事故とのこと、皆様のご心痛はいかばかりかと、ただ胸が痛むばかりです。何卒、ご自愛くださいますよう。

本来ならすぐにでもお伺いしてお悔やみを申し上げるべきところ、長期出張中にて葬儀に参列がかないませんこと、どうぞお許しください。戻りましたら、ただちにご焼香に伺わせていただきます。

心ばかりのご香料、同封いたしました。何卒ご霊前にお供えくださいますよう、お願い申し上げます。

略儀ながら書状にて、ご冥福をお祈り申し上げます。

合掌

○月○日

坂元裕子

荒川友之様

ポイント

前文は省略する

お悔やみの手紙では、頭語や前文は必要ありません。自分の近況報告も省略し、まずは悲しみを伝えましょう

会葬できないことを詫びる

葬儀に参列できなかった理由を簡単に書き添え、お詫びの気持ちを伝えます。その際には、あまり言い訳がましく書かないようにしましょう

後で出向く旨を知らせる

葬儀後に、自宅へ焼香などに伺うつもりでいる場合には、その旨を書き添えましょう。ただし社交辞令ではなく、書いたら必ず出向くように

書き換え表現

❶ **ご訃報**
ご永眠の報／ご他界のお知らせ／ご急逝の報／ご逝去の報

❷ **ご悲嘆**
お悲しみ／ご傷心／ご落胆／ご心痛／ご無念

❸ **お察し**
推察／拝察

ていねい度

同僚◀…喪中欠礼で逝去を知ったとき

本日、ご服喪中のお知らせをいただきました。お母上様がご他界されたとのこと。心よりご冥福をお祈り申し上げます。

ご無沙汰いたしておりましたため、お悔やみが遅れましたこと、どうかお許しください。

ご家族の皆様におかれましては、さぞやお寂しい日々かと存じますが、寒さ厳しき折から、どうかお体を大切にお過ごしくださいませ。

同封のもの、些少ですが御仏前に花でもお供えください。

ていねい度

友人◀…父親を亡くした人へのお悔やみ

このたびはお父上様ご逝去とのこと、心よりお悔やみ申し上げます。お父さん子の貴女でしたから、さぞやお力落としのことでしょう。けれど、お母様のためにも、貴女が一日も早く元気になることを祈っています。

年末に帰省した折には、必ずお線香をあげに伺います。これから寒さも厳しくなりますから、何よりも体調には気をつけてお過ごしくださいね。

状況別書き換え

遺族の心中を思う

- さぞかしご傷心のことと存じます
- さぞやご心痛のこととお察しいたします
- お悲しみはいかばかりかと拝察いたします
- ご無念はいかばかりかと存じます

葬儀に参列できないことを詫びる

- ご葬儀に伺えませんこと、心よりお詫び申し上げます
- 何分にも遠路にて、参列がかないませんことお許しください

相手の健康を願う

- 一日も早くお元気になられますよう
- ご自愛のほどお祈り申し上げます
- どうか御身お大切になさいますよう

その他の弔事の文例

喪中欠礼は12月上旬～中旬に届くようにします。お悔やみ状への返事は、葬儀後一両日中には出しましょう。

好印象

いつ誰が亡くなったかを明記

親しい人には「身内に不幸」だけでなく、しっかりと報告を

・父が今年三月に逝去しました

今後のお付き合いを願う

悲しい報告だけで終わるより、手紙に温かみが感じられます

お礼の気持ちを伝える

相手の心遣いに感謝しましょう

・温かいお言葉に励まされました

形見わけの理由を書き添える

送る理由や故人の遺志であることなどを伝えると相手にもらってほしい思いが届きます

失礼

押しつけがましい形見わけ

親しい人だけに贈るもの。相手からの希望がない場合は贈ると負担になることもあります

辛《つら》い気持ちを強調する

相手を困惑させてしまいます

×妻の死に絶望的な気持ちです

ていねい度 ✒✒✒

喪中欠礼

喪中❶につき年末年始❷のご挨拶はご遠慮❸申し上げます

本年○月に　父○○○○が永眠いたしました

本年中に賜わりましたご厚情に深謝いたしますとともに　来年も変わらぬご厚誼のほど　お願い申し上げます

□□○○年十二月

書き換え表現

❶ **喪中**
服喪中

❷ **年末年始**
新年／年頭

❸ **ご遠慮**
失礼

父の友人◀…お悔やみ状への返信

このたびは亡父○○の永眠に際しまして、心のこもったお悔やみを賜り、誠にありがとうございました。さっそく霊前に供えさせていただきました。

私自身も温かいお手紙に励まされ、おかげ様で葬儀もとどこおりなく執り行うことができました。

父になりかわりまして生前のご厚情に深謝するとともに、今後とも変わらぬご厚誼をお願いいたします。

まずは略儀ながら、書中にてお礼申し上げます。

ていねい度

夫の同僚◀…形見わけの手紙

過日は亡夫○○の葬儀に参列いただきましたこと、謹んでお礼申し上げます。

このたび遺品を整理しておりましたところ、会社員時代に愛用していた腕時計が出てまいりました。同期入社でその後も長くお付き合いいただきました○○さまに形見としてお受け取りいただければ、故人もさぞや喜ぶことと存じます。

もしもお許しいただければ後日、お送りいたします。お手数をおかけしますが、ご一報いただければ幸いです。

状況別書き換え

お悔やみ状へのお礼

- ○○の死去に際しては、温かいお悔やみの言葉をいただき、深謝申し上げます
- ○○の永眠に際し、ご懇切なご弔慰のお手紙を賜り、かつご丁重なご香料までお送りいただき、心より厚く御礼申し上げます

励ましの言葉へのお礼

- ○○様の温かいお言葉に、胸がいっぱいになりました
- ○○様のお手紙に何より励まされました

今後のお付き合いを願う

- 亡父の生前同様、今後ともよろしくご指導のほどお願い申し上げます
- これからもお力添えいただければ幸いに存じます

形見わけのお願い

- 学生時代からの友人であるあなた様にもらっていただければ、亡夫も満足ではないかと存じます
- 姪のあなたをとてもかわいがっていた○○ですので、形見として側《そば》に置いていただければ何より故人が喜ぶことと思います

弔事の手紙 Q&A

Q 故人に生前お見舞いをくれた人にお返しは必要？

A

改めてお返しをする必要はありません。そもそもお見舞いは、お返しをしなくてもよいとされています。

相手が葬儀などに足を運んでくれたのであれば、そのときにお礼を言うか、香典返しと一緒に生前の交誼へのお礼の言葉を添えて感謝を表せばよいでしょう。

Q 訃報は電話、FAX、はがきのどれで流してもよい？

A

訃報や死亡通知は、葬儀の日までに余裕があればはがきなどで送りますが、現実には電話かFAXが一般的です。

ただし、その場合でも、盛り込む内容は手紙やはがきによる死亡通知書と同様。電話だと日程や場所の連絡に手間取りがちですが、FAXなら早いうえにしっかりと通知ができるので、よく利用されています。地図なども添付できるので、葬儀場の場所を知らせるときなどにも助かるでしょう。

ほかにも、電報、新聞の訃報記事で知らせる、近所の掲示板に貼り出して知らせる、などの方法があります。

Q 法事は必ず弔事なのでしょうか？

A

法事には吉事と弔事があります。亡くなってから忌明けまでの法事はもちろん弔事で、「お喜び」という言葉を使うことも避けますが、それ以降は一般的に使ってよいとされます。

五十回忌などのほかお墓が建立されたときの開眼《かいげん》という供養も、おめでたい法要です。

第17章

ビジネス文書

- 社外向け業務文書
- 社外向け社交文書
- 社内向け文書

ビジネス文書

ビジネス文書は簡潔に要点を述べるのがポイント。マナーとルールを守り、スムーズに情報が伝達できるような文面を心がけましょう。

こうすれば好印象に

要点を簡潔に述べる
ビジネス文書は普通の手紙とは性質が異なるので、要点を簡潔に書くのがポイント。短い文章だと情報が的確に伝わります

見やすくわかりやすい内容に
スピードが求められるビジネスでは、一目でわかる見やすさ、わかりやすさを心がけると気のきいた印象に

正しいフォーマットで書く
形式を大切にするビジネスの現場では、基本的な型を守って書くことで「デキる人」と思われます

情報が正確で不備がない
相手が求めている情報を、確実に漏れなく提供すると、行き届いた文書に

これは失礼にあたります

相手を軽んじる表現
名前を間違える、テープで封をするなど雑な行為は稚拙な印象になり失礼

曖昧な表現
特に断り状のように回答をする場合は、「結構です」などの不明確な表現を使うと、誤解される恐れもあります

見にくく、内容が伝わらない
改行が少ない、行間が詰まっている、文字が小さいなど、読むのに疲れる文書は気遣いの気持ちがないと思われます

誤字・脱字が多い
いい加減な人と思われ、自分や会社の信用問題にもかかわってきます
×棚下し→○棚卸しなど

ビジネス文書の３タイプ

社内向け文書	社外向け社交文書	社外向け業務文書
●社員はいわば身内のようなものなので、必要以上の敬語は使わなくてOK。頭語や時候の挨拶なども必要ありません ●社内でも文書をわたす相手の名前には「様」を付けること。なお、複数の人に読んでもらう場合は「各位」とします ●自分の所属する部課と氏名、印鑑を忘れずに	●挨拶状や招待状など儀礼的な意味合いが強いものが多いので、格式や形式にのっとって書くとよいでしょう ●残暑見舞いや年賀状など、会社用の印刷されたものを使う場合は、手書きでメッセージを書き添えるなどの心配りを ●私信的な文書でも、礼儀をわきまえて書くこと	●業務文書でも、頭語や時候の挨拶、相手の安否を尋ねる言葉などを入れること ●最後には今後のお付き合いをお願いする言葉で締めくくります

ビジネス文書で使う呼称

種類	自分側	相手側
本人	私、小生、○○（姓）	部長○○様、貴殿、貴台
複数	弊社社員、私ども、一同	ご一同、お二方、各位
社長・店長・上司	弊社社長、弊店主、当主、小社○○部長	貴社長、貴店主、部長○○様
会社・銀行	弊社、小社、当社、弊行、当行	貴社、御社、貴行
商店	当店、小店、弊店	貴店、貴商店
学校、協会などの団体	当校、本校、わが校、当協会、本会、当組合、当院	貴校、御校、貴大学、貴会、貴協会、貴組合、貴院
文書・手紙	手紙、手簡、書簡、書中、書状	お手紙、ご書簡、ご書状、貴信、貴書
場所	当地、当地方、当所、当県（市、町）	御地、貴地、貴地方、貴県（市、町）
訪問	お伺い、お訪ね、ご訪問、参上、拝顔、拝眉	お越し、お立ち寄り、ご来訪、ご来社、ご来店
考え	考え、私見、私考、所感、愚見、愚考、卑見	ご意見、ご意向、ご高説、ご所感、ご高見、ご卓見

ビジネス文書の封書・表書き

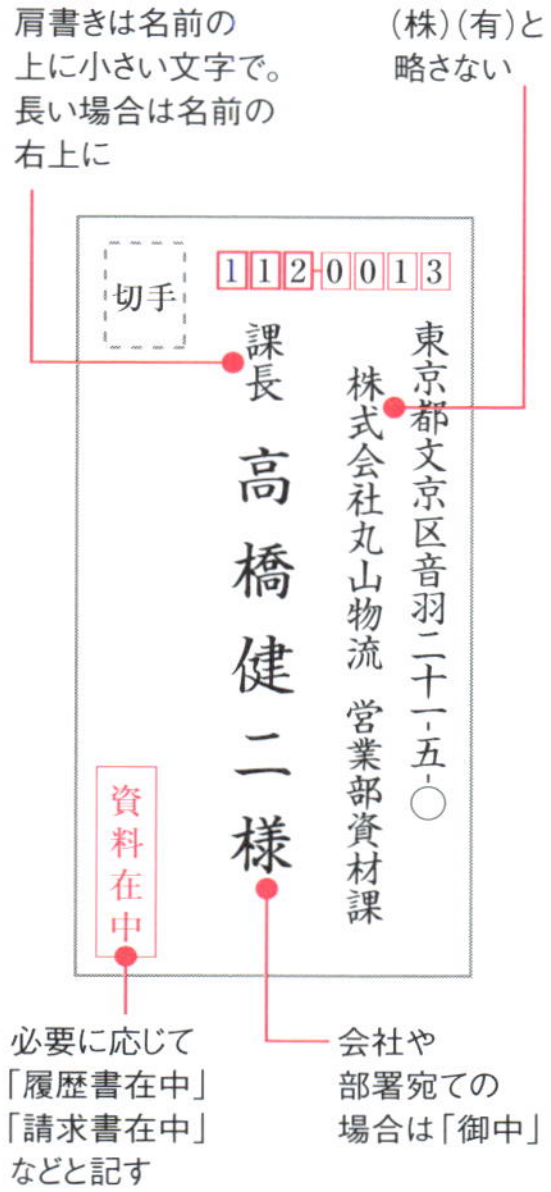

肩書きは名前の上に小さい文字で。長い場合は名前の右上に
（株）（有）と略さない
112-0013
切手
東京都文京区音羽二十一-五-○
株式会社丸山物流　営業部資材課
課長
高橋健二様
資料在中
必要に応じて「履歴書在中」「請求書在中」などと記す
会社や部署宛ての場合は「御中」

ビジネス文書（社外向け）基本の形

※挨拶状や招待状などの社外向け社交文書はタテ書きで作成されることもありますが、それ以外はヨコ書きが一般的

業務文書（ヨコ書き）

①□□○年7月5日

関係各位

株式会社トータルハウス

②事務所移転のお知らせ

③拝啓　初夏の候、皆様にはいよいよご隆盛のこととお喜び申し上げます。平素はひとかたならぬ御愛顧を賜り、厚く御礼申し上げます。

④さて、このたび弊社は、事業規模拡大に伴なう人員増加のため、本社事務所を下記のとおり移転することにいたしましたので、お知らせ申し上げます。

⑤今後ともご愛顧のほどお願い申し上げます。

敬具

⑥記

1.新所在地　東京都港区○-○　○○ビル

2.電話番号　03-0000-XXXX

3.業務開始日　□□○年8月1日（月）

以上

①前付け　日付（年号は和暦）、先方の宛名、自分の社名・部課名・名前など
※複数の人に出す場合は宛名は入れないか、「関係各位」など
②タイトル
③前文　※社内向けの場合は不要
④主文
⑤末文　※社内向けの場合、結語は不要
⑥別記

社交文書（タテ書き）

①拝啓　秋たけなわの候、先生におかれましてはますますご清祥の段、お喜び申し上げます。平素は格別のご厚情を賜り、誠にありがとうございます。

②さて、先日の研修会ではご高説を賜り、心より感謝申し上げます。勝本先生のお言葉を拝聴し、社員一同の意識が高まったように存じます。

③これを機に、今後ともご指導、ご鞭撻のほど、よろしくお願い申し上げます。

取り急ぎ、ご挨拶かたがた御礼申し上げます。

敬具

④□□○年十月吉日

青山銀行　人事課

宮下幸恵

経営コンサルタント　吉岡正也様

①前文
②主文
③末文
④後付け　日付、先方の宛名、自分の社名・部課名・氏名

案内状

□□○年3月10日

お客様各位

株式会社　セレクトワン
営業二課

ご優待セールのご案内

謹啓　春寒次第に緩む頃、皆様にはますますご清祥の段、お喜び申し上げます。平素は格別のご愛顧を賜り、厚く御礼申し上げます。

このたび弊店では、下記の要領にてご優待セールを開催させていただくこととなりました。当日は有名ブランドの商品も特別価格にてご奉仕申し上げます。

お誘いあわせのうえ、ぜひともご来場いただきたくお願い申し上げます。

謹白

記

日程：□□○年　3月21日（金）、22日（土）、23日（日）

会場：新宿ロイヤルタワー23階特別会場
　　　東京都新宿区○-○-○

当日連絡先（電話）：03-0000-XXXX

以上

ポイント

- 案内状はパーティーや会合、催しへの出席・参加を求めるときなどに用います
- 趣旨やメリットをわかりやすく書くことが大切です
- 日時、場所、住所、交通機関、会費などは別記にするとよいでしょう
- 会場の案内図を載せると親切です
- 遅くとも三週間前には先方に着くように送ります
- 案内状では出欠の返事は求めないこと

状況別書き換え

株主総会の案内

- 弊社第○期定時株主総会を下記のとおり開催いたしますので、ご多忙中恐縮ではございますが、ご出席賜りますようご案内申し上げます

展示会の案内

- 例年にも増して商品を豊富に取りそろえ、新商品である○○には特別ブースを設けて皆様をお待ちしております

結びの言葉

- ぜひこの機会をご利用くださいませ
- 今後もご愛顧のほどお願い申し上げます

通知状

□□○年6月20日

関係各位

株式会社　トータルハウス
総務部

事務所移転のお知らせ

拝啓　初夏の候、皆様にはいよいよご隆盛のこととお喜び申し上げます。平素はひとかたならぬ御愛顧を賜り、厚く御礼申し上げます。

さて、このたび弊社は、事業規模拡大に伴う人員増加のため、本社事務所を下記のとおり移転することにいたしましたので、お知らせ申し上げます。

今回の移転を機に、社員一同、ますます精進いたす所存でございます。今後とも御愛顧のほどお願い申し上げます。

敬具

記

1. 新所在地　東京都○○市○-○　○○ビル
2. 電話番号　03-0000-XXXX
3. 業務開始日　□□○年　7月25日(月)

以上

ポイント

- 通知状の種類は、開店・開業、支店の移転、会合の開催、臨時休業、住所・電話番号の変更通知、転勤・退職、さらには送金や発送の報告など、さまざまです
- 出す相手が複数の場合は、相手の宛名を入れなくてもよいでしょう
- 前付けを入れるときは、本文の前にタイトルを入れます
- 先方の業務に支障が出ないよう、わかりやすい見せ方にすると親切

状況別書き換え

お礼の言葉

- これもひとえに皆様のご支援の賜物と、感謝いたしております

決意の言葉

- 今後もお客様に喜んでいただける企業をめざし、より一層の努力をしてまいります
- 新体制により、一層のサービスの強化をめざしております

□□○年10月20日

経営コンサルタント　田原美智子様

株式会社　山羽証券
顧客サービス室課長　佐伯里奈

研修の講師のご依頼の件

謹啓　紅葉の候、田原美智子先生にはますますご健勝のこととお喜び申し上げます。

さて、突然でございますが、ただ今、弊社では顧客サービス室社員を対象にクレーム対応の研修を開きたく計画しております。つきましては、クレーム対応の分野で素晴らしい著作をお持ちの田原先生にご講演いただき、ご指導を賜りたく存じます。

弊社の希望の日程などは別記のとおりでございます。ご多忙中とは存じますが、ご検討のほどお願い申し上げます。

敬白

記

一、講　演　「必ず解決できるクレーム対応」
一、日　程　□□○年11月20日(火)　午後2時～3時
一、場　所　弊社会議室

以上

ポイント

- 依頼状は講演や原稿執筆の依頼、取引の申し込み、見積もりや調査などのときに用います
- 何に関する依頼なのか、文頭に件名を記すこと
- 主文で依頼する理由や目的、経緯などを簡潔に説明します
- 手紙で返信を求める場合は、返信用切手と封筒を同封します

状況別書き換え

見積書送付の依頼
- 貴社製品につきまして、下記の条件にてお見積もりを頂戴できますでしょうか

資料送付の依頼
- 先般貴社よりご案内いただきました新製品の、詳しい資料のご送付をお願いいたしたく存じます

連絡を求めるとき
- 誠に恐縮に存じますが、ご都合のほどをお電話でもお知らせいただければ幸甚に存じます

結びの言葉
- ご多忙とは存じますが、よろしくお取り計らいいただきますようお願い申し上げます

承諾状

□□○年4月17日

株式会社金沢工業
営業開発部　守山幸一様

株式会社コクボ
営業部門 赤木好美

ご注文の『ホワイトボードL型』の件

拝復　時下ますますご清祥のこととお喜びいたします。毎度ご愛顧を賜り、厚く御礼申し上げます。

さて、4月15日付貴信にて弊社製品のご注文をいただき、誠にありがとうございました。会議室用のホワイトボードをご所望と承りましたので、さっそく手配してご指定の納期までには発送いたします。

今後もご用命のほど、よろしくお願い申し上げます。

まずは、御礼かたがたご注文拝受のご通知まで。

敬具

記

一、品　　名　　ホワイトボードL型　　2セット
一、単　　価　　28,000円
一、納　　期　　□□○年4月28日
一、支払条件　　検収後　○日約手払い

以上

ポイント

●承諾状は注文や依頼などを引き受けるときに用います
●返答を待っている相手のために、頭語は「拝復」として、前文を省略して主文に入ってもよいでしょう
●全面的に承諾する、一部だけ承諾する、条件つきで承諾する内容によってポイントを変えること。条件つきは別記で条件を箇条書きにするとわかりやすいでしょう。一部だけ承諾するときは、承諾する部分とそうでない部分をはっきりとわけて書きます

状況別書き換え

条件をつける場合

●ご注文の商品のうち○個はすぐにご用意できるのですが、あいにく在庫を切らしておりまして、残りはゴールデンウィーク明けの納入となります。お含みおきのうえ、ご了承いただきたく存じます

一部承諾する場合

●ご注文の商品のうちMサイズはすぐに納入できるのですが、Sサイズは販売終了となり、現在増産の予定はございません。どうか事情をご賢察くださいますようお願い申し上げます

□□○年9月5日

株式会社下山商店
紙材部　下山昌一様

株式会社小松商事
営業部部長　奥山知美

新規お取引の件

拝復　初秋の候、貴店いよいよご隆盛のことと存じ上げます。平素は格別のご愛顧を賜り、厚く御礼申し上げます。

さて、このたびは新規取引のお申し込みをいただき、ありがたく御礼申し上げます。

さっそく検討させていただきました結果、はなはだ残念ではありますが、貴意に沿いかねる仕儀と相なりました。

現在、弊社におきましては経営合理化の一環として東北方面の事業所が閉鎖されることとなりました。かような事情から、貴店との新規のお取引は難しいとの結論が出された次第です。何卒事情をご賢察のうえ、ご了承いただきますようお願い申し上げます。

まずは、お詫びかたがたご返事申し上げます。

敬具

断り状

ポイント

- 断り状は先方からの依頼や注文などを断るときに用います
- よくよく検討したうえでの断りであることが伝わるように
- 先方の期待に沿えないことを謝罪し、別の案を提案するときは明記を
- 断る理由を明確にし、理解してもらうようお願いします
- 強い拒絶を示す表現は避けましょう

状況別書き換え

断る理由

[新規取引を断る場合]
- 残念ながら現在の生産体制では、新規取引をする余裕がございません
- 弊社は開業以来、○○社との特約により営業いたしておりますゆえ、新たに貴社とお取引するのは難しい状況です

[値下げを断る場合]
- 社内にて慎重に検討させていただきましたが、あいにくこれ以上の値下げは対応できかねる状況でございます

断る言葉

- 誠に申し訳ございませんが、この度の件は、見送らせていただきたく存じます
- 残念ながら、今回のお申し出はお受けすることはいたしかねます

お詫び状

□□○年3月20日

株式会社友愛商事
販売部　山本達也様

株式会社東洋製菓
営業部門　江口真奈美

貴社ご注文に関するお詫び

拝復　早春の候、貴社ますますご隆昌のこととお喜び申し上げます。

このたびは、弊社製品をご注文いただき、誠にありがとうございます。

さて、ご注文いただきましたチョコレートは、大変勝手ながら3月末をもって販売終了となることが決定いたしました。4月から新シリーズが発売となりますので、そちらのリリースを送付させていただきます。ご検討のうえ、改めてご注文いただけると幸甚に存じます。

せっかくお申し込みいただきましたのに、ご希望におこたえすることができず心苦しく存じますが、あしからずご了承のほどお願い申し上げます。

まずは、お詫びかたがたお願い申し上げます。

敬具

ポイント

- お詫び状は注文や依頼を受けられないとき、製品に欠陥があったとき、手続きにミスがあったときなどに用います
- 誠意を持って謝罪していることがわかるような文面に
- 期待に沿えなかった理由を具体的に書きますが、言い訳がましくならないようにしましょう
- トラブルを謝罪するときは今後の対処法や再発防止策なども明記を

状況別書き換え

お詫びの理由

【品切れの場合】
- このたびの新製品は予想を上回る好評を得まして、現在生産が間に合わず、品切れになっております

【不良品の場合】
- 弊社販売の製品に不良品がございましたゆえ、深くお詫び申し上げます

反省の言葉

- 御社には多大のご迷惑をおかけしてしまい、深くお詫び申し上げます
- 今後は、このような不手際のないよう十分心がけ、関係者一同一層の努力を重ねてまいる所存でございます

社外向け社交文書

挨拶状

拝啓　若葉の鮮やかな季節、皆様にはますますご盛栄のこととお喜び申し上げます。小川画廊に在職中は、公私にわたり格別のご厚誼を賜りましたこと、御礼申し上げます。

このたび、鎌倉に喫茶店「たまゆら」を開店するに至りました。山小屋風のつくりで、店内には、絵画や陶芸、ガラス工芸などの企画展示を行うスペースもございます。コーヒーや紅茶は有機栽培のものを取り寄せ、自家製ケーキも日替わりで出しております。

はなはだ未熟ではございますが、新たな門出ですので、どうか皆様の温かいご支援をお願い申し上げます。

敬具

□□○年五月十日

〒248-XXXX　神奈川県鎌倉市○-○-○
電話　0467-○○-○○○○
喫茶たまゆら　店長　神崎百合子

ポイント

- 挨拶状は開店・開業、支店の開設、新社屋落成、組織内の変更、転勤や退職などを知らせるときに用います
- タテ書きの場合、後付けで日付や自分の名前、宛名などの記入を
- 挨拶の後は通知すべき情報を述べ、最後に今後のお付き合いを願うのが主な流れです

状況別書き換え

新会社設立の挨拶
- このたび新会社を設立し、○月○日をもって開業の運びとなりました

就任の挨拶
- 私こと、このたび株式会社○○代表取締役社長に選任され、○月○日をもちまして就任いたしました

支援をお願いする
- どうか、これまで以上のお引き立てを賜りますようお願い申し上げます
- 変わらぬご指導、ご鞭撻を賜りたく、心からお願い申し上げます

結びの言葉
- 略儀ながら書中をもってご挨拶申し上げます

お礼状

拝啓　秋たけなわの候、貴社ますますご清祥の段、お喜び申し上げます。

平素は格別のご厚情を賜り、感謝しております。

さて、先日は貴社訪問に際しまして、ご多用中にもかかわらず貴重なお時間をさいていただき、誠にありがとうございました。貴殿並びに貴社ご担当者様が当地へお越しの節は、ぜひともご一報くださいますよう、お待ち申し上げております。

取り急ぎ、ご挨拶かたがた御礼申し上げます。

敬具

□□○年十月吉日

横手住宅開発株式会社
営業課　小宮麻衣子

株式会社犬井不動産
営業部　真下加奈子様

ポイント

- お礼状は会社訪問や接待を受けたとき、お祝いやお見舞い、お悔やみなどをいただいたお礼に用います
- できるだけ自筆で書くこと。印刷物を使用する場合は、余白に手書きで一言添えましょう
- 何に対しての感謝なのかが明確にわかるように書きます

状況別書き換え

訪問のお礼

- 先日、貴社を訪問いたしました際には、ご多忙中にもかかわらず、ひとかたならぬご高配にあずかりまして、誠にありがとうございました

お祝いへのお礼

- 弊社の新社屋落成に際しまして、ご丁重なご祝辞を賜りまして誠にありがとうございます

今後のお付き合いを願う言葉

- 今後とも変わらぬお引き立てとご指導のほどをお願い申し上げます
- これをご縁に、何かございましたら伺いたく存じますので、何卒よろしくお願い申し上げます

お見舞い状

急啓　ご病気で入院されたと承り、誠に驚きました。

つい先日、弊社の会議に参加されたときはお元気でしたのに、出張続きだとおっしゃっておられましたので、ご無理が重なったのではないかと案じております。

忙しいとはいえ、何も知らず、お見舞いにも上がらなかった無礼を深くお詫びいたします。折を見てお伺いしたいと存じますが、取り急ぎ別便にてささやかな品をお送りいたしました。ご笑納いただければ幸甚と存じます。

一日も早くお元気になられますよう、心よりお祈り申し上げます。

取り急ぎ、書中をもってお見舞い申し上げます。

草々

□□〇年十月吉日

有限会社ミストラル
代表　加藤玲子

株式会社オリオン出版
編集部　友田朋美様

ポイント

- お見舞い状は事故や病気の知らせを聞いたときや、火災や地震などの災害に遭った人などに送ります
- 緊急のお見舞いのときは「前略」「急啓」を使い、挨拶を省略して主文に入ります
- 病気の詳細についてはなるべくふれないようにしましょう
- 仕事の話などにはふれず、相手を焦らせないように配慮する
- 看護する家族へのねぎらいの言葉を入れると温かなメッセージに

状況別書き換え

驚きを伝える言葉

- 日頃ご壮健な〇〇さんのこと、病気とは無縁のような気がしておりましたので驚きました

周囲を気遣う言葉

- ご家族の皆様もさぞご心配のこととお察し申し上げます。
- 社員の皆様のご心痛、いかばかりかと存じ上げます

経過を案じる言葉

- ご入院後の経過はいかがでしょうか
- 幸い、術後の経過もよろしいと伺いました

推薦状

拝啓　晩秋の候、貴店ますますご発展のこととお喜び申し上げます。日頃は格別のお引き立てをいただき、心より御礼申し上げます。

過日、ご来社の折にお話のございました経理担当の後任につきまして、適任の人物がおりますのでご推薦申し上げます。同氏は、履歴書にありますように、十年間大手保険会社で経理に携わっていたベテランです。近々保険会社が支店を閉鎖することになり、次の職場を探しているという事情でございます。

ご検討のうえ、よろしくお取り計らいくださいますようお願い申し上げます。

敬具

□□○年十一月吉日

株式会社増田経営戦略事務所
吉田麗子

株式会社東栄工業
社長室長　早坂隆一様

ポイント

- 推薦状は人を推薦するときや取引先や顧客などの紹介に用います
- 何のための推薦なのかを明確に
- 推薦するのが人物の場合は経歴や人柄、家族構成などを簡単に説明し、企業の場合は実績や社歴、仕事の評価などを説明しましょう
- 信頼できる情報を与え説得力を出すことが大切です

状況別書き換え

推薦の言葉

- 貴社の○○担当にはまさにうってつけの人物ではないかと存じます
- ご希望に沿い得る人材がみつかりましたので、ご推薦申し上げます

推薦する人物の人柄

- 人柄は誠実で、社内では上司や部下からの信望も厚く、常にリーダーシップを発揮しておりました
- 学生時代は優秀な成績をおさめ、社会に出てからも実に研究熱心な努力家だと評価されています

本人の意向を伝える

- 当人に今回のお話をしましたところ、貴社への入社を強く希望しております

取引先◀……年賀状

謹んで新年のお喜びを申し上げます

旧年中のご厚情に深く感謝いたしますとともに、本年もますますのご躍進の年となりますよう、お祈り申し上げます。

□□○年元日

株式会社トータルサービス

代表取締役　立花富士夫

他　社員一同

（会社の住所・電話番号など）

顧客◀……年賀状

謹賀新年

毎々格別のお引き立てを賜り、厚く御礼申し上げます。

旧年同様、本年も皆様のご期待に沿うべく、一層のサービス向上を目指してまいります。本年も変わらぬご愛顧のほど、よろしくお願い申し上げます。

新年は一月五日よりご来店をお待ち申し上げます。

□□○年元旦

輸入雑貨・エトワール　店長　中野志穂

（会社の住所・電話番号など）

ポイント

●会社用の印刷された賀状を使うときは、一言手書きでメッセージを添え、自分の名前も入れましょう

・今年もご指導ご教鞭のほど、よろしくお願いいたします

・本年も、より一層尽力してまいりたいと存じておりますので、倍旧のご愛顧のほどよろしくお願い申し上げます

●文章だけではなく、イラストや写真を入れるのが一般的。社員の写真でもOKです

●まず昨年お世話になったお礼を伝え、今年のお付き合いをお願いする言葉で締めくくるのが主な流れです

状況別書き換え

賀詞

●恭賀新年

●新春のお喜びを申し上げます

●謹んで新年のご祝詞を申し上げます

感謝・決意などを伝える

●弊社は今年創立○周年を迎えます。これもひとえに皆様のご愛顧のおかげと深く感謝申し上げます

●今年も社員一丸となって精進してまいります

暑中見舞い

暑中お見舞い申し上げます

暑さ厳しき折から、貴社いよいよご隆盛のこととお喜び申し上げます。日頃は格別のお引き立てをいただき、心より御礼申し上げます。

なお、はなはだ勝手ながら、八月十二日から十六日まで、夏期休業といたします。ご不便をおかけいたしますが、何卒ご了承ください。

□□○年盛夏

株式会社川崎運輸
代表取締役　横山守
（会社の住所・電話番号など）

寒中見舞い

寒中お見舞い申し上げます

厳寒のみぎり、貴社ますますご清栄のこととお喜び申し上げます。日頃から格別のご厚情を賜り、誠にありがとうございます。

今年も一層のご愛顧を賜りたく、謹んでお願い申し上げます。

□□○年一月二十五日

株式会社青山オフィス用品
稲葉由紀子
（会社の住所・電話番号など）

状況別書き換え

暑中見舞いの挨拶

- 連日の猛暑ですが、貴社におかれましては、皆様ご健勝のこととお喜び申し上げます
- 暑さ厳しき折、ご一同のご健康を心よりお祈りいたします

残暑見舞いの挨拶

- 立秋とは名ばかりの暑い毎日でございますが、皆様お変わりなくお過ごしのことと存じます

状況別書き換え

お礼の言葉

- 弊社におきましては、社員一同、おかげ様で無事に過ごしております

結びの言葉

- 時節柄、健康には十分ご留意のうえご活躍くださいますようお祈り申し上げます

お中元の添え状

謹啓　猛暑の候、皆様にはご壮健のこととお喜び申し上げます。

毎々格別のご愛顧を賜り、厚く御礼申し上げます。

このたびは、日頃のご愛顧を感謝いたしまして、心ばかりの品を送らせていただきました。ご笑納いただければ幸甚に存じます。

暑気厳しい折、皆様のご健勝のほどお祈り申し上げます。

敬白

□□○年七月

有限会社アートオフィス
江本かおり

お歳暮の添え状

謹啓　歳末の候、貴社いよいよご盛栄のこととお喜び申し上げます。

平素は格別のご愛顧を賜り、厚く御礼申し上げます。

つきましては、年末のご挨拶までにささやかな品をお送りいたしましたので、ご笑納ください。

来年も変わらぬご厚誼を賜りますよう、よろしくお願い申し上げます。

敬白

□□○年十二月

株式会社竹村設計事務所
竹村さやか

ポイント

- 冒頭に時候・安否の挨拶を入れます
- なぜ贈り物をしたのかがわかるように理由を明確に書きます
- まず日頃お世話になっていることに感謝し、最後には今後の厚誼を願う言葉を入れましょう
- 「粗品」「つまらないものですが」などの表現は最近は好まれません

状況別書き換え

近況を伝える

- おかげ様で、弊社も無事に年の瀬を迎えることができました
- おかげ様で弊社も、社業の安定をみるまでと相なりました

お礼の言葉

- これもひとえに皆様のおかげだと深く感謝しております
- これもひとえに皆様の厚いご支援があってのことと、感謝のほかございません

品物についての説明

- 本日はお歳暮（お中元）のご挨拶代わりに、心ばかりの品をお送りいたしました
- 些少ではございますが、ご賞味くだされば幸いでございます

お中元のお礼状

謹啓　盛夏の候、貴社いよいよご清祥のこととお喜び申し上げます。
平素は格別のお引き立てにあずかり厚く御礼申し上げます。
このたびは、結構なお品をご恵贈いただきまして、大変感謝いたしております。
まずは略儀ながら、書中をもちまして御礼申し上げます。
謹白

□□○年七月吉日

株式会社秩父商店
取締役代表　山岡久子

お歳暮のお礼状

謹啓　師走の候、貴社いよいよご清栄のこととお喜び申し上げます。
さて、先日は、思いもかけず結構なお品を頂戴いたしまして、厚く御礼申し上げます。
貴社の今後ますますのご発展と、社員ご一同様のご健勝をお祈り申し上げます。
敬白

□□○年十二月

株式会社緑川産業
取締役代表　中山幸子

ポイント

- 日頃お世話になっていることへの感謝の気持ちと、贈り物に対するお礼を述べます
- 贈り物にていねいな挨拶状が添えられていたときは、それについてのお礼も述べたほうがよいでしょう
- お歳暮のお礼状は、一年間の厚誼への感謝の気持ちも表します
- 今後のお付き合いをお願いし、先方の繁栄や健康を祈る言葉で締めくくりを

状況別書き換え

お礼の言葉
- いつもお気遣いいただき恐縮に存じます
- 結構なお歳暮（お中元）のお品をご恵贈いただき、ご厚志ありがたく御礼申し上げます

相手の健康を祈る言葉
- ご多忙のことと存じますが、どうぞご自愛くださいませ
- 寒さ厳しい折から、皆様ご自愛のうえ、ご多幸な新春をお迎えになられますようお祈り申し上げます

今後のお付き合いを願う言葉
- 今後とも、変わらぬご愛顧を賜りますようお願いいたします

備品購入の稟議書

購入稟議第5511号

稟議書

申請年月日　□□○年○月○日
起案部署　広報メディア部
起　案　者　田辺美智子　㊞

以下のとおりの稟議について承認できる場合に押印願います。

	専　務	総務部長	担当部部長	担当部課長
決裁印				

パソコン購入の件

広報部員が5名増えたため、1名につき1台のパソコンを購入することを承認していただきたく存じます。速やかに情報伝達ができ、作業の効率をはかれる効果があると思われます。

記

1、機　　種　○○社製デスクトップ型パソコン
2、価　　格　12万円
3、数　　量　5台
4、見 積 書　○○社作成
5、添付書類　カタログ　1部

以上

ポイント

●稟議書は、何かを購入するとき、取引先を開拓したいとき、企画を通したいときなどに、決定する権限のある上司に対して決裁や承認を得るために提出します。予算が必要になる案件で用いるのが一般的です

●社内統一の書式があることも

●件名、理由、目的、予算などの項目を簡潔に書きます。別記にするとわかりやすくなります

●期待できる効果も書くと判断しやすく親切です

●裏づけとなるデータとして、カタログや見積書などの資料も添付を

状況別書き換え

備品購入の場合

●課内の作業効率化のため、以下の機材の購入の可否をお伺いいたします

人員採用の場合

●年末の業務集中に伴い、下記の要領にてアルバイト採用を願いたく、お伺いいたします

営業報告書

新作秋のビールの販売状況について

各代理店・特約店からのデータを集計してまとめました。

記

1、売上個数　3000セット(10月5日～31日)

2、1か月の状況

10月に入ってから長雨が続き、肌寒い日が多かったので前半は伸び悩みましたが、後半は注文件数が増えました。

3、見通し

このままの陽気が続けば、11月の1か月間で5000セットは達成できると考えております。

以上

事故報告書

谷町スーパーの納入における事故報告

1、事故の詳細

2月20日、谷町スーパーに発送した冷凍食品が高速道路の通行止めの関係で指定の時間までに届かず、予定していたイベントの時間が変更となってしまいました。

2、対処方法

木村営業部長と私が先方に伺い、社長に謝罪。今回は3割引でお取引していただくことで納得していただきました。

以上

ポイント

- 報告書は、社内・社外研修や業務の進捗状況、クレームや調査結果、事故などの報告をするときに用います
- 報告者と誰宛ての報告かの記載を
- 内容は簡潔にまとめること。別記にしてもよいでしょう
- 数値(データ)も報告を
- 最後に自分なりの感想や結論を述べると、今後の対応の参考になります。ただし、見込みのない数字をあげたりしないこと
- 必要であれば資料や写真なども添付します

状況別書き換え

見通しを述べる【営業報告書】

- 来月は新規の大口顧客の契約が控えておりますので、目標の売り上げが達成できると見込んでおります

対処法を述べる【事故報告書】

- 今後はこのような事態に巻き込まれないよう、各地の天気予報や道路情報をこまめに仕入れるようにいたします
- トラックが遅れそうな場合は、別の方法で届けるシステムを考えます

□□○年5月20日

人事部長　　小山正文様

人事部　春本早智子㊞

始末書

□□○年5月15日から17日までの3日間、無断欠勤をし、その間連絡が取れなかったため、業務に支障をきたしてしまいました。会社に多大なるご迷惑をおかけしましたことを、心からお詫び申し上げます。

無断欠勤をどのように説明すればいいのか悩み、同僚が自宅に訪ねてくるまで連絡をすることができませんでした。社会人としてあるまじき行為だと猛省しております。

今後、二度とこのような事態を起こさないよう、仕事への姿勢を改めることを固くお誓いいたします。

何卒寛大なご処置のほど、お願い申し上げます。

以上

ポイント

- 始末書は、欠勤や遅刻、業務上のミス、事故を起こしたときなどに報告も兼ねて謝罪するときに用います
- いつ、どこで、どのような不始末をしたのか、簡潔に説明しましょう
- 自分の非を認めて、心から謝罪していることを述べます
- 同じ失敗を繰り返さないという誓いの言葉を書くことが大切です

状況別書き換え

反省の言葉

- 誠に無責任きわまることと、心より反省しております

誓いの言葉

- 今後は、このような不始末をおかさないよう、万全の注意を払うことをお約束いたします
- 今後このような事態を再発させないことを誓約いたします

謝罪の言葉

- このたびの不始末に関しまして、深くお詫び申し上げる次第です

進退伺

□□○年6月10日

株式会社　小山内スーパー
代表取締役　　小山内徹殿

総務部　早坂昭代 ㊞

進退伺

このたび、当店において盗難が発生いたしましたが、これは退出時に鍵をかけ忘れた私による過失でございます。

会社に対して多大な損失を与え、日頃ご愛顧をいただいておりますお得意様にも大変なご迷惑をおかけしました。ここに改めて深くお詫び申し上げます。

いかなる処分にも謹んで服する覚悟でございますので、進退につきましてしかるべきご指示をお願い申し上げます。

退職願

退職願

□□○年7月5日

株式会社　トーマス通販
代表取締役　本間洋一殿

経理部△△課
真木亮子 ㊞

私こと、

このたび、一身上の都合により、来たる□□○年8月10日をもって、退職いたしたく、ここにお願い申し上げます。

以上

ポイント

- 進退伺はどのような不始末やミスをおかしたのかを述べ、反省し、謝罪するのが前半の主な流れ。最後には、謹んで処分を受ける姿勢であることを伝えます
- 言い訳めいた文章や責任転嫁する表現にならないように注意を
- 感情的になっておおげさに書くのはNGです
- 退職願はどんな理由であれ「一身上の理由」とします

状況別書き換え

進退を伝える

- 担当者として職を辞して責任を負いたく思います

お詫びの言葉

- 会社の社会的信用を著しく傷つけましたこと、誠に申し訳なく、心より深くお詫び申し上げます

処分を願う言葉

- 今後、小職に対してのいかなる処分も承る所存でございますので、しかるべきご決裁を賜りますようお願い申し上げます
- よって進退伺を提出し、ご処置、ご指示をお待ちする所存でございます

ビジネス文書Q&A

Q 社内の所定用紙（フォーマット）がある場合は？

A

社内で決まった用紙がある場合は、そちらを優先して使うのがマナーです。「退職届をください」という一言が退職の最初のサインだったということのないように、あらかじめ上司や人事に話をしておくのが退職の際の最低限のマナーと心得ましょう。

Q 個人的な手紙と違う点は？

A

ビジネス文書は、気持ちを込めることよりも明快さ、わかりやすさに重きを置きます。しかし、大切にしなければならないマナーはほぼ同じです。ただ、「型」を守る点についてはビジネスの場において非常に重要なので、くだけた言い回しは使わないようにしましょう。

Q ビジネス文書でも儀礼的にする必要がある？

A

ビジネスはスピードが命、とはいっても、すべてにおいて簡潔、明快であればよいかというと、そうではありません。ビジネスの場でも公私を超えた人間関係はあるものですし、装飾的な挨拶が求められる場面も数多くあります。

また、社内での地位が上がるほどに、そういった社交にかかるウエイトは大きくなるものです。

いつでも「単純明快」な業務文書の体裁で押し通すのではなく、時と場合、相手によって上手く使いわけることが大切です。そのような心がけが、信頼に足る人物だというアピールにもつながります。

第18章

巻末資料

- よく間違える漢字・同音異義語・誤字チェック
- 手紙に使える四字熟語・ことわざ・名言
- Eメールの書き方
- FAXの書き方

よく間違える漢字・同音異義語・誤字チェック

あ

×暖かい（もてなし）→○温かい
×熱い（夏）→○暑い
×油（が乗る三十代）→○脂
×（頭角を）表す→○現す
×案の条→○案の定
×意志表示→○意思表示
×（死を）痛む→○悼む
×今だ→○未だ
×応待→○応対
×往複→○往復
×（品物を）お収めください→○お納め
×（危険を）犯す→○冒す
×（感情を）押さえる→○抑える
×（学を）納める→○修める
×（胸・心が）踊る→○躍る
×温健→○穏健

か

×快的→○快適
×（ご挨拶に）換える→○代える
×感概（深い）→○感慨
×完壁→○完璧
×気遅れ→○気後れ
×器管→○器官
×危機一発→○危機一髪
×（目・気が）効く→○利く
×（ご）気嫌（いかが）→○機嫌
×気使い→○気遣い
×業積→○業績
×興味深々→○興味津々
×（進退）極まる→○窮まる
×供要→○供養
×（ご）恵送→○恵贈
×軽卒→○軽率
×（水が）氷る→○凍る
×事の他《ほか》→○殊の外
×言語同断→○言語道断

さ

×裁培→○栽培
×栽縫→○裁縫
×殺倒→○殺到
×（健康に）触る→○障る
×下受け→○下請け
×至難の技→○至難の業
×仕末→○始末
×自漫→○自慢
×若干（二十歳）→○弱冠
×重復（する）→○重複
×縮少→○縮小
×趣好→○趣向

×純心→○純真
×心気一転→○心機一転
×（入会を）進める→○勧める
×絶対絶命→○絶体絶命
×絶体に→○絶対に
×前後策→○善後策
×（仏壇に）備える→○供える

た

×太西洋→○大西洋
×大平洋→○太平洋
×（遺憾に）耐えない→○堪えない
×（家が）立つ→○建つ
×打解策→○打開策
×（友人を）尋ねる→○訪ねる
×（袖振り合うも）多少の縁
→○多（他）生
×（病気と）戦う→○闘う
×棚下し→○棚卸し
×短的（に言うと）→○端的
×短刀直入→○単刀直入
×（職に）付く→○就く

×（部長を）勤める→○務める
×手固い→○手堅い
×敵当に ×摘当に→○適当に
×転期→○転機
×（家具を）整える→○調える
×（お）止め（おきください）→○留め
×（筆を）取る→○執る

な

×長い（眠りにつく）→○永い
×（今は）無き（父が）→○亡き
×忍対→○忍耐
×（新聞に）乗る→○載る

は

×買売→○売買
×柏車（をかける）→○拍車
×発輝（する）→○発揮
×発堀→○発掘
×反坑期→○反抗期
×（ピアノを）引く→○弾く
×復雑→○複雑

×振るって（ご参加ください）→○奮って
×粉骨細身→○粉骨砕身《ふんこつさいしん》
×法養→○法要

ま

×増々→○益々
×無我無中→○無我夢中
×元づく→○基づく

や

×矢表（に立つ）→○矢面
×家敷→○屋敷
×雪溶け→○雪解け
×余世→○余生
×（俳句を）読む→○詠む

ら

×老成（、元気で過ごして）→○老生

わ

×（意見が）別れる→○分かれる
×（興味が）沸く→○湧く

結婚

●**比翼連理**　「比翼の鳥、連理の枝」の略で、夫婦が仲睦まじく契りの深いこと

▼**例「――、お二方が末永くお幸せに暮らされますようお祈り申し上げます」**

●**鴛鴦の契り**　鴛鴦《えんおう》とはおしどりの雄雌のことで、仲のよい夫婦のたとえ

▼**例「お二人が――を結ばれましたこと心よりお喜び申し上げます」**

●**女房に惚れてお家繁盛**　夫が妻に惚《ほ》れていれば家庭生活が上手くいく、ということ

●**父の恩は山より高く母の徳は海より深し**　親から受けた教えや恩義は何よりも貴重なものだということ

●**幸せな結婚の秘訣は、どれだけ相性がいいかではなく、相性の悪さをどうやって乗り越えるかにある**――ジョージ・レビンガー（アメリカの作家）

●**家の美風その箇条は様々なる中にも、最も大切なるは家族団欒、相互にかくすことなき一事なり**――福沢諭吉

●**結婚生活は長い会話である**――フリードリヒ・ニーチェ（ドイツの哲学者）　結婚生活の中で夫婦の会話がいかに大切かということ

▼**例「ニーチェが――といいますように、お二人はどんなときも多く語らいお互いを理解しあって幸せな家庭を築かれますようお祈りしております」**

●**愛する…それは互いに見つめ合うことではなく、一緒に同じ方向を見つめることである**――サン・テグジュペリ（フランスの作家）

●**結婚前には両目を大きく開いて見よ。結婚してからは片目を閉じよ**――トーマス・フラー（イギリスの聖職者）

入学

●**歳月人を待たず**　年月は止まることなく過ぎていく。今の時間を大切にして努力せよという戒め

▼**例**「――。**時間を大切に、学校生活を充実したものにしてください**」

●**読書をして考えないのは食事をして消化しないのと同じである**――エドムンド・バーグ（イギリスの政治家）　読書することが目的ではなく、読後に意味をよく理解し、自分にとってどんな成果があるのか、どう生かせるのかを考えることが大切ということ

▼**例**「**近頃、若者の活字離れが叫ばれていますが、○○君はいかがですか。**――**というように、たくさんの本を読んだら、ぜひ考え、自分のプラスになるように励んでください**」

●**楽しんでやらなければ何事も身につきません**――シェイクスピア（イギリスの劇作家）

●**人生より友情を除かば世界より太陽を除くにひとし**――キケロ（古代ローマの政治家・哲学者）

●**少にして学べば、壮にして為《な》すあり**――佐藤一斎（江戸後期の儒学者）

卒業

●**論語読みの論語知らず**　頭で理解はできるが、それを実行しない人のこと

▼**例**「**大学（学校）で学んだたくさんのことを、**――**にならないように生かしていってください**」

●**われ以外皆わが師**――吉川英治（作家）　小学校を中退以後、数々の職を転々とした吉川英治が口にしていた言葉。何人でも人が集まれば、自分が学ぶべきことはある。そういった謙虚さや心の持ちようが大切であるということ

▼**例**「――。**あなたがこれから出会う人たちも皆、心の持ちようで師となりうるはずです**」

●**生きるとは考えるということです**――キケロ（古代ローマの政治家・哲学者）

入社

●**初心忘るべからず**　当初の志や意気込みを忘れず、謙虚さを持って事にあたらなければならないという意味

▼**例**「**やる気に満ちあふれ、期待に胸を膨らませていることと思います。**――。**何か困難にぶつかったときには思い出してください**」

●**自信は成功の第一の秘訣である**――エマソン（アメリカの思想家）　自信のない者が成功を成し遂げることは少ない。自信と信念を持って事にあたる者こそ成功を収めるということ

●**毎日の仕事そのものが勉強のチャンスであり教科書である**――金子佐一郎（十条製紙元社長）　改めて勉強しようとしなくても、毎日の仕事から学ぼうとすれば実力はついてくるということ

賀寿（長寿の祝い）

●**千秋万歳**《せんしゅうばんぜい》　千年万年。長寿を祝う言葉

●**老いてますます壮**《さかん》**なるべし**　年をとっても、元気で意気盛んでなければならないということ

▼**例「――という言葉がございますが、○○さんはそのお手本となるくらいお元気でいらっしゃいますね」**

●**鶴は千年、亀は万年**　昔から、鶴や亀は長生きする動物とされていることから、長寿でめでたいことのたとえ

●**鶴の齢**《よわい》　長寿であることをいったたとえ

●**南山の寿**《じゅ》　他人の長寿を祝う言葉。「南山」は中国・長安の南にある「終南山」のことで、堂々とした終南山が永久に崩れないように、事業が永久であることや長寿を祝う言葉になった

●**第一の財産は健康である**――エマソン（アメリカの思想家）

●**少年の時は当**《まさ》**に老成の工夫を著すべし。老成の時は当に少年の志気を存**《そん》**すべし**――佐藤一斎（江戸後期の儒学者）

●**早起きは人を健康に、富裕に、そして、賢明にする**――ベンジャミン・フランクリン（アメリカの政治家）

起業・開業

●**石に立つ矢**　強い意志をもってすれば困難と思われることでも必ずやり遂げられることのたとえ

▼**例「――といわれますように○○さんであればきっと本社でも大きな成果に貢献されることでしょう。一同ご活躍をお祈りしております」**

●**人生意気に感ず**――魏徴《ぎちょう》（中国王朝、唐の名臣）　自分を見込んでくれた人には恩義を尽くすということ。

▼**例「私は、○○部長には――と、今後もついていく所存です」**

昇進・栄転

● **創業は易《やす》く守成《しゅせい》は難し**――「十八史略」 事業を新しく始めることは簡単だが、それを継続してもりたてていくことは難しいということ

▼**例「――といいます。ここまでも平坦な道ではなかったでしょうが、これからがスタートです」**

● **賽《さい》は投げられた**――カエサル（ローマの武将・政治家） 決断を下したからには実行に移すだけであるということ

● **決心することが社長と大将の仕事です**――松下幸之助（松下電器産業創業者） その決断によって企業が傾いたり、成長につながったりするトップの責任は大きい。松下幸之助が指導者の条件の一つとして掲げている言葉

● **志ある者は事ついに成る**――「後漢書」 志をしっかり持っていれば、最後には成し遂げられるということ

● **岸を見失う勇気がなければ新しい大洋を発見できない**――アンドレ・ジッド（フランスの作家）

● **もともと地上に道はない。歩く人が多くなれば、それが道になるのだ**――魯迅《ろじん》（中国の文学者）

記念日（銀婚式など）

● **真に結ばれている夫婦にとっては、若さがなくなったからといって不幸ではない。共に年をとるということが、年をとるという辛《つら》さを忘れさせてくれる**――アンドレ・モーロア（フランスの作家）

● **愛は老いることを知らない**――スタンダール（フランスの作家）

弔事

● **一期一会** 一生に一度しかない人と人との出会いのこと

● **逢うは別れの始め**――「白氏文集」（白居易《はくきょい》） 会えば必ず別れがある、世の無常のたとえ。仏教では同じ意味で「会者定離」という言葉がある

▼**例「――とは申しますが、まさかこのように早く○○さんとの別れが来ようとは夢にも思っておりませんでした」**

● **死は「別れのとき」**――岸本英夫（宗教学者）

● **死は人生の終末ではない。生涯の完成である**――マルティン・ルター（ドイツの宗教改革者）

● **愛しすぎるということがないように、祈りすぎるということはない**――ビクトル・ユゴー（フランスの作家）

Eメールの書き方

❶宛　先：toshinobumatsuda@kn.XXX.ne.jp

添　付：

❷件　名：結婚式二次会の打ち合わせについて

❸松田敏伸　様

❹先日は久しぶりに皆に会えて楽しかったです。
そのときに引き受けた幹事の件で、
一度会って打ち合わせをしたいと考えています。
来週早々にでもと思うのですが、
松田君の都合もあるので、一度連絡をください。
よろしくお願いします。

＊＊＊＊＊＊＊＊＊＊＊＊＊＊＊＊＊＊＊＊
❺岡野准一
Tel:080-0000-XXXX
E-mail：junichiokano@wh.○○○.ne.jp
＊＊＊＊＊＊＊＊＊＊＊＊＊＊＊＊＊＊＊＊

❶宛先　スペルや脱字に気をつけて入力します

❷件名　一目でわかりやすいタイトルをつけます

❸宛名

❹本文　できるだけ短く簡潔に書きます。1行の文字数は35文字以内を目安にします

❺署名　事前に会社名や連絡先などを記した署名を作っておき、メールの末尾に付けます

●簡潔さ、見やすさを重視して改行し、余白を作るようにします
●件名には用件を、本文の始まりには宛名と自分の名前を書くと、誰がどんな用件で送ってきたのかがすぐわかります
●初めて送る相手や目上の人へ送るときは従来どおりの文書形式で書いたほうがよいでしょう
●通常、頭語や結語は不要です。親しい相手へのメールでは「こんにちは」などの挨拶で始めても構いません

FAXの書き方

❶FAX送付状

❷○○○○年4月6日

❸高松智美　様

❹この用紙を含めて2枚です
❺井澤八重子
❻TEL&FAX：03-0000-XXXX
携帯：080-0000-XXXX
住所：〒000-0000
東京都世田谷区○○202
E-mail:stephanie@kn.○○.ne.jp

❼お疲れ様です。
明日のお花見の集合場所と公園の地図を送ります。
少しわかりにくいかもしれないので、
迷ったら携帯に電話をください。
よろしくお願いします。
それでは明日は楽しいお花見にしましょう!

井澤

❶タイトル　「FAX送信状」「FAX送付のご案内」などと文頭に書きます
❷送信日
❸宛名　会社名や、役職名が入るなど場合によっては2行にします。正式名称、フルネームで大きめに書きます
❹送信枚数　送付状を含めて送付枚数を明記します
❺送信者　フルネームで書きます
❻連絡先　電話番号とFAX番号を記します。必要な場合は住所やメールアドレスも書きます
❼本文　内容を簡潔に書きます。はがきと同様で、ほかの人にも見られるということを念頭において書きましょう

●FAXには、手紙の封筒にあたる送付状を付けるのが普通です。宛名や送信者の連絡先など必要事項を明記し、表紙にして送ります（自分専用のFAX送付状のフォーマットを作っておくと便利）
●誤送信をしないように注意し、送受信の際は、お互いに連絡を取って確認をしましょう
●送る枚数が多い場合はページ番号をふり、送付状を含めた枚数を相手に知らせてあげると、欠けていることにすぐ気づくことができます

編集協力　リュクス
執筆協力　岩根彰子
大畠利恵
木村暁朋
深滝光子
三浦早結理
本文イラスト　イチカワエリ
本文デザイン　小林幸恵
渡辺朗子（エルグ）

礼儀正しい人の
手紙の書き方とマナー

編　者　高橋書店編集部
発行者　高橋秀雄
発行所　**株式会社 高橋書店**
〒170-6014　東京都豊島区東池袋3-1-1 サンシャイン60 14階
電話　03-5957-7103

ISBN978-4-471-19115-3　©TAKAHASHI SHOTEN　Printed in Japan

定価はカバーに表示してあります。


本書の内容についてのご質問は「書名、質問事項（ページ、内容）、お客様のご連絡先」を明記のうえ、郵送、FAX、ホームページお問い合わせフォームから小社へお送りください。

回答にはお時間をいただく場合がございます。また、電話によるお問い合わせ、本書の内容を超えたご質問にはお答えできませんので、ご了承ください。本書に関する正誤等の情報は、小社ホームページもご参照ください。

【内容についての問い合わせ先】
書　面　〒170-6014　東京都豊島区東池袋3-1-1 サンシャイン60 14階　高橋書店編集部
ＦＡＸ　03-5957-7079
メール　小社ホームページお問い合わせフォームから　(https://www.takahashishoten.co.jp/)

【不良品についての問い合わせ先】

ページの順序間違い・抜けなど物理的欠陥がございましたら、電話03-5957-7076へお問い合わせください。

ただし、古書店等で購入・入手された商品の交換には一切応じられません。